V&R

Arnold Langenmayr

# Trauerbegleitung

## Beratung – Therapie – Fortbildung

Vandenhoeck & Ruprecht
in Göttingen

Die Deutsche Bibliothek – CIP-Einheitsaufnahme

*Langenmayr, Arnold:*
Trauerbegleitung : Beratung, Therapie, Fortbildung /
Arnold Langenmayr. – Göttingen : Vandenhoeck & Ruprecht, 1999
ISBN 3-525-45851-7


Schrift: Times
Satz: Satzspiegel, Nörten-Hardenberg
Druck- und Bindearbeiten: Hubert & Co., Göttingen

# Inhalt

# Vorwort

Nachdem meine Mitarbeiter und ich uns mehrere Jahre der Beratung und Therapie Trauernder gewidmet hatten, unser eigenes Modell einer klientenzentrierten Trauertherapie konzipiert und Versuche der Evaluation unternommen hatten, schien es an der Zeit, unsere Erfahrungen und unseren wissenschaftlichen Kenntnisstand zu multiplizieren, indem wir ihn einem größeren Kreis von Psychologen, Psychotherapeuten, Ärzten, Pfarrern, Sozialarbeitern und Sozialpädagogen, Diplompädagogen und beruflich überwiegend mit Trauernden befaßten Personen wie etwa Bestattern zur Verfügung stellen.

Daraus entstand ein kleines Institut in der Südeifel (Institut für Angewandte Psychologie, Helenenbergerstr. 27, 54298 Welschbillig) mit dem Schwerpunkt Fortbildung in der Trauerberatung, das regelmäßig Fortbildungsveranstaltungen anbietet. Als Grundlage für die dort laufenden Seminare habe ich das zusammengefaßt, was Gegenstand dieses Buches ist. Unsere Vorstellungen über Fortbildung auf diesem Gebiet und unsere ersten Erfahrungen damit stelle ich am Schluß dar. Ich hoffe, es wird dabei deutlich, daß es keinen idealen therapeutischen Weg gibt, auch nicht in der Trauertherapie und Trauerberatung, sondern jeder in Kenntnis der vielen Möglichkeiten des Vorgehens seinen eigenen Weg wählen muß, der zu seiner persönlichen Struktur und Lebensgeschichte am besten paßt. Ich verbinde dies mit der Hoffnung, daß jeder sich die Freiheit nimmt, auch diesen dann gewählten Ansatz noch an seine eigenen Vorstellungen und Bedürfnisse anzupassen. Damit diese Entscheidungen jedoch nicht willkürlich erfolgen, ist eine solide Kenntnis von Trauersymptomen, Trauerprozessen, Trauerverarbeitung, modifizierenden Umständen und Folgen von Trauer, von Therapien allgemein und Trauertherapien im besonderen Voraussetzung.

Ich danke allen meinen Mitarbeitern für die Unterstützung, insbesondere Mine Gözütok und Diana Knezevic sowie Harald Walker für die Hilfe bei der Materialsuche. Allen Teilnehmern unserer Seminare bin ich für die Anregungen in der Diskussion sehr verbunden.

Arnold Langenmayr

# Umgang mit Trauer in verschiedenen Zeitepochen und Kulturen

Die Paläontologie findet beim Homo erectus erstmals zwischen 500 000 und 300 000 Jahren v. Chr. Hinweise auf Totenbehandlungen und Totenriten. Dies ist als Ausdruck beginnender Auseinandersetzung mit Leben und Tod, mit Diesseits und Jenseits zu sehen (Ullrich 1991). Eine Vielfalt an Totenriten und Totenbehandlungen während des Paläolithikums deutet auf intensive Beschäftigung mit dem Tod hin. Am Ende des Jungpaläolithikums findet man häufiger Körperbestattungen. Mit dem Übergang zur Seßhaftigkeit (Mesolithikum/Neolithikum) wurden offensichtlich vorher sichtbare Widersprüche in der Auseinandersetzung um Leben und Tod – sichtbar etwa im Kannibalismus – gelöst (Ullrich 1991).

Natürlich können Einstellungen zum Tod und zu Toten in dieser Zeit nur erschlossen werden. Jedoch lassen Fundstätten und ihre Lage, die Art der Bestattung und des Umgangs mit den körperlichen Überresten Vermutungen zu. Als früheste Hinweise auf Totenbehandlung und Totenriten wurden eine Vielzahl von fossilen Menschenresten mit artifiziellen Defekten an Knochen wie Schnittmarken, Kratzspuren, Bruchflächen oder Schädelbasisdefekten gefunden, die postmortal entstanden sein müssen und daher nicht auf Kampfhandlungen, Verletzungen oder ähnliches zurückgehen können. Die Bearbeitung der Knochen und die Säuberung von Weichteilen diente dazu, sie einige Zeit aufbewahren zu können. Auf Totenriten deuten die Deponierung oder Bestattung von Knochen mit postmortalen artifiziellen Defekten hin. Im Altpaläolithikum wurden Zähne und Schädelbruchstücke einfach noch weggeworfen, nachdem sie ihre Bedeutung im Rahmen von Totenriten verloren hatten. Vor allem im Mittel- und Jungpaläolithikum wurden Knochenbruchstücke mit postmortalen artifiziellen Defekten gelegentlich an bestimmten geschützten Stellen von Rastplätzen absichtlich niedergelegt (in Höhlen, unter Steinen, an der Basis von Höhlenwänden, an Feuerstellen). Auch Bestattungen ganzer Knochen, von Teilskeletten und Schädelbestattungen finden sich im Mittel- und Jungpaläolithikum. Dies belegen einmal in dieser Zeit auftauchende Beigaben und bestimmte absichtlich gewählte und gestaltete Lagen der Funde wie etwa innerhalb eines aus Hörnerpaaren von Ziegen gebildeten Kreises, unter einem Mammutschulterblatt sowie gezielte Behandlungen wie das Bestreuen mit Ocker. Daß dabei Schädelteile bevorzugt werden, könnte auf Vorstellungen einer besonderen Verbindung des Schädels des Toten mit seiner Persönlichkeit hindeuten. Falls Muskelfleisch gegessen worden sein sollte, so kann dies nur im Rahmen von Totenriten stattgefunden haben (Ullrich 1991).

Eine verhältnismäßig späte Entwicklung im Paläolithikum (zu Beginn der mittleren Würmzeit um etwa 30 000 v. Chr.) stellen Ganzkörperbestattungen dar. Sie sind Ausdruck einer veränderten Einstellung zu Tod und Jenseits. Am Leichnam werden keine Manipulationen mehr vorgenommen, was bedeuten könnte, daß der Erhalt des gesamten Körpers für ein Weiterleben im Jenseits wichtig geworden ist. Die Ganzkörperbestattung kann jedoch auch oder zusätzlich als engere Verbundenheit des Toten mit der Gemeinschaft gesehen werden. Dafür spricht das Vorkommen vor allem auf Rast- und Siedlungsplätzen, womit der Tote noch eine Weile in der Gemeinschaft verblieb. Darüber hinaus sicherte die (Ganzkörper)bestattung an saisonalen Feuerstellen dem Toten den Platz bis zur nächsten Wiederkehr der Horde, da er hier vor wühlenden Tieren und Verwesung sicherer war. Vorher hatten Ganzkörperbestattungen nur für ausgezeichnete und besonders aus der Gruppe herausragende Individuen stattgefunden. Möglicherweise war nur ihnen eine Existenz über den Tod hinaus zugebilligt worden, während nun an solchen Privilegien breitere Schichten teilhaben.

Im Mittel- und Jungpaläolithikum sind Ganzkörperbestattungen in Hockerlage gehäuft, oft existieren Grabgruben und Grababdeckungen, die Körper sind mit Ocker oder Rötel bestreut. Die bereits früh ausgeprägte besondere Fürsorge für Kinder und der besonders intensive Schmerz bei ihrem Tod läßt sich daraus erschließen, daß es sich bei den ältesten Körperbestattungen um Kinder handelte und ihnen im Jungpaläolithikum besonders reiche Beigaben mitgegeben wurden. Doppel- und Mehrfachbestattungen fanden meist bei besonderer verwandtschaftlicher Verbundenheit wie bei Geschwistern, Eltern und Kindern statt, wie sich aus medizinischen Analysen erhärten läßt. Brandbestattungen sind eher regionale Besonderheiten. Sie finden sich etwa in Israel um 30 000 v. Chr. und in Australien um 25 000 v. Chr.

Den wahrscheinlich ältesten schriftlichen Bericht über den Tod einer geliebten Person, dessen psychische Auswirkungen und den Versuch, ihn zu verarbeiten, stellt das Gilgamesch-Epos dar, das in der frühesten Fassung etwa vor knapp 5 000 Jahren in Mesopotamien entstand, also auf dem Gebiet des heutigen Irak.

Gilgamesch, König von Uruk (wahrscheinlich um 2 800 v. Chr.), so beginnt die Erzählung, schikaniert seine Untertanen, er läßt das Mädchen nicht zu seinem Liebsten, den Sohn nicht zum Vater, beunruhigt die Bürger. Diese überlegen nun, wie sie ihn besänftigen können. Sie kommen zu dem Schluß, daß Gilgamesch einsam ist, einen Freund braucht. Dieser ist nicht leicht zu finden, da er genauso stark und wild sein muß wie dieser, um gleichwertig zu sein. Sie finden den im Wald wie ein wildes Tier lebenden Enkidu, den die Götter in Erhörung der Bitten der Bürger geschaffen haben und ködern ihn mit einer Hure, um ihn zu schwächen und in die Stadt zu locken. Tatsächlich befreunden sich Gilgamesch und Enkidu und bestehen eine Reihe von Abenteuern. Beim letzten kommt Enkidu zu Tode. Gilgamesch ist tieftraurig, bewacht den Toten und erinnert sich an die eigene Sterblichkeit. Aus der hieraus entstandenen Angst sucht er nach einem Mittel für das ewige Leben. Er findet zwar ein entsprechendes Kraut, aber während er sich wäscht und badet, stiehlt es ihm eine Schlange, die sich sofort als Zeichen ihrer Verjüngung häutet. Im Lauf der weiteren Suche nach einem Mittel gegen den Tod gerät er in ein Schattenreich zu Ziuzudra. Der rät ihm in der älteren sumerischen Fassung: »O Gilgamesch, wohin noch willst du laufen? Das Leben, das du suchst, wirst du nicht finden! Denn als die Götter einst die Menschen schufen, da teilten sie den Tod der Menschheit zu, das Leben aber nahmen sie für sich! Drum fülle dir, o Gilgamesch, den Bauch, ergötze dich bei Tage und bei Nacht, bereite täglich dir ein Freudenfest mit Tanz und Spiel bei Tage und bei Nacht! Laß deine Kleider strahlend sauber sein, wasch dir das Haupt und bade dich in Wasser, blick auf das Kind, das an die Hand dich faßt, beglückt sei deine Frau an deiner Brust – denn solches alles ist der Menschen Lust!« (Uhlig 1976, S. 172 f.). In der jüngeren babylonischen Fassung rät Ziuzudra hingegen: Kümmere dich um die Armen und Notleidenden, gib ihnen zu essen.

Bereits hier werden zwei mögliche Alternativen in Reaktion auf den Tod generell und den einer geliebten Person im besonderen deutlich: die Zuwendung zum Leben und seinen schönen Seiten, um aus der jedem zur Verfügung stehenden Zeit möglichst viel Befriedigung zu schöpfen sowie soziales Engagement und Zuwendung zum Nächsten.

Ariès (1974, 1984) hat sich mit den Veränderungen befaßt, die die Einstellung zum Tod in der westlichen Welt in den *vergangenen Jahrhunderten* durchlaufen hat. Er stellt gravierende Wandlungen fest, sowohl was die Kontrolle der Abläufe als auch den Ort des Geschehens und die soziale Unterstützung anbelangt. Im Mittelalter lag die Kontrolle des Geschehens beim Toten selbst und unmittelbar nach dem Tod bei seiner Familie. Die Geschehensabläufe fanden zunächst in der Gemeinschaft, zuletzt im Heim des Toten statt. Unterstützung erfolgte dementsprechend zunächst durch die Gemeinschaft, dann durch die Familie. Heute liege die Kontrolle beim medizinischen Personal, der Ort der Unterbringung sei das Hospital, Unterstützung finde keine statt. Der Tod werde gegenwärtig in eine räumlich und psychisch möglichst große Entfernung von der Gemeinschaft in die Isolation verlagert. Ariès unterscheidet vier Modelle der Einstellung zum Tod:

- den zahmen Tod, der als trauriges, aber unvermeidliches und natürliches Ende des Lebens gesehen wird;
- den romantischen Tod, der als großes Ereignis erlebt und zelebriert wird, als Vertiefung und Bestätigung der Bedeutung des individuellen Lebens;
- den modernen Tod mit Isolation des Sterbenden *und* seiner Betreuer. Er stellt ein bedeutungsloses Ereignis dar, das jedem

jederzeit passieren kann. Die eigentliche Angst richtet sich auf das Sterben;
- den modernen Tod mit totaler Isolation der sterbenden Person. Hier fehlen sogar die noch vorhandenen und ebenfalls isolierten Betreuer. Der Tod wird ignoriert und muß so schnell und sauber wie möglich abgewickelt werden.

In der gegenwärtigen westlichen Gesellschaft, so Ariès, werden die beiden zuletzt genannten Modelle praktiziert. Die räumliche Distanzierung zwischen Sterbenden und Lebenden dient der Leugnung der Realität des Todes. Parkes et al. (1997) sehen Ärzte und Schwestern in der Funktion von Priestern und Ministranten des modernen westlichen Menschen, die die Illusion verkörpern, das Leben könne ewig dauern.

*Heute* ist der häufigste Sterbeort das Hospital, in den USA für 80 % der Menschen (Littlewood 1992). Die meisten Menschen wünschen sich einen schnellen, plötzlichen Tod, was individuell als am wenigsten belastend erlebt wird. Littlewood (1992) weist auf den erstaunlichen Widerspruch hin, daß das genau die Sterbevariante ist, die für die Angehörigen am schmerzhaftesten ist. Überlegungen über den eigenen Tod hat bis zum 45. Lebensjahr noch kaum jemand angestellt, nach dem 65. Lebensjahr gibt es jedoch kaum jemand, der das noch nicht getan hätte (Littlewood 1983, zit. nach Littlewood 1992).

Mit dem Tod wird heute verschieden bewußt umgegangen (Littlewood 1992):
- offen bewußt: über den Tod und seine Konsequenzen wird offen mit dem medizinischen Personal, der Familie und Freunden gesprochen;
- gemischt bewußt: einige wissen davon, daß eine Person sterben wird, andere nicht; eine andere Variante dieses Umgangs ist: jeder weiß Bescheid, aber jeder versucht, die Wahrheit vor dem anderen zu verbergen;
- nicht bewußt: die Tatsachen werden, etwa vom medizinischen Personal, vor dem Sterbenden verheimlicht. Dabei kann es zu der paradoxen Situation kommen, daß der Sterbende sich über seine Lage im klaren ist, aber versucht, seine Umgebung zu

schonen, indem er so tut, als wisse er sein bevorstehendes Ende nicht.

Kübler-Ross (1969) unterscheidet fünf Stadien beim Sterbenden, wenn er seine Prognose erfährt, die sich ohne Probleme auch auf die Situation der Angehörigen übertragen lassen: (1) Leugnung und Isolation; (2) Ärger; (3) Geschäftigkeit; (4) Depression und (5) Akzeptierung.

Hospize kombinieren heute Patientenservice (z. B. Schmerzbehandlung) mit ambulantem Service (über ein Freiwilligen-Netzwerk) und Betreuung der Hinterbliebenen. Die Patienten empfinden im Hospiz weniger Angst und Depression (Hinton 1979), sind mobiler und haben weniger Schmerzen, die Betreuer empfinden weniger Angst und weniger somatische Symptome (Parkes 1978). Kritiker betrachten die Unterbringung im Hospiz trotzdem als Isolierung. Dagegen läßt sich jedoch ebenso argumentieren, daß die Isolierung um so geringer ist, je besser das jeweilige Netzwerk ausgebaut ist.

Es lassen sich einige allgemeine und *von Kultur zu Kultur* verschiedene Aspekte von Trauer und Reaktionen auf Verluste ausmachen: Weinen, Angst und Ärger sind als Reaktion auf den Tod allgemein verbreitet, und die meisten Kulturen bieten Möglichkeiten zum Ausdruck dieser Emotionen. Die Emotionsunterdrückung westlicher Gesellschaften weicht allerdings hiervon deutlich ab (Parkes et al. 1997).

Rosenblatt (1997) schildert, daß für die meisten kleineren Gesellschaften (mit einer Population von höchstens einer Million Menschen) der Tod eine Reise oder einen Übergang zu einem neuen Zustand darstellt. Während dieser Reise kommunizieren die Toten oft mit den Lebenden. Oft gibt es ein Trauerabschlußzeremoniell, das die Trauerzeit beendet, die Trauernden in neue Gefühlszustände und soziale Situationen entläßt, und auch der Tote tritt mit diesem Zeitpunkt in einen endgültigen Zustand ein, nimmt sozusagen auf Dauer Abschied vom Leben und den Überlebenden.

Rituale definieren den Tod, den Grund des Todes, die tote Person, die überlebende Person, die Beziehung zwischen Hinterbliebenen und anderen, die Bedeutung des Lebens und gesellschaftlicher Werte. Werden die Rituale nicht praktiziert, führt dies bei allen Beteiligten zu Verwirrung.

In beinahe allen Gesellschaften wird an Geister der Verstorbenen geglaubt, sie werden als präsent und in der Welt der Lebenden agierend vorgestellt. So beendet der Tod nicht die Beziehungen.

In Gesellschaften, in denen der Tod als durch andere verursacht gesehen wird, enthalten die Trauergefühle viel Wut und führen zu Versuchen, den Verursacher zu identifizieren und sich zu rächen (Rosenblatt 1997).

Differenziert würden Trauergeschehnisse auch dadurch, daß verschiedene Todesarten mit verschiedenen Glaubensvorstellungen, verschiedenen Emotionen und verschiedenen Ritualen verbunden seien.

Auch differiert die Definition pathologischer Trauer deutlich von Gesellschaft zu Gesellschaft. Gehen wir kurz beispielhaft auf einige geographisch entfernte kulturelle Vorstellungen ein. In ihren Schilderungen der Todesvorstellungen in Südseekulturen, in Australien und in Bengalen, die 1930 veröffentlicht und 1996 wieder aufgelegt wurden, schildert Effie Bendann: Auf den Fidschis schlüpft der Geist eines berühmten Führers nach dem Tod in einen jungen Mann und befähigt ihn zu Heldentaten. In Melanesien verletzen sich Frauen nach dem Tod ihres Mannes bewußt, schneiden sich ins Fleisch und reiben Asche in die Wunden (roro-sprechende Stämme Neu-Guineas). Fruchtbäume des Toten werden von den Trauernden heruntergeschnitten und seine Schweine geschlachtet. Dies wird als Abschiednehmen empfunden. In Australien (Pennefather River in Queensland) fährt der Geist beim Tod eines Mannes in seine Kinder und zwar sowohl in die Jungen als auch Mädchen, beim Tod einer Frau deren Geist in ihre Schwestern. Fehlen solche Angehörigen, wird er zerstreut. Bei den Warramunga (Australien) wird das Haar von Witwen geschnitten, ihre Körper werden mit Meeresschaum bedeckt und sie wohnen während der Trauerperiode in einer kleinen Hütte entfernt von den Lagern der anderen. Bei den Binbinga (ebenfalls Australien) nehmen die der anderen Totemgruppe angehörenden Männer an einem Mahl aus Teilen des Körpers des Toten teil. Frauen sind davon ausgeschlossen, weil sie Menschenfleisch nicht berühren dürfen (Bendann 1996). In Bengalen kehren totgeborene Kinder in ihre Eltern zurück und werden mit der nächsten Schwangerschaft neu geboren.

Eine ausführliche Schilderung der Verhältnisse in Indonesien auf der Insel Nias gibt Klasen (1993). Der Sinn des Lebens wird dort darin gesehen, Ahne einer großen Nachkommenschaft zu werden. Der Lebensstrom fließt von Urbeginn der Welt durch die Reihe der Vorfahren und lebt in Kindern und Enkeln weiter. Jedem Lebewesen wird von Geburt an eine bestimmte Menge »noso« (Seele) zugeteilt. Ist die Seele verbraucht, löst sie sich auf und geht in die Allseele ein, von der sie gekommen ist, so ähnlich wie eine Kerze verlöscht, wenn das Wachs aufgebraucht ist. Individuellen Fortbestand hat die Seele nicht. Übrig bleibt allerdings die Seele des Herzens, die sich nach dem Tod in eine kleine Spinne verwandelt. »Beghu zi mate« ist ein körperloser Geist, der nach dem Tod einige Zeit in der Nähe des Grabes bleibt, sich später in der Unterwelt aufhält, gelegentlich auch zurückkehrt, sich in der Nähe von Gräbern, Flüssen und großen Bäumen aufhält und Unheil anrichtet. Obwohl die Einwohner von Nias den Tod als natürliches Ende der Realität ansehen, wird er dennoch im konkreten Fall als erschreckend, unfaßbar, durch Zauberei verursacht erklärt. Wenn der Tod naht, bereiten die Kinder ein großes Fest vor. Es wird gefeiert, indem man Schweine schlachtet und tanzt. In einigen Gegenden wird geraume Zeit vor dem erwarteten Tod ein Sarg gefertigt, der in den Häusern steht und zwischenzeitlich zur Aufbewahrung von Reis verwendet wird. Stirbt jemand im Kreis der Familie, so gilt dies als Ehre für die unmittelbaren Verwandten. Wenn Vater oder Mutter auf fremdem Boden sterben, bringt dies Unglück und Schande. Deshalb werden Sterbende möglichst nicht im Krankenhaus gelassen, sondern nach Hause geholt. Es bedeutet eine große Ehre für ein Kind, wenn Vater oder Mutter in seinem Schoß stirbt. Alle Anwesenden wollen mit dem Sterbenden im Zeitpunkt des Sterbens in Berührung treten, ihn küssen, umarmen, anfassen. Sie haben die Vorstellung, daß sie so einen Teil seiner Kraft auf sich übertragen. Nach dem Tod setzen lautes Jammern und Klagen ein, die Heldentaten des Toten werden laut gerühmt. Der Tote liegt noch ein oder zwei Tage im Haus. In dieser Zeit findet das Fest statt. Dann wird er beerdigt. Der Tote kann noch vier Tage lang zurückkehren und bekommt zweimal täglich eine Schale mit Essen hingestellt. Nach dem vierten Tag trifft man sich zum Gebet im Haus des Verstorbenen. Nun wird er beschworen, nicht mehr wiederzukommen. Die Mittelrippe eines Palmzweigs wird vor dem Haus zerbrochen. Der Geist soll fürchten, daß man ihm so die Füße zerbrechen wird, wenn er es wagen sollte, wiederzukommen. Den letzten Schritt stellt die Errichtung des Grabes der Ahnen mit Steinen und Zement dar, wieder verbunden mit einem Fest. Nun ist das Leben abgeschlossen, der Tote wird Ahne, die Angehörigen haben ihre Pflichten erfüllt, das Grab kann vergessen werden. Diese Zeremonie hat unter dem Einfluß der Missionare das ursprünglich praktizierte Holen einer Spinne abgelöst, die als Seele des Herzens vorgestellt wurde und am Grab in einem Käfig aufbewahrt wurde.

Aus diesem Beispiel ergeben sich für Klasen (1993) einige allgemeine Erkenntnisse:

- Der Umgang mit dem Tod wird von Kindheit an erlernt.
- Die Riten erleichtern den Ausdruck der Gefühle.
- Der Tote hat bis zum Schluß eine Bedeutung für die Gemeinschaft.
- Die gesellschaftlich vorgegebenen Riten erleichtern und erlauben den Trauernden den Ausdruck ihrer eigentlichen Gefühle.
- Diesen können sie individuell gestalten und übersteigern. Es besteht eine direkte Entsprechung zwischen den üblichen Stimmungen und Verhaltenstendenzen Hinterbliebener und den gesellschaftlichen Ritualen. Der Klagegesang entspricht der Tendenz zum Weinen und Klagen, das Zerreißen der Kleider, Sich-Wunden-beibringen und Raufen der Haare der Tendenz, sich zu verletzen und die Wut über den Verlust gegen sich selbst zu richten. Trauerkleidung symbolisiert in ihrer Eintönigkeit das Gefühl, verlassen und nicht mehr attraktiv zu sein, auch den Wunsch, sich nicht mehr am Leben zu beteiligen, sich in Gedanken nur noch mit der verlorenen Beziehung zu befassen und sich zu vernachlässigen. Die Unterbringung in separaten Wohnungen und die Isolierung der Trauernden steht für deren Bedürfnis, mit ihrem Schmerz allein zu sein, aber auch ihr Gefühl der Verlassenheit und des Ausgestoßen-

seins. Speisetabus spiegeln die in dieser Situation natürliche Unlust zu essen wider.

- Trauerrituale wiederum fördern auch Bindungen und Empathie, binden die Trauernden in die Gesellschaft ein und verhindern ihren dauerhaften Rückzug über die vorgesehene Trauerzeit hinaus.
- Die Bannung des Toten ist die Projektion der eigenen verdrängten Feindseligkeit und Ambivalenz ihm gegenüber.
- Die ritualisierte Trauer schafft auch die Möglichkeit, die neu entstehende Kräfteverteilung in der Gemeinschaft ohne den Toten zu beurteilen und zu entwickeln. Sie dient damit der Gemeinschaft und deren Erhalt mindestens ebenso wie den Angehörigen.

Die sehr einfühlsamen Schilderungen der unterschiedlichen Autoren über Trauer und Trauerriten in den verschiedensten Kulturen kranken dennoch daran, daß sie ihre subjektiven Eindrücke schildern und sich wenig um objektiv empirische Nachweise bemühen. Diese Lücke füllt die Untersuchung von Rosenblatt et al. (1976). Bezogen auf 75 Kulturen wurden von Fachleuten Variablen eingeschätzt, die das Vorhandensein oder Fehlen bestimmter beschreibender Merkmale wiedergeben, und auf ihre Korrelation hin untersucht. Generell zeigt sich dabei die Effektivität von Trauerritualen:

So korreliert das Maß an Trauer, die nach der Trauerperiode noch vorhanden ist, mit dem Vorhandensein von Trauerritualen negativ. Wenn für Witwen und Witwer eine längere Trauerzeit vorgeschrieben ist, leiden sie nach deren Ende seltener unter noch zurückgebliebener Trauer. Offensichtlich ermöglichen Trauerrituale eine zeitlich genügend ausgedehnte und den individuellen Bedürfnissen ausreichend Raum gebende Trauer: Wenn Trauerzeremonien vorhanden sind, ist bei Witwen und Witwern die Trauerzeit länger. Je größer der Besuch bei den Abschlußzeremonien, desto unwahrscheinlicher, daß nach der Trauerzeit noch Trauer zurückbleibt; hierbei müssen allerdings die Größe der Gesamtpopulation ebenso wie etwa Schwierigkeiten der Anreise berücksichtigt werden.

Auch weitere von den Autoren gefundene Zusammenhänge sind psychologisch gut interpretierbar und plausibel. So tendieren insbesondere bei einem Partnerverlust Frauen generell eher zum Weinen, Männer eher zu Wut und Ärger. Das Vorhandensein ritueller Spezialisten, worunter Priester oder Klagefrauen zu verstehen sind, geht mit geringeren Niveaus von Ärger und Aggression einher. Der negative Zusammenhang zwischen dem Vorhandensein ritueller Spezialisten und Attacken auf Dinge ist stärker ausgeprägt als der mit selbstbezogenen Attacken. Das bedeutet, daß die rituelle Kanalisierung von Gefühlen dem einzelnen bei deren Kontrolle hilft und ihn vor Exzessen bewahrt, daß es dabei aber mehr um den Schutz vor unkontrollierten Sachzerstörungen als um Selbstschutz geht. Vor allem vorhandene Erbschaftsregeln für Landbesitz korrelieren positiv mit dem Vorhandensein ritueller Spezialisten. In solchen Fällen kommt es seltener vor, daß Hinterbliebene die Gemeinschaft nach einem Todesfall verlassen. Auch dies ist ein Zeichen dafür, daß die Aggressionsvermeidung durch Ausweichen weniger nötig ist. Den rituellen Spezialisten fällt also besonders die Funktion der Aggressionskontrolle zu. Der Umfang der Isolation der vom Verlust betroffenen Personen korreliert damit, ob ihnen ein institutionalisiertes Ziel für Attacken zur Verfügung steht, also etwa eine Puppe, ein dafür ausersehenes Tier oder eine andere Person.

Die Kanalisierung der Aggressionsrichtung durch Rituale differiert je nach betroffener Personengruppe zwischen Männern, Frauen, Kindern und Eltern. So findet sich der genannte Zusammenhang zwischen Isolation und gesellschaftlich vorgesehenen Aggressionszielen nicht bei Kindern, die von Verlusten betroffen sind. Man könnte dies damit erklären, daß ihre Aggressionen bei Isolation weniger auffällig und für die Gemeinschaft bedrohlich sind, da sie eher zu zurückhaltenden Verhaltensweisen tendieren. Das Kenntlichmachen von Trauer bei Hinterbliebenen, etwa durch das Tragen besonderer Kleidung, korreliert bei Witwen mit Attacken gegen sich selbst, bei Witwern und Eltern mit Attacken gegen Sachen.

Einige Ergebnisse der Untersuchung von Rosenblatt et al. (1976) deuten auf Angst vor Rache der Toten hin, wenn gegen ihre vermeintlichen Wünsche und Besitzansprüche gegenüber überlebenden Partnern verstoßen wird: Regelungen für eine Wiederheirat (z. B. eine männliche Person aus derselben Sippe zu heiraten) korrelieren mit einer Reihe von Variablen, die den Toten bannen und die Endgültigkeit des Bruchs der Beziehung sichern sollen (Tabu, den Namen des Verstorbenen auszusprechen; Zerstörung seines Eigentums; wertvolle und vom Toten geschätzte Gegenstände wegräumen) sowie mit der Furcht vor Geistern.

Diese Untersuchung belegt die offenkundig hilfreiche Wirkung sozial festgelegter Trauerrituale, die andere Autoren hingegen eher im gesellschaftlichen als im individuellen Bereich sehen. Littlewood (1992) etwa weist darauf hin, daß es wichtig ist, daß die Trauernden nicht nur die allgemein verbindlichen Trauerrituale den individuellen Bedürfnissen entsprechend ausgestalten, sondern etwa in der Trauertherapie spontan selbst gefundene Rituale praktizieren und dabei begleitet werden.

# Der Trauerprozeß

Bevor wir uns empirischen Arbeiten zur individuellen Trauer zuwenden, sollten wir uns darüber verständigen, daß Untersuchungen in diesem Bereich durch Stichprobenverzerrungen belastet sein können. Insbesondere eine Interaktion zwischen Teilnahmebereitschaft und Geschlecht der Teilnehmer einer Befragung könnte dazu führen, daß in die Stichproben weniger depressive Männer und mehr depressive Frauen eingehen. Dies jedenfalls legt eine Untersuchung von Stroebe und Stroebe (1989) nahe, wonach die Teilnahmebereitschaft an Bereavement-Studien bei Witwern eher dann gegeben ist, wenn sie weniger depressiv sind, bei Frauen, wenn sie sich depressiv fühlen (befragt wurden 30 verwitwete Frauen und Männer unter 60 Jahren).

## Definition von Trauer

Nach Rando (1997) ist normale, unkomplizierte Trauer eine Form der posttraumatischen Streßstörung (post-traumatic stress disorder/PTSD). Begründet wird diese Zuordnung mit der Ähnlichkeit in der manifesten Symptomatologie, im typischen Wechsel zwischen Leugnung und Hemmung mit Phasen des Sicheinlassens und der Erleichterung beim Prozeß des Durcharbeitens und in der Forderung, daß als letzter Behandlungsschritt eine neue kognitive Gesamtsicht mit affektivem Loslassen erfolgen muß.

Die aktuellen Klassifikationssysteme der American Psychiatric Association (DSM IV = Diagnostic and Statistical Manual of Mental Disorders) und der World Health Organization (ICD-10) bemühen sich, ätiologisch neutral und von theoretischen Bindungen unabhängig zu sein. Obwohl dieses Prinzip bei anderen Diagnosen nicht immer durchgehalten wird (z. B. Delirium), werden Personenverluste bei der Diagnose »Depression« herausgehalten (ICD-10). Wegen der erwiesenen Ähnlichkeit depressiver Symptomatik mit den psychischen Folgen von Personenverlusten scheint dies nicht gerechtfertigt zu sein (Simpson 1997). Dem kommt die DSM IV-Version entgegen, die Verlustfolgen aufführt, die einer größeren Depression gleichen und mindestens zwei Monate nach dem Verlust noch anhalten. Das psychotraumatische Streßsyndrom (PTSD) hat eine enge Beziehung zu unverarbeiteter Trauer (Simpson 1997).

Demgegenüber gehen die Autoren der Münchner Trauerskala (Beutel et al. 1995) von der Möglichkeit einer klaren Trennung und eindeutigen Unterscheidung zwischen Trauer und Depression aus. Sie entwickelten ihre Skala gerade zu diesem differentialdiagnostischen Zweck und validierten sie an Abortpatientinnen im Vergleich zu Patientinnen mit Spontanabort oder Totgeburt. Inwieweit mit diesem Instrument Trauerprozesse generell erfaßt werden können, ist allerdings noch nicht geklärt.

Trauerreaktionen lassen sich verschieden interpretieren (vgl. Littlewood 1992):

Trauerreaktion ist eine *Krankheit*: Diese Sicht des Trauerprozesses spiegelt die Äußerungen Trauernder wider, die sich als verwundet und physisch verletzt bezeichnen. Zwar handelt es sich dabei um keine körperliche oder seelische Krankheit im eigentlichen Sinn, dennoch benötigen Trauernde unbedingt Betreuung, speziell bei Formen problematischer Trauer.

Die Trauerreaktion kann auch als eine natürliche *biologische Funktion* gesehen werden. Dafür spricht, daß sich Atmung, autonome Systeme, endokrine Systeme, kardiovaskulare Funktionen und die Immunfunktion verändern.

Auch *psychodynamisch* gesehen stellt die Trauerreaktion nichts anderes als eine Kombination aus verschiedenen Abwehrmechanismen dar, vor allem unter Beteiligung der Verdrängung, wie sie immer notwendig werden, wenn bisherige Motivbefriedigungen nicht mehr möglich sind, abgewehrt und durch neue ersetzt werden müssen. Trauer bedeutet den Rückzug der Libido vom verlorenen und deren Lenkung auf ein neues Objekt. Dabei kommt es häufig auch zur Identifikation mit dem Verstorbenen (dem verlorenen Objekt, wie Psychoanalytiker sagen) und zu narzißtischer Regression. Beides sind ebenfalls Abwehrmechanismen. Identifikation bedeutet, die Situation auch dadurch lösen zu können, daß weite Bereiche des Motivationsgefüges der verstorbenen Person übernommen werden, um ihr ähnlicher zu werden und sie somit nicht mehr so schmerzlich vermissen zu müssen, sie also als Objektrepräsentanz zu verinnerlichen.

Nehmen wir als Beispiel einen kleinen Jungen, der mit seinem Vater spielen möchte, der ihm aber erklärt, er habe jetzt keine Zeit, da er gerade Briefe schreiben müsse. Nach etwas ärgerlichem Brummen holt sich der Kleine einen Block und einen Bleistift aus der Schublade und beginnt, Briefe zu schreiben. Als Regression wird bezeichnet, wenn ein nicht mehr mögliches Motiv durch in der Entwicklungsgeschichte der Person früher liegende und damit zumeist einfacher strukturierte Motive ersetzt wird. So etwa könnte ein Kind, dessen Mutter schwer erkrankt, vielleicht sogar stirbt, sich wieder wie ein Säugling verhalten. Es kann wieder einnässen, am Daumen lutschen oder in der Schule durch Passivität auffallen. Narzißtisch wird eine Regression genannt, wenn alle Tendenzen der Zuwendung und Zuneigung vorübergehend oder dauerhaft von der Außenwelt abgezogen und auf die eigene Person gerichtet werden.

Auch die *bindungstheoretische* Erklärung der Trauerreaktion verweist auf eine Analogie zu normalen psychischen Prozessen. Alle Bindungen werden nach dem Muster der Bindung und wechselseitigen Reaktionssysteme aus der Beziehung zwischen Mutter und Kind gebildet. Die Mutter aktiviert und verstärkt Motive (Triebe). Die erste Reaktion auf das Ausbleiben der Mutter und später jeder anderen geliebten Person ist Angst. Sie ist identisch mit dem Ansteigen des unbefriedigten Motivs; hinzu kommen Ärger und Weinen (Bowlby 1973). Die zweite Phase ist gekennzeichnet durch Verzweiflung, wiederholte Versuche, das verlorene Objekt zu finden, und eine Desorganisation des Verhaltens. Sie ist gekoppelt mit verstärkten Sinnesanstrengungen basierend auf der Erkenntnis, daß bisherige Verhaltensweisen jetzt inadäquat geworden sind. Die dritte Phase dient für den Fall, daß sich ein Ersatz anbietet oder das verlorene Objekt zurückkehrt, der Reorganisation des Verhaltens, das sich im Fall des endgültigen Ausbleibens teilweise noch auf den alten Partner konzentriert. Die Beziehung zu diesem wird nun neu interpretiert und strukturiert. Die Beziehung zwischen dem realem Partner und seiner inneren Repräsentanz wird gelöst, er wird zum reinen inneren Objekt, mit dem kommuniziert und umgegangen werden kann.

Gesunde Erwachsene sind in der Regel in dieser Phase in der Lage, ihre Motive auf neue Personen zu richten und ihre Ich-Funktionen (Wahrnehmung, Intelligenz, Gedächtnis) zur Etablierung neuer Beziehungen einzusetzen. Das kleine Kind, das weitgehend ohne Kontakt gelassen wird, wie dies früher etwa die Regelsituation im Krankenhaus war, zieht sich völlig und dauerhaft von der Außenwelt zurück (Hospitalismus, vgl. Spitz 1973). Es läßt sich nicht nur nicht mehr auf neue Personen ein, sondern erkennt in dieser Phase selbst die wiederkehrenden Eltern nicht wieder.

Weitere die Trauerreaktion mit nicht pathologischen Begriffen erklärende Vorstellungen sind die persönliche *Konstrukttheorie und kognitive Modelle*. Sie postulieren ein Interagieren der äußeren Welt mit inneren Annahmen. Ein Verlust bedeutet demnach, daß eine Person ihre Annahmen aufgeben und neue entwickeln muß. Konstrukte über die Welt, die Personen im Laufe ihres Lebens entwickeln, stellen in ihrer Summe das Selbst dar. Da alle Beziehungen einer Person mit dem Selbst verbunden sind, ändert sich durch einen Verlust nicht nur das Selbst, sondern ändern sich auch alle anderen Beziehungen dieser Person.

Die Annahme, Trauerreaktion sei eine *vorübergehende Geisteskrankheit*, erfaßt sicher nicht Trauerprozesse generell, aber einige Aspekte davon und vor allem pathologische Trauerverarbeitungen. Die Trauernden selbst haben oft Angst, verrückt zu werden, vor allem, wenn sie von ausgeprägten Halluzinationen, die im Trauerfall durchaus übliche Symptome sind, verfolgt werden, wie etwa dem Hören der Stimme des Verstorbenen, ihn in einer Menschenmenge wiedererkennen oder plötzlich den Geruch des Sterbezimmers wahrnehmen.

Trauerreaktion kann auch eine *Mobilisierung kreativer Energie* bedeuten, was sicherlich einen zutreffenden Teilaspekt erfaßt. In Fällen symbiotischer Beziehung oder einer sehr autoritär strukturierten Ehe mag die soziale Umgebung verwundert sein, wieviel kreative Energie nach einiger Zeit der Hilflosigkeit der Hinterbliebene entwickeln kann.

Ich erinnere mich an die Erzählung eines Oberarztes, mit dem ich wegen einer Zusammenarbeit bei der Betreuung einer bestimmten Patientengruppe konferierte. Mit ungläubigem Staunen erzählte er mir die Geschichte seiner Mutter, auf die er sich offensichtlich keinen rechten Reim machen konnte. Bei ihr war eindeutig ein Mammakarzinom festgestellt worden. Kurz darauf starb sein Vater, unter dessen autoritärer Struktur die ganze Familie gelitten hatte, insbesondere auch die Mutter. Die drei Kinder wunderten sich, daß die Mutter plötzlich aufblühte, wieder in Gesellschaften und sogar tanzen ging. Als sie nach zehn Jahren an einer anderen Krankheitsursache verstarb, wollten die Kinder wissen, was aus der Diagnose Mammakarzinom geworden war und ließen die Mutter obduzieren – es wurden keine Hinweise darauf mehr gefunden.

Caplan (1964) sieht Trauerreaktion als *Copingkrise*, das heißt alle einer Person bisher zur Verfügung stehenden Mechanismen zur Krisenbewältigung versagen angesichts des Ausmaßes der Trauerkrise. Den Ablauf der Ereignisse stellt sich Caplan in etwa in folgenden Schritten vor:
- die Person ist hilflos,
- die üblichen Copingstrategien für Streßereignisse sind nicht mehr erfolgreich,
- die Abwehrfunktionen sind geschwächt,
- die Person muß sich an andere um Hilfe wenden und reagiert besonders empfindlich auf deren Reaktionen,
- gegenwärtige Krisen wecken die Erinnerung an frühere.

In diesem Modell ist das soziale Unterstützungssystem wichtig. Unter den vielen Copingstilen, die einer Person zur Verfügung stehen, ist die Vermeidungstendenz relativ stark persönlichkeitsgebunden (Cronkite u. Moos 1984). Offensichtlich sind auch geschlechtsspezifische Unterschiede zu finden: Nach Verlust eines Kindes flüchten Väter eher in ihre Arbeit, Frauen tendieren eher zu depressivem Verhalten (Clyman et al. 1984); Väter können nach dem Tod eines Kindes ihre Copingkapazität schneller wieder nutzen als Mütter (Littlewood et al. 1990). Dieses Fehlen von Synchronizität, ebenso wie Differenzen im Copingstil tragen nach dem Kindstod zu verstärkten Spannungen zwischen Vater und Mutter bei. Da Väter in solchen Fällen wie auch sonst eher nicht zum offenen Ausleben ihrer Trauer tendieren, wird dies von den Müttern irrtümlich oft als mangelnde Anteilnahme und Fehlen gefühlsmäßiger Erschütterung interpretiert.

*Phänomenologische und existentialistische Modelle* betonen die durch Personenverlust mögliche Veränderung der sozialen Position sowie im Anschluß an den Partnerverlust mögliche, das gesamte Dasein in Frage stellende existentielle Ängste etwa vor Selbstauflösung.

*Ethnische Modelle* betonen die Bedingtheit der Trauerreaktion durch die ethnische Zugehörigkeit der Betroffenen, die nur auf diesem Hintergrund eingeschätzt und psychologisch angegangen werden kann.

Angesichts erhöhter Krankheitsanfälligkeit und Sterblichkeit Hinterbliebener (Stroebe et al. 1993) wird die Frage gestellt, welche dabei die entscheidenden Aspekte des Verlusts sind: die fehlende Berührung, der Ausfall von Klang, Geruch, Anblick, Liebe, Haß, Sexualität, Unterstützung oder Einkommen des Verstorbenen. Vermutlich läßt sich der Verlust einer Person jedoch nicht auf einzelne Merkmale reduzieren, sondern vielmehr ist er der Verlust einer Gestalt und eines Gefüges verschiedenster Motivbefriedigungsmöglichkeiten. Welche Aspekte in diesem Gefüge dominieren, dürfte von Person zu Person und von Beziehung zu Beziehung variieren.

## Trauerphasen und Traueraufgaben

Es ergeben sich im zeitlichen Verlauf des Trauerprozesses so viele typische Muster, daß die meisten Autoren eine Einteilung in Trauerphasen vorschlagen. Im wesentlichen werden folgende drei Phasen der Trauerreaktion genannt:

- initiale Phase von Betäubung, Schock, Verleugnung, Identifikation mit dem Verstorbenen, Affektisolierung, Intellektualisierung/Rationalisierung;
- akute Trauer mit intensiven Emotionen (Verzweiflung, Depression), Rückzug oder Identifikation mit dem Verstorbenen;
- Ablösung und Hinwendung zu neuen Personen und Erholung.

An diesem Modell der Trauerphase wurde kritisiert, so etwa Worden (1987), daß man daraus schließen könnte, daß es für Trauernde genüge, in Passivität abzuwarten, bis eine Phase nach der anderen sich von selbst erledigt habe. In der Folge ist das Bedürfnis entstanden, die Notwendigkeit aktiver Auseinandersetzung mit dem Erlebten und den entstandenen Gefühlen durch die Konzeption von Traueraufgaben zu betonen. Als solche nennt Worden (1996):

- die Realität des Verlusts akzeptieren,
- Schmerz oder emotionale Aspekte des Verlusts erfahren,
- Anpassung an eine Umgebung, in der der Verlorene fehlt,
- für die tote Person im emotionalen Leben einen neuen Platz finden, der es erlaubt, sich an sie zu erinnern.

Übliche Bewältigungsstrategien sind dabei: sozialer Rückzug und Vermeidung, Hyperaktivität und Ablenkung, Sinngebung, Religiosität, zuversichtliche Lebenseinstellung und Hinwendung zu anderen, um Zuwendung und Trost zu erhalten.

Diesen Vorstellungen steht in jüngster Zeit eine modifizierte Sicht des Ergebnisses von Trauerarbeit gegenüber. Als kulturelle Sicht der Moderne betrachten Klass et al. (1996) die Vorstellung, daß das Ziel der Trauer die Loslösung vom Verstorbenen und die Reinvestierung der Energie in eine neue Beziehung sei und es einen pathologischen Vorgang darstelle, wenn jemand an der Beziehung zum Verstorbenen festhalte. Weiterbestehende Bindungen sind nicht als Leugnung zu sehen, es ist vielmehr wesentlich für einen gelungenen Trauerprozeß, dem Toten einen Platz im weiteren Leben und der Gemeinschaft zu bewahren. So könne der Tote eine Quelle für Bereicherung und verbessertes Zurechtkommen in der Gegenwart darstellen.

Als *pathologische Trauer* gilt die Fixierung in bestimmten Stadien und eine Übertreibung und Verzerrung des Trauerprozesses. Sie läßt sich nach Dauer, zeitlichem Verlauf, Intensität und Ausprägung der depressiven Verstimmung charakterisieren.

Nach Volkan (Volkan u. Josephthal 1994) ist wesentliches Kennzeichen pathologischer Trauer, daß das ganze Leben von der Suche und der Sehnsucht nach dem Verstorbenen bestimmt ist. Reinkarnationsinteressen, das Austüfteln wissenschaftlicher Theorien, das fortgesetzte Wiedererkennen des Toten in Lebenden sowie der Eindruck, der Tote bestimme weiterhin das Leben des Hinterbliebenen sind weitere Kennzeichen pathologischer Trauer. Im einzelnen wird unterschieden nach:

- verzögerter Trauer, die zunächst ausbleibt und erst durch spätere Ereignisse ausgelöst wird;
- ambivalenter Trauer, wobei die anfängliche Trauer späteren Schuldgefühlen weicht;
- chronischer Trauer, die abnorm lang und/oder intensiv und verbunden mit Gefühlen der Abhängigkeit und Hilflosigkeit ist; und
- komplizierter Trauer, die mit vegetativen Symptomen von mehr als 12 Monaten Dauer sowie Gefühlen von Wertlosigkeit, ausgeprägten funktionellen Beeinträchtigungen, psychomotorischer Verlangsamung und dem Fehlen von Trauer einhergeht.

# Besonders belastende Faktoren für den Trauerprozeß

Nach Rando (1997) sind *folgende Todesumstände* für ein besonders traumatisches Erleben des Todes eines Angehörigen verantwortlich und komplizieren den Trauerprozeß:

- *Plötzlichkeit und fehlende Antizipation des Geschehens*: Nach Glick et al. (1974) ist die problematischste Situation die eines völlig unvorbereiteten Verlusts. Die Autoren vermuten die Wirksamkeit antizipatorischer Trauer als Grund in dem Sinne, daß die Emotionen zum Zeitpunkt des tatsächlichen Todes schon weitgehend bearbeitet sind. So erklären sich die größere Ruhe der Angehörigen zum Todeszeitpunkt und ihre geringeren Schwierigkeiten 13 Monate danach. Littlewood (1992) weist darauf hin, daß die Interessen der Angehörigen und die des Sterbenden sich hier fundamental widersprechen. Während die Distanzierung von der Beziehung vor dem Tod den Verwandten hilft, ist für den Sterbenden gerade die Intensivierung der Beziehung wichtig. Andere Autoren erklären die mildere Wirkung eines lange vorhersehbaren Todes auf Angehörige damit, daß diese Situation die Möglichkeit bietet, bisher unbearbeitete Konflikte noch zu bereinigen, daß die Partner sich dabei näher kommen und sich die Wahrscheinlichkeit zurückbleibender Schuldgefühle reduziert (Jerneizig et al. 1994).
- *Gewalt, Verletzung, Zerstörung*: Bei den Hinterbliebenen von Mordopfern überwiegen Wut, Aggression und Phantasien, was man dem Täter alles antun könnte. Es handelt sich hierbei um den Abwehrmechanismus der Identifikation mit dem Aggressor. Die erlittene Aggression wird leichter ertragen, wenn der Gewalttäter dadurch entmachtet wird, daß man an seiner Macht partizipiert. Dies kann in der Therapie dazu führen, daß der Klient sich plötzlich dem Täter nicht mehr so unähnlich fühlt, wie ihm das lieb wäre. Dies kann zu Angst vor eigenen mörderischen Tendenzen, zunehmender Diskrepanz zwischen der Wut auf den Täter und dem Verständnis für die eigenen aufkeimenden Aggressionen und Rückzug von der Therapie führen (Redmond 1996).

- *Vermeidbarkeit und/oder Zufälligkeit*: Wenn jemand etwa auf einer Urlaubsreise im Omnibus tödlich verunglückt, so wäre dies vermeidbar gewesen, wenn er die Reise nicht mitgemacht hätte, das Geschehen ist aber auch zufällig, da der Betroffene keine Kontrolle über die Abläufe hat.
- der *Verlust eines Kindes*;
- der gleichzeitige *Verlust mehrerer Personen* (Raphael 1984);
- *die persönliche Begegnung des Hinterbliebenen mit dem Tod* in Zusammenhang mit einer bedeutenden Lebensbedrohung, einer massiven oder schockierenden Konfrontation mit dem Tod und einer Verletzung von anderen;
- der *Tod durch Suizid* oder verkappter Suizid (etwa durch Selbstvernachlässigung) (vgl. Kalish 1985),
- die *Unsicherheit über den Verlust und die Umstände* (vgl. Lazare 1979),
- Tode, bei denen *der Tote nicht gefunden wird* (Simpson 1979),
- *schambesetzte Todesumstände,* etwa wenn der Ehemann an Herzversagen beim Besuch der lange verheimlichten Geliebten gestorben ist (Littlewood 1992).

Hinsichtlich der *sozialen Begleitumstände* gelten als aggravierende Belastungen für den Trauerprozeß: (a) soziale Desintegration; (b) mangelnde soziale Unterstützung, fehlendes hilfreiches soziales Netz (Littlewood 1983, zit nach Littlewood 1992); (c) finanzielle Probleme, niedriger Sozialstatus; (d) wenn alle (einschließlich des Hinterbliebenen) so tun, als ob nichts passiert wäre (Littlewood 1992).

*Bei Beziehungsmerkmalen* gelten als besonders problematisch für den Trauerprozeß: (a) ängstliche und abhängige Beziehungen (Horowitz et al. 1980); (b) symbiotische Beziehungen; (c) extrem einseitige Rollenverteilungen; (d) sehr ambivalente Beziehungen (Raphael 1984) sowie (e) narzißtische Beziehungen, bei denen der Verstorbene eine Erweiterung des eigenen Selbst war (Worden 1987).

Der Trauerprozeß wird als kompliziert eingeschätzt, wenn der *Hinterbliebene* folgende Merkmale aufweist: (a) prämorbide psychische Belastung; (b) Unfähigkeit, Gefühle auszudrücken; (c) vorangegangene ungelöste Verluste; (d) mehrere Verluste in kurzer Zeit (Kalish 1985); eigene Vorerkrankung (Littlewood 1992) und (e) vermeintliche Stärke und Widerstandskraft (Littlewood 1992).

Speziell für die Situation von *Kindern* mit Elternverlusten nennt Worden (1996) sechs Hauptkategorien von Mediatoren, die Verlauf und Ergebnis der Anpassung an einen Verlust bestimmen:
- der Tod und die ihn umgebenden Rituale,
- die Beziehung zum verlorenen Elternteil vor und nach dessen Tod,
- das Zurechtkommen des überlebenden Elternteils und seine Fähigkeit, als Elternteil für das Kind zu fungieren,
- Familieneinflüsse wie Größe, Solvenz, Struktur, Copingstil, Unterstützung, Kommunikation, Stressoren, Veränderungen und Einbrüche im Leben des Kindes,
- Unterstützung des Kindes durch Peers und andere Personen außerhalb der Familie sowie
- Charakteristika des Kindes einschließlich Alter, Geschlecht, Selbstwahrnehmung und Verständnis vom Tod.

Einen Versuch, die Schwere eines Personenverlusts mit Hilfe objektiver Umweltdaten zu erfassen, stellt die sogenannte Verlustformel dar (Toman 1965):

$$l = \sum_{i=1}^{n_l} l_i \quad \text{(Gesamtverlust)}; \; l_i = \frac{1}{-\log k} \; \text{(Einzelverlust)};$$

$$k = \frac{a_l t}{a_o \, a \sqrt{a} \, (\bar{n} - 1)} \; \text{(Ausmaß des einzelnen Verlusts)}$$

Anmerkungen:
$a_l$ = Alter der verlorenen Person, $a_o$ = Alter der ältesten Person in der unmittelbaren Familie, t = Zeit, die die Person mit der verlorenen zusammenlebte, a = Alter der betroffenen Person, n = Anzahl der Personen in der Familie.

Sicher wird man bei großen Zahlen untersuchter Personen hiermit eine Differenzierung der Verlustschwere erreichen. Insofern mag die Verlustformel für Forschungszwecke gute Dienste leisten; so ist es möglich, bei Elternverlusten den betroffenen Kindern mit dieser Formel unterschiedlich schwere psychopathologische Erscheinungen zuzuordnen (Langenmayr 1975a).

An Formeln dieser Art wurde vor allem ihre mangelnde subjektive Differenzierung gerügt (z. B. wie das Kind den Verlust erlebte, welche Beziehung es mit dem Verstorbenen verband), was ursprünglich in quantitativen Forschungsansätzen gerade als Vorteil betrachtet wurde. Schließlich macht gerade die quantitative Erfassung der subjektiven Aspekte bei Verlusten empirisch mehr Probleme als die Feststellung relativ objektiver Umweltdaten. Für die Betrachtung des Einzelfalls ist diese Formel allerdings viel zu undifferenziert. Andererseits hat sich mittlerweile gezeigt, daß der Beitrag subjektiver Momente zur Varianz des Trauerlebens zunächst überschätzt worden sein könnte, was in neueren Publikationen dazu geführt haben dürfte, daß Versuche, die Verlustschwere mit globalen Formeln zu erfassen, wieder auftauchen und nun eher subjektiv differenzierende (mit Tests und Fragebögen erfaßte) und objektive Daten gleichzeitig zu einem einheitlichen Index vermischt werden.

Worden (1996) teilte Kinder mit Verlusten in zwei Gruppen ein, eine Experimentalgruppe und eine mit deren Daten Kreuzvalidierungen vorgenommen wurden. Der Autor fand sechs Variablen, die mit hohem Risiko für das Kind ein oder zwei Jahre nach einem Verlust korrelierten, und die er jeweils mit den Ausprägungen 0 oder 1 bewertete (1 für Werte mit 0,5 Standardeinheiten über dem Mittel, 0 für die anderen) und zu einem total risk score addierte. Dabei handelt es sich um folgende Variablen:

- Alter des überlebenden Elternteils (älter als 38 Jahre wurde mit 0 bewertet, 38 Jahre und jünger mit 1);
- Anzahl der Kinder unter 12 Jahren in der Familie (3 oder mehr wurden mit 1 kodiert);
- Streßscore des überlebenden Elternteils;
- Copingscore des überlebenden Elternteils;
- Depressionsscore des überlebenden Elternteils;

– Totalscore auf der von den Eltern ausgefüllten »Child Bereavement Check List«.

## Spezielle Trauersituationen

Die besondere Reaktion von Kindern auf einen Elternverlust sieht Worden (1996) aufgrund einer kontrollierten Stichprobenerhebung in:
– der Zunahme von Angst im ersten Jahr nach dem Verlust, was bei Mädchen ausgeprägter ist als bei Jungen;
– der Somatisierung und dem Auftauchen von Gesundheitsproblemen vor allem im ersten Jahr nach dem Verlust, auch hier waren Mädchen mehr betroffen als Jungen;
– der Zunahme von Unfällen im ersten Jahr nach dem Verlust, hieran sind vor allem Jungen beteiligt;
– der geringen Varianz von Schulproblemen (zum Teil treten offenbar auch überkompensatorische Verhaltensweisen mit leicht besseren Schulleistungen auf);
– einer Verringerung des Selbstwertgefühls beginnend zwei Jahre nach dem Tod des Elternteils.

Die Reaktion auf Tod und Scheidung differiert in wesentlichen Punkten sowohl bei Kindern als auch bei Erwachsenen: Jungen haben häufiger Schwierigkeiten nach der Scheidung der Eltern als nach dem Tod eines Elternteils (Worden 1996). Die Selbstanschuldigungen von Kindern für den Verlust eines Elternteils sind nach Scheidung der Eltern höher, Lernschwierigkeiten sind ausgeprägter als beim Tod eines Elternteils (Worden 1996).

Bei Erwachsenen ist das weitere Geschehen im Fall des Todes mehr von Depression gekennzeichnet, das gilt besonders für Frauen. Aggressionen werden eher verdrängt. Bei Scheidungen spielen offene Aggression, Rachegefühle und Schuldzuweisungen hingegen eine bedeutendere Rolle.

Nach dem Tod eines Elternteils können (vor allem erwachsene) Geschwister um ihre Stellung zum Toten rivalisieren. Sie können sich diesem Konflikt intensiver und geschützter hingeben, da der Verstorbene zur Klärung nichts mehr beitragen kann.

Sowohl beim Partnerverlust als auch beim Elternverlust können Erbschaftsstreitigkeiten einen erheblichen Umfang annehmen. Unabhängig von realen Interessen sollte aber immer auch die Möglichkeit gesehen werden, daß damit das Empfinden der Trauer vermieden werden kann.

Die Wiederheirat des hinterbliebenen Elternteils kann von den erwachsenen Kindern abgelehnt und eventuell auch aktiv hintertrieben werden. Dabei spielt das Gefühl eine maßgebliche Rolle, daß eine erneute Bindung des überlebenden Elternteils als Verletzung der Loyalität gegenüber dem toten Elternteil empfunden wird. Der Hintergrund ist eine Eifersuchtshaltung, die auf den Toten projiziert wird.

Eltern, die ein erwachsenes Kind verlieren, machen häufig den Lebenspartner des Kindes dafür verantwortlich (Littlewood 1983, zit. nach Littlewood 1992) und erwarten oft auch Hilfe von diesem Partner.

Homosexuelle Partner werden oft von der Familie des Verstorbenen von der Beerdigung ausgeschlossen.

Eigene Schuldgefühle und/oder Trauer können dazu führen, daß zur eigenen Entlastung ein Sündenbock innerhalb der Familie gesucht wird.

Der Tod eines Zwillings ruft beim hinterbliebenen Geschwister größere emotionale Probleme und Ängste vor dem eigenen Tod hervor als bei anderen Geschwisterpaaren.

Der Tod eines Familienmitglieds wird auf der Basis der vorher existierenden Familienbeziehungen interpretiert und verarbeitet. So kann der Tod eines Kindes in einer kampfbetonten Ehe zur Einschüchterung und Erzeugung von Schuldgefühlen beim jeweils anderen Partner benutzt werden.

Der Tod Jugendlicher ist für die Eltern oft deshalb besonders problematisch, weil zur selben Zeit Kämpfe um die Unabhängigkeit stattfinden und die Vorstellung, der Tod sei eine Reaktion auf diese Auseinandersetzungen, besonders intensive Schuldgefühle hervorruft. Noch deutlicher wird dies, wenn es sich um einen Suizid handelt. Dieser findet oft auf dem Hintergrund offener Feindseligkeit, Ambivalenz und ungeklärter Abhängigkeit statt und verursacht daher besonders große psychische Probleme und Selbstvorwürfe der Eltern (Barraclough 1987). Die Eltern an Krebs gestorbener Jugendlicher haben im Vergleich zu denen an Krebs gestorbener Kinder weniger Erfolg bei der Bewältigung; so tun sie beispielsweise weniger für sich (Littlewood et al. 1991).

Der Tod der Eltern von Erwachsenen wird im allgemeinen als zeitgerecht und wenig problematisch angesehen, was jedoch nicht zutrifft. Die hinterbliebenen erwachsenen Kinder tendieren mehr als vergleichbare Kontrollpersonen zu Suizidgedanken, zu Suizidversuchen und weisen häufiger eine Depression in klinischem Ausmaß auf (Birtchnell 1975). Die Trauer trägt in diesen Fällen die Möglichkeit zu persönlicher Reifung ebenso in sich wie zu Verzweiflung (Littlewood 1992).

Aborte und Fehlgeburten sind oft mit Phantasien verbunden, was mit dem Kind wohl geworden wäre. Eltern denken daran vor allem zu Zeiten, die für die Entwicklung des Kindes relevant gewesen wären, wie etwa die Zeit der Einschulung. Vor allem die Mütter leiden unter der Situation und solchen Phantasien, oft aber auch die Väter. Diese Verlustsituation wird mehr als andere in belastender Weise gegenüber Dritten verschwiegen (Littlewood 1992).

In einer Nacherhebung 13 Monate nach einem Spontanabort konnten Beutel et al. (1993) zeigen, daß das Ereignis in den meisten Fällen als bedeutsamer Verlust erlebt wird. Nach sieben bis 13 Monaten nehmen die Trauersymptome allmählich ab. Depressivität und körperliche Allgemeinbeschwerden sind zwar generell nicht erhöht, jedoch sehr wohl bei einer Untergruppe mit chronischer (pathologischer) Trauer. Unabhängig von einer erneuten Schwangerschaft tauchten nach 13 Monaten noch schmerzhafte Gefühle beim Anblick von Schwangeren und Babys sowie Ängste vor einem erneuten Abort auf. Die Patientinnen mit chronischer Trauer waren charakterisiert durch ein negativeres Erlebnis der Schwangerschaft, ausgeprägte Vorbereitungen auf das erwartete Kind, eine unsichere berufliche und familiäre Situation in der Zeit vor dem Abort und intensive psychische Belastung und Verzweiflung unmittelbar danach.

Eher allgemein auftauchende Probleme stellten Hall et al.

(1987) fest. Die Trauerreaktionen nach Spontanabort bestanden in Alpträumen davon, lebhaften wiederkehrenden Erinnerungen oder Gesprächen zum Zeitpunkt des Aborts, anhaltendem intensiven Ärger in Zusammenhang mit dem Abort, der Beschäftigung mit Embryos oder Föten symbolisierenden Objekten, wiederkehrenden Reaktionen zum jahreszeitlichen Termin des Abgangs oder des errechneten Geburtstermins, wehenähnlichen Krämpfen und Abdominalschmerzen.

Friedman und Gath (1989) konnten entgegen anderen Vermutungen zeigen, daß bereits in der frühen Schwangerschaft ein Spontanabort deutliche psychische Folgen für die Mutter haben kann. So wurden 31 von 67 Frauen vier Wochen nach dem Spontanabort anhand von Selbstwert-Einschätzungsskalen (personal self-esteem/PSE) und Depressionsskalen als psychiatrische Fälle eingestuft (48 % im Vergleich zu 11,2 % in der Normalbevölkerung). Als Auslöser für eine verzögerte Trauerreaktion fand Condon (1986) oft den Jahrestag des Verlusts oder anderer gynäkologischer Ereignisse.

Beutel et al. (1992) fanden in einer Längsschnittstudie an 86 Abortpatientinnen mit der Perinatal Grief Scale (Toedter et al. 1988, s. Beutel et al. 1992) und standardisierten Symptomskalen erhöhte Trauer, Depressivität und Angst nach einem Spontanabort. Der Embryo war in der 10. Schwangerschaftswoche in Phantasien, Träumen und konkreten Vorbereitungen psychisch repräsentiert. Beim Verlust traten Trauer und Verzweiflung auf. Prognostisch besonders ungünstig waren besondere Belastungen in der Schwangerschaft und mangelnde soziale Unterstützung. Aus diesen Faktoren ließen sich schuldhafte Verarbeitung vorhersagen. Depressive Reaktionen traten bei Frauen mit mehreren Aborten auf, die noch keine Kinder hatten. Die Erwünschtheit der Schwangerschaft spielte für die depressive Verarbeitung keine Rolle; Übelkeit, Angst, Ärger und Depression herrschten vor.

Mit den Langzeitfolgen von Aborten beschäftigten sich Dekkardt et al. (1994). Die psychischen Folgen zeigten sich dabei unabhängig vom Gestationsalter. Die Trauer war selbst 24 Monate nach dem Abort nicht aufgelöst. Sie nahm in den ersten sieben Monaten kontinuierlich ab, die Verzweiflung blieb konstant, die

Schuldgefühle nahmen zwischen dem 13. und 24. Monat sogar zu. 20 % der Patientinnen entwickelten eine pathologische Trauer mit einem Anstieg von Depressivität, Schuldgefühlen und körperlichen Allgemeinbeschwerden.

Die Auswirkungen von Aborten auf die eheliche Beziehung waren Gegenstand der Untersuchung von Gottlieb et al. (1996). Es wurden 31 Paare befragt, die zwei bis vier Jahre vorher ein Kind verloren hatten (ab der 20. Schwangerschaftswoche bis zum Alter von einem Jahr) und in der Klinik schon einmal befragt worden waren. Die Befragten waren überwiegend Kaukasier. Es ließ sich ein signifikanter Abfall der sexuellen Intimität feststellen. Die Frauen berichteten von weniger allgemeiner emotionaler Intimität. Bei den Frauen ließ sich aus den ersten Trauerreaktionen die Einstellung zur Ehe zwei Jahre später vorhersagen, hingegen nicht bei den Männern. Ein Prädiktor bei diesen war die erste Trauerreaktion ihrer Frauen, ob sie schon einmal überlegt hatten sich zu trennen und ob Warnzeichen des drohenden Todes des Kindes vorhanden waren.

Komplizierend können beim Tod eines Kindes während der Schwangerschaft die Tendenz unserer Gesellschaft wirken, dies als leicht zu verkraften abzutun und Bindungen an das Kind in dieser Zeit auszuschließen. Darüber hinaus kann dies Schuldgefühle wegen des eigenen Überlebens und die Wiederbelebung der Erinnerung an frühere Beziehungsbrüche mit sich bringen (Speckhard 1997).

Bei Totgeburten werden oft die vorher vorhanden Vorwarnungen geleugnet. Das allgemeine Schweigen wird von der Mutter als Bestätigung einer schrecklichen Schuld empfunden (Littlewood 1992).

Als hilfreich hat es sich erwiesen, wenn die Eltern das tote Kind sehen, eine Photographie des Kindes erhalten, das Kind einen Namen bekommt und beerdigt wird sowie die Teilnahme der Eltern an einer Selbsthilfegruppe.

Der Tod des Kindes bei der Geburt ruft nicht nur Selbstvorwürfe hervor, sondern ist noch Jahre später mit dem Gefühl verbunden, daß das medizinische Personal nicht alles für das Überleben getan hat, wobei es sich dabei oft um die Projektion der eigenen Schuldgefühle auf andere handelt, um Erleichterung zu erlangen.

Einige Autoren untersuchten, mit welchen konkreten und praktisch verwertbaren Möglichkeiten die psychischen Folgen von Totgeburten gemildert werden können. Kuse-Isingschulte et al. (1996) fanden, daß die psychische Reaktion auf Fehl- und Totgeburten günstig von offenen Gesprächen mit dem Fachpersonal und den Angehörigen, direktem oder indirektem Kontakt zum verstorbenen Kind sowie Aufklärung über Ort und Umstände der Beerdigung des Kindes beeinflußt wurde.

Rådestad et al. (1996) stellten fest, daß das Risiko psychischer Störungen vermindert wurde, wenn die Eltern das Kind noch sehen konnten. Dabei ist weniger die Dauer als die Atmosphäre von Belang, in der das geschieht. Ein Ultraschallbild oder eine Photographie im Besitz der Mutter reduzierte spätere Trauer und Angst. Ein Ritual, vor allem ein Begräbnis, stellte sich als günstig für die Verarbeitung heraus. Vor allem Personen, die das Gefühl hatten, daß der medizinische Dienst für den Tod des Kindes verantwortlich sein könnte, tendierten in dieser Untersuchung zu Angstsymptomen. Die Folgen des Kindesverlusts während der Schwangerschaft können bis zur Scheidung der Eltern reichen. Leppert und Pahlka (1984) betonen die Bedeutung der Notwendigkeit zu trauern, um die Loslösung vom verstorbenen und die Hinwendung zu anderen Kindern zu ermöglichen.

Eine besonders belastende Situation ist der Plötzliche Kindstod (sudden infant death), da hier zu dem tragischen Geschehen notwendige, aber sehr belastende polizeiliche Ermittlungen hinzukommen, die von unterschwelligen Verdächtigungen, zumindest aber dem Gefühl der Eltern, verdächtigt zu werden, begleitet sind, einschließlich der ständigen Wiederholungen der Ereignisse vor dem Tod (Littlewood 1992).

Die Verarbeitung des Plötzlichen Kindstods haben Beutel et al. (1997) in einer retrospektiven Untersuchung von 60 Paaren eruiert, die Teilnehmer einer Selbsthilfegruppe waren. Das Ereignis lag durchschnittlich fünf Jahre zurück. Verwendet wurde ein standardisierter Fragebogen zu Depressivität, Angst, Körperbeschwerden und Trauer. Die Kontrollgruppe bestand aus ebenso vielen gleichaltrigen Männern und Frauen. Depressivität und Körperbeschwerden waren in der Untersuchungsgruppe erhöht. Die Mütter reagierten depressiver und grübelten häufiger über die Ursachen des Plötzlichen Kindstodes als die Väter. Sie zeigten ihre Traurigkeit offener und fanden es hilfreicher, über ihre Gefühle zu sprechen, was der auch sonst zu findenden Geschlechtsrollenverteilung entspricht. Das heißt nicht, daß die Väter vom Geschehen nicht genauso betroffen wären: Sie reagieren mit vermindertem Selbstwertgefühl und werfen sich mangelnde Beteiligung an der Versorgung des Babys vor (Mandell et al. 1980). Anschließend geborenen Kinder erleichterten die Verarbeitung des Verlusts. Allerdings entstand bei rascher Folge eine große Ängstlichkeit um das weitere Kind (Beutel et al. 1997). Kindstod durch Unfall oder Krebs ruft oft Wut auf den vermeintlichen oder tatsächlichen Verursacher hervor, zuweilen auch auf den Ehepartner, dem Versagen in der Beaufsichtigung oder im Umgang mit dem Kind vorgeworfen wird. In solchen Fällen ist eine psychologische Betreuung unumgänglich, wenn das Auseinanderbrechen der Familie als Folge verhindert werden soll. Die Beteiligung der Eltern an der Pflege des todkranken Kindes vermag deren Angst und Hilflosigkeit zu reduzieren (Lauer et al. 1983). Vor allem führt die Pflege des Kindes in der Folge zu besserer Verarbeitung (Lauer et al. 1989).

Der Frage, wie man Kindern den Tod oder den bevorstehenden Tod einer Bezugsperson erklären soll, gingen DeMaso et al. (1997) nach, was für die Verarbeitung von größter Bedeutung ist. Sie empfehlen, offen und ehrlich zu sein. Kinder, denen die Ernsthaftigkeit der Erkrankung etwa eines Geschwisters nicht erklärt wird, haben ihre eigenen Vorstellungen, die getragen sind von Mißverständnissen, Schuld, Scham und Ärger. Ferner sollte altersadäquat erklärt werden. Entscheidend für das Kind ist es, ob es sich Verantwortung für das Geschehen zuschreibt, wie dies auch Wallerstein et al. (1988) für Kinder bei der Scheidung der Eltern nachgewiesen haben.

Dabei ist es notwendig, den Tod konkret zu erklären: die Herzfunktion kann ein kleines Kind sicherlich nicht verstehen, schon eher daß eine Pumpe nicht mehr funktionieren kann. Erinnerungen an frühere Verluste, etwa eines Haustieres können sinnvoll sein. Hilfreich sind Erklärungen wie, das Geschwister »sei bei Gott im Himmel« und »lebe in unserer Erinnerung weiter«. Den

Tod mit »schlafen« oder »verloren« sein zu vergleichen, wecke Ängste.

Wichtig ist es, auf Fragen vorbereitet zu sein wie etwa: »Mama, wirst du auch sterben?« Entscheidend ist es dann, nicht in Allgemeinplätze auszuweichen wie: »Jeder muß einmal sterben.« Sinnvoller ist es, sich und das Kind zu fragen, worum es eigentlich geht. Vielleicht könnte es etwa die Sorge sein, bei wem das Kind dann bleiben würde.

Gefühle zu zeigen ist normal und wird von den Kindern erwartet, sonst könnten sie auf die Idee kommen, die Eltern vermißten das verstorbene Kind oder den verstorbenen Angehörigen nicht. Verhaltensänderungen auch gegenüber den Eltern und regressives Verhalten sollten erwartet werden, wie etwa ein Rückfall im Toilettentraining.

Es sollte Kindern erlaubt werden, am Begräbnis teilzunehmen, sie sollten aber nicht dazu gezwungen werden. Zeichnungen des Kindes und deren Erläuterungen oder einen Gedächtnisbaum zu pflanzen können bei der Verarbeitung helfen.

# Folgen von Trauer

Die Mehrzahl der Trauersymptome bilden sich im ersten Jahr zurück. Offensichtlich gibt es eine eher psychische und eine eher somatische Reaktion auf den Tod von Bezugspersonen. Jerneizig und Langenmayr (1992) fanden sowohl bei den Trauersymptomen als auch bei den Verbesserungen durch klientenzentrierte Trauertherapie ein Cluster psychischer Symptome (Depression, Schlaf- und Konzentrationsstörungen, Agitiertheit und Nervosität) und ein Cluster somatischer Symptome (Atembeschwerden, Rückenschmerzen, Herz-Kreislaufstörungen und Magen-Darm-Störungen). Beim ersten Typ handelt es sich offenbar um Personen, die sich intensiv mit dem Verlust auseinandersetzen, wofür auch der Zusammenhang zu schuldgefühlshafter Verarbeitung spricht, beim zweiten eher um Gefühle verdrängende Personen.

## Psychische Symptome und deren Abgrenzung von nicht-trauerbedingten Symptomen

Als psychische Folgen von Objektverlusten benennt Littlewood (1992) folgende:

- beeinträchtigte alltägliche Aktivität, Arbeitsunfähigkeit;
- Konzentrationsschwierigkeiten, Vergeßlichkeit und Verwirrung;
- Beziehungsunfähigkeit;
- depressive Symptome und allgemeine Traurigkeit;
- Suchtmittel- und Medikamentenabusus, andere suchtähnliche Verhaltensweisen wie ständig neue Kleider kaufen, häufige Partnerwechsel;

- vermehrte Arztbesuche und Klinikbehandlungen;
- Schock, Taubheit (Vermeidung von Gefühlen, kalt, automatisch reagierend, entspricht der Selbstbeschreibung »Autopilot«);
- Ungläubigkeit;
- Angst, Panikattacken, Angst nicht ohne die geliebte Person leben zu können, Angst von den eigenen Gefühlen überwältigt zu werden, Angst vor dem eigenen Tod, vor Krebs und andere hypochondrische Ängste;
- generelle Unsicherheit;
- Erleichterung (wenn der Tote gelitten hat, wenn Jugendliche den Tod der Eltern als Emanzipation erleben), Gefühle der allgemeinen Bedeutungslosigkeit und Verzweiflung;
- Einsamkeit;
- Ärger (auf den Verstorbenen);
- Schuldgefühle;
- ständige Beschäftigung mit dem Toten und den zum Tod führenden Umständen;
- Sehnsucht, Gefühl der Anwesenheit des Toten, Suchen und Rufen nach dem Weggegangenen;
- visuelle, auditorische, haptische und olfaktorische Halluzinationen. Diese stellen ein im Trauerfall normales Geschehen dar, werden aber von den Betroffenen manchmal als Grund für Ängste um ihren geistigen Gesundheitszustand gewertet. Sormanti und August (1997) fanden, daß von 43 Eltern, die ihr Kind verloren hatten, 38 von andauernden Verbindungen mit ihrem Kind berichteten. Die meisten empfanden dies positiv, als Bestätigung der Möglichkeit, irgendwann mit ihrem Kinde wiedervereinigt sein zu können. Manchen tat es aber auch weh, dies als Gestaltung ihres Unbewußten und nicht als Realität ansehen zu müssen;
- Schlaf- und Appetitstörungen;
- Träume in gegenüber früher veränderter Häufigkeit und verändertem Inhalt;
- Erinnerungsobjekte und -plätze werden aktiv gesucht oder aktiv vermieden; Ruhelosigkeit; Apathie; Weinen; sozialer Rückzug;
- Leugnung: die Tatsache des Todes des Verstorbenen wird überhaupt nicht zur Kenntnis genommen und das Leben so fortge-

setzt, als sei nichts geschehen (z. B. wenn Mütter im Krieg nach der Meldung vom Tod ihres Sohnes noch lange Zeit den Tisch für ihn mitdeckten, als käme er zum Essen. Ein berühmtes Beispiel ist »Miss Sophie« aus dem Silvesterspot »Dinner for one«, die weiterhin das Geburtstagsmenü für ihre vier verstorbenen Freunde servieren läßt).

In manchen Fällen ist es sehr schwer festzustellen, ob es sich um eine akute oder vielleicht auch lange zurückliegende Trauerproblematik handelt, oder ob es um Störungen auf einem anderem Hintergrund geht. So mögen gelegentlich psychiatrische Störungen und Personenverluste unabhängig voneinander, aber gleichzeitig auftreten. Auch sind Trauerberater, gerade in den Anfängen ihrer Praxis, mit dem Phänomen konfrontiert, daß sie von Personen aufgesucht werden, die erhebliche psychische Störungen auf einen Verlust zurückführen, obwohl sich dies nach einiger Zeit als unzutreffend herausstellt. Sollte sich aber zeigen, daß hinter dem Geschehen zwar nicht der angegebene Verlust von Bedeutung ist, aber doch ein weiter zurückliegender, so wäre Trauerberatung wieder gerechtfertigt.

Aus diesen Gründen sollten wir hier ein paar Worte über psychische Störungen allgemein verlieren (ich halte mich überwiegend an die Darstellung von Wieck, 1977) und versuchen, sie von Trauerphänomenen abzugrenzen oder auf Verwechslungsmöglichkeiten hinzuweisen.

*Organisch begründbare körperliche Störungen* werden in reversible (sog. Funktionspsychosen) und irreversible unterschieden. Reversible ergeben sich etwa nach einem Unfallgeschehen bei einer Gehirnerschütterung oder bei sich zurückbildenden Vergiftungserscheinungen. Hier können mit dem Zustandekommen der körperlichen Schädigung Verlusterlebnisse einhergehen (z. B. bei einem Autounfall, bei dem Mitinsassen ums Leben gekommen sind). Die sich aus der körperlichen Schädigung ergebenden psychischen Beeinträchtigungen sind hiervon wenig tangiert.

Hauptsymptome sind Verlangsamung der geistigen Abläufe, Gedächtnisstörungen, Störungen der Aufmerksamkeit, motorische

Unruhe, Antriebsminderung und Gefühlsarmut. Es entsteht der Eindruck des Organischen. Konfabulationen (Zusammenhangsbildungen zwischen nicht zusammengehörenden Themen) und Perseverationen (fortgesetzte Wiederholungen) können auftreten, zuweilen auch produktive Symptome (wie Verkennung von Personen und Situationen, Entfremdungserlebnisse). Ferner können Entleerung des Erlebens, Inkohärenz des Denkens, Fluktuation der Aufmerksamkeit, Affektlabilität, inadäquates Bekanntheitsgefühl bei tatsächlich Unbekanntem, paranoide Ausgestaltungen, Erregtheit und Aggressionen, megalomane Vorstellungen (Größenideen) und Schuldthematiken auftreten. Aphasie ist eine sprachlich auffallende Störung mit zentralen Ursachen, die als motorische Produktionsschwäche (Brocaaphasie) oder als Unfähigkeit, sprachliche Begriffe zu finden, Sprache zu verstehen (Wernickeaphasie) oder als totale Aphasie auftritt. Sie ist oft nur teilweise reversibel und hängt als sprachliche Störung mit Läsionen der linken Gehirnhälfte zusammen. Bei Verstärkung des Prozesses entstehen Bewußtseinstrübung, dann schwere Bewußtseinstrübung und schließlich fällt der Betroffene ins Koma.

Funktionspsychosen, also reversible organische Störungen, sind unspezifisch. Es wird stets ein Syndrom angesprochen, das mit der Schwere, nicht mit der Ursache der Beeinträchtigung variiert.

Bei den irreversiblen Störungen handelt es sich entweder um Residual- oder progrediente Zustände. Äußerlich auffällig können schon körperliche Stigmata wie beispielsweise Lähmungen sein. Anfälle und Absencen (bei Epilepsie und epilepsieähnlichen Erkrankungen), Zittern (z. B. beim alkoholischen Korsakow-Syndrom) sind auch für Laien schnell einzuordnen. Bei einigen Störungen wie Multipler Sklerose sind auch Potenzstörungen oder der Verlust der Kontrolle über die Blasenfunktion zu finden. Oft treten Minderung der Fähigkeiten (Intelligenzmangel), Einengung der emotionalen Ansprechbarkeit, erhöhte Reizbarkeit, geistig-seelische Entdifferenzierung, organische Wesensänderung, euphorische oder depressive Grundstimmung auf.

Eine Verwechslungsmöglichkeit kann auch mit psychischen Störungen aufgrund von Verlusten bestehen, wenn etwa Angst, motorische Unruhe, Verlangsamung oder schockartige Zustände vorliegen. Auch schuldgefühlshafte Bilder können entfernt an Verlustreaktionen erinnern. Hier werden in der Regel die Anamnese, Befragung der sozialen Umgebung, körperliche Auffälligkeiten und die Berücksichtigung medizinischer Untersuchungsergebnisse weiterhelfen.

Beides, körperlich bedingte Störung und Verlusterlebnis, können untrennbar verwoben sein, wenn etwa nach einem schweren Autounfall jemand sich langsam von der eigenen Gehirnerschütterung erholt, aber auch gewahr wird, daß vertraute Mitfahrer den Unfall nicht überlebt haben. Praktisch ist die Frage der Differenzierung in diesen Fällen nicht relevant, da psychologische Betreuung sowohl den Schock über das eigene Unfallerleben als auch das Verlusterlebnis bearbeiten sollte, und man das aufgreifen wird, was vom Betroffenen jeweils in den Vordergrund seiner Besorgnis gestellt wird. Als psychosomatisch orientierter Psychologe wird man zudem darauf vertrauen, daß in dieser Situation auch der körperliche Restitutionsprozeß erheblich vom Gespräch und offener, wohlwollender Zuwendung profitieren wird.

*Depression* ist durch die Elementargefühle Traurigkeit, Angst und Schuld gekennzeichnet. Durch das Vorherrschen dieser Gefühle ist das Gefühlsspektrum insgesamt eingeengt. Es fehlen Gefühle wie Freude, Liebe, emotionale Bindung an den Beruf. Häufig treten Mißempfindungen auf wie etwa Kopfschmerzen, Schmerzen an Augen, Ohren und Hals. Hemmungen des Erlebnisablaufs (z. B. Schwierigkeiten, einen Gedächtnisinhalt zu reproduzieren), repetitive Verhaltensweisen wie Grübelzustände und vegetative Funktionsstörungen (Schlafstörungen, Appetitlosigkeit, Erlöschen der Libido, Obstipation, Störungen der Sekretion in Form von Schweißausbrüchen, Schwindelzustände, Herzrasen) sind häufige Symptome. Ein charakteristisches Kennzeichen ist ferner die Schwankung der Befindlichkeit über den Tag, besonders oft in der Form, daß morgens der Zustand schlechter ist und sich dann bis gegen Abend aufhellt. In Mimik und Gestik fallen der gequälte Gesichtsausdruck und die gebundenen (ineinandergefalteten) Hände auf, die dabei oft aneinander gerieben werden. Charakteristisch sind auch der »zyklothyme Seufzer« und häufiges Jammern.

Als arztgerechter Beschwerdekomplex wird bezeichnet, daß depressive Patienten häufig aus dem breiten Spektrum ihrer Beschwerden das heraussuchen, was für den jeweils mit ihnen befaßten Arzt relevant sein könnte, also etwa Unterleibsbeschwerden beim Gynäkologen, Atemprobleme beim Lungenfacharzt, Schwindelgefühle beim Neurologen. Von »Reaktion im letzten Augenblick« spricht man, wenn der vorher eher ruhige und antriebsarme Patient plötzlich aktiv wird und nicht mehr aufhört zu erzählen, wenn es auf die Verabschiedung zugeht. Dahinter steht die Angst vor der Trennung, das Gegenüber soll festgehalten werden. Oft ist bei Depressiven auch Suizidgefahr gegeben.

Meist ist die Depression von Wellenbewegungen gekennzeichnet, wobei der Zeitraum einer Welle von geringer Kürze bis zu einem halben Jahr variieren kann. Gegen Ende einer depressiven Phase mag fast ein normaler Eindruck entstehen. Bei einem Teil der Erkrankten folgt in der zweiten Phase das volle Bild einer Manie.

*Manie* ist das gefühlsmäßige Gegenteil von Depression. Die Stimmung ist extrem angehoben. Der manisch Kranke ist von allem begeistert, oft auch von sich selbst, er kennt keine Grenzen der Realität. Auch hierdurch tritt eine Verflachung aller anderen Gefühle ein. Der Erlebnisablauf ist gesteigert, was als Enthemmung und Ideenflucht auffällt (er kommt von einem aufs andere). Körperlich fühlt er sich sehr wohl, die vegetativen Funktionen sind in die ergotrope Phase verschoben. Kritiklosigkeit, Sprunghaftigkeit im Denken, der Eindruck gesteigerter Fähigkeiten und eine Steigerung des Ich-Bewußtseins treten auf, gelegentlich aber auch Gereiztheit bei Kleinigkeiten.

Psychologisch wird Depression auch als Angst vor Selbstbehauptung und als Abgrenzung und Versuch der Vermeidung, verlassen zu werden, interpretiert. Die erste Depression im Leben ist die des Kindes bei vorübergehender Abwesenheit der Mutter. Taucht die Mutter wieder auf, durchströmt das Kind ein ungeheures Glücksgefühl, wie es die Manie zeigt. Im Laufe der Zeit lernt das Kind, die Wiederkehr der Mutter zu antizipieren, die depressiven und die manischen Gefühle verschmelzen und weichen einer realistischen und verläßlichen Beziehung zur Bezugsperson. Fehlt die Bezugsperson dauerhaft, wird das Gefühl der Depression das grundlegende Lebensgefühl, gelegentlich abgelöst durch übersteigert erlebte positive Erfahrungen bis hin zur Selbstüberschätzung in der Manie.

Die *Abgrenzung* zwischen Trauer und Depression ist äußerst schwierig. Einige Autoren halten dies auch nicht für möglich, da es sich um denselben Prozeß handele. Vermutlich geht es bei Depressionen um unerledigte frühere Verlustsituationen, die verdrängt sind, während Trauer meist aktuellere Situationen betrifft und bewußtseinsnäher ist. In der Depression wird kein Bezug auf nachvollziehbare traurige Ereignisse genommen, während er bei der Trauer auf der Hand liegt. Man könnte Depression daher als eine besondere Form der Trauerverarbeitung definieren, bei der das verlorene Objekt und das Verlustereignis grundlegend verdrängt sind und der Verlust in der frühesten Kindheit lag. In der Depression stellen sich die tatsächlichen Traueranlässe erst nach längerer intensiver therapeutischer Arbeit heraus. Die Verwechslungsmöglichkeit könnte demnach darin bestehen, daß jemand in der Trauertherapie einen aktuellen Verlust angeht, sein Grundgefühl aber ganz wesentlich von früheren Verlusten herrührt und ohne deren Bearbeitung nicht wesentlich gebessert werden kann. Da Trauertherapie in der Regel als Kurztherapie konzipiert ist, würde eine Verwechslung bedeuten, daß der Therapeut den zeitlichen Aufwand unterschätzt. Dies könnte zu erheblichen Enttäuschungen auf beiden Seiten führen.

Als arztgerechter Beschwerdekomplex könnte von einem depressiven Klienten im Einzelfall natürlich auch ein Trauerfall präsentiert werden. Die Mimik und Gestik, vor allem die gebundene Haltung sowie die auf das ganze Leben und nicht auf ein einzelnes Ereignis ausgebreitete Trauer sind gute Unterscheidungsmerkmale, ähnlich wie anklammernde Verhaltensweisen im therapeutischen Prozeß. Sie verraten ein lebenslanges Programm und nicht ein vorübergehendes »Aus-der-Bahn-Geworfen-Werden«.

Manischen Verhaltensweisen kann das sogenannte acting out (Ausagieren) nach einem Verlust ähnlich sein, wenn eine Person, statt die Trauer zuzulassen und nach und nach zu bearbeiten, diese verdrängt und sich von einem (auch sexuellen) Kontakt in den nächsten stürzt, das Leben in vollen Zügen zu genießen scheint. Dabei geht es jedoch nicht um wirklichen Genuß, sondern nur darum, die Trauer nicht zuzulassen und Ersatzbefriedigungen zu suchen. Neue Personen sind nicht als neuer Kontakt, sondern als vollständiges Abbild alter Kontakte gedacht.

Kennzeichnend für *Schizophrenie* ist eine Wahnthematik. Sie kann sich konkretisieren als Beeinträchtigungswahn, dabei hat der Klient das Gefühl, alle wollen ihm etwas, er stößt überall auf absichtlich und aus Bösartigkeit aufgerichtete Grenzen.

Bei Erlebnisweisen der Depersonalisation fühlt man sich selbst nicht im eigenen Körper, kommt sich fremd vor, Gedanken werden einem eingegeben, als wäre sie nicht die eigenen.

Eine Versündigungsthematik liegt vor, wenn etwa eine junge Klientin die Kliniktreppe immer auf allen Vieren wie ein Hund hinaufgehen muß, weil sie sich wegen sexueller Gedanken für sündig und tierhaft hält. Beim Liebeswahn fühlt sich der Klient von ständigen Annäherungsversuchen belästigt.

Schizophrene Wahnsymptome sind (a) Wahnwahrnehmungen (Personenverkennungen, Situationsverkennungen, Ichbezogenheit); (b) Wahneinfälle treten manchmal, aber nicht zwingend, im Anschluß an Wahnwahrnehmungen auf (z. B. fällt einer Frau nach einem Gespräch plötzlich ein, das Gegenüber habe ihr fortgesetzt auf die Brust geschaut). (c) Von Wahngedanken spricht man, wenn sich Wahnwahrnehmungen verfestigen. Untrügliches Kennzeichen ist die subjektive Sicherheit, die sogenannte Wahngewißheit. Als Beispiel für (d) Wahnsysteme mag eine Klinikpatientin gelten, die sicher war, im Jahr 1516 vom Himmel auf eine Wiese gefallen zu sein, um die Welt zu erlösen. Es sei nun ihre Aufgabe, hierfür Mitstreiter zu suchen und ihre Aufgabe in die Tat umzusetzen. Ein weiteres Symptom ist (e) der Verfolgungswahn.

Schizophrene Halluzinationen treten vor allem akustisch in Form des Stimmenhörens auf, auf den Geruchs- und Geschmackssinn bezogen, haptisch und sexuell. Schizophrene Denkstörungen bestehen in Gedankenentzug, Gedankenbeeinflussung und Gedankenausbreitung, was heißt, daß der Klient das Gefühl hat, die eigenen Gedanken seien anderen schon bekannt, die dann »wissend«

lächeln. Zerfahrenheit des Denkens ist ein weiteres Merkmal schizophrener Denkstörungen. Zu schizophrenen Gefühlsstörungen gehören Gefühlsverarmung, Angst, läppische Stimmung und Schuldgefühle. Der »leere« Affekt ist oft nicht nachvollziehbar. Er zeigt sich in leerem Lächeln, Stereotypien und Grimmassieren.

Die Vorstellung, andere (z. B. fremde Stimmen) beeinflussen den Betreffenden, wird als Willensstörung bezeichnet. Als sprachliche Besonderheiten gelten neue Wortschöpfungen (sog. Neologismen), verschrobene und manierierte Ausdrucksweisen, endlose assoziative Aneinanderreihungen, Satzverschränkungen (das letzte Wort des ersten Satzes ist das erste des zweiten), echoartiges Wiederholen von Äußerungen (Echolalie) und ein sogenannter schizophrener Wortsalat. Weitere Symptome sind Gedankenleere, Vergeßlichkeit, Antriebslosigkeit, Entschlußunfähigkeit und Intelligenzabbau.

Man unterscheidet verschiedene Formen der Schizophrenie: Eine Hebephrenie tritt in oder unmittelbar nach der Pubertät auf und wird als Teilbereich der einfachen Schizophrenie gesehen. Hierbei geht der Krankheitsprozeß schleichend in einen Zustand zunehmender intellektueller Schwäche über. Bei paranoiden Formen steht der Aspekt des Gefühls, verfolgt zu werden, im Vordergrund. Katatone Schizophrenie ist gekennzeichnet durch stereotype Bewegungsabläufe oder Bewegungsstarre. Da heute diese Form nur noch selten gefunden wird, liegt nahe, sie als Ausdruck des früheren Umgangs mit schizophren Erkrankten zu sehen, der vor allem durch Isolation und Einschließung gekennzeichnet war. Hingegen ist heute ein Bild häufiger, das in ähnlicher Form in den Anfängen der Schizophrenieforschung eine Rolle spielte und auch zur Namensgebung führte: die multiple Persönlichkeit, bei der der Betroffene in mehrere, zuweilen miteinander kommunizierende Persönlichkeiten gespalten ist.

Schizophrenie wird als Ausdruck extremer Isolation gesehen, als Versuch, jede Form von Hingabe und Vertrauen zu vermeiden. Der Verlauf erfolgt oft in Schüben, die mit Angst- und Bedrohtheitsgefühlen riesigen Ausmaßes einhergehen, nach denen jeweils wieder eine Stabilisierung auf weiter fortgeschrittenem Niveau eintritt. Der Krankheitsprozeß ist unter anderem durch langjährige Psychotherapie positiv zu beeinflussen.

Zur *Verwechslung mit Trauersymptomen* könnte es kommen, wenn katatone Symptome als Schockzustand aufgrund eines Verlusts gedeutet werden, wenn Angst, Unentschlossenheit, Abblocken von Gesprächen und Mißtrauen als Sorge vor neuem Beziehungsbruch aufgrund des erlebten Todesfalles gesehen werden, obwohl es sich um generelle Beziehungsmuster dieser Art handelt. Das Auftreten von Wahnsystemen, extreme Manieriertheit und die genannten sprachlichen Indizien können als sichere Anzeichen für schizophrene Prozesse gelten. Zusätzlich kann eine sorgfältige Exploration der psychischen Verfassung des Betreffenden für die Zeit vor dem Verlust helfen, da schizophrene Prozesse nur in den seltensten Fällen durch Todesfälle ausgelöst werden.

Andererseits sind einige Symptome der Trauer ganz unverkennbar schizophrenen Symptomen ähnlich. Verwirrtheit, der Zusammenbruch des gewohnten Realitätsgefüges und Halluzinationen tauchen hier wie dort auf. Beim Gefühl, nachts vom geliebten verlorenen Mann an der Hand berührt zu werden (haptische Halluzination), ihn rufen zu hören (Stimmenhören), seine Stimme unter vielen Stimmen wiederzuerkennen (Personenverkennung), nicht mehr man selbst zu sein (Depersonalisation) oder bei Vergeßlichkeit und Konzentrationsschwäche ist phänomenologisch kaum ein Unterschied festzustellen. Diese Ähnlichkeiten zeigen nur, daß es sich in beiden Fällen um den Verlust der Realität aufgrund des Wegfalls wesentlicher Möglichkeiten zur Befriedigung des Kontaktbedürfnisses handelt, die so gravierend sind, daß die frustrierten Motive das Ich nicht mehr zum Auffinden der gewünschten Ziele veranlassen können, sondern ihm durch Eintrübung Objekte vorgaukelt, die nicht vorhanden sind. Der Unterschied ist nur, daß es bei Trauer um einen vorübergehenden, bei einer schizophrenen Erkrankung um einen meist lebenslangen Prozeß geht.

Die Bearbeitung eines aktuell erlebten Verlusts wird auf dem Hintergrund einer schizoiden Persönlichkeitsstruktur schwierig sein, und der Therapeut wird damit rechnen müssen, daß er für das Eindringen in die Gefühlswelt mit massiven Aggressionen rechnen muß. Therapeuten mit Dankbarkeitserwartungen oder intensiven Hingabe- und Harmoniebedürfnissen sollten hier das Feld lieber anders strukturierten Kollegen überlassen.

Bei der *Zwangsneurose* ist eine Person von lästigen Impulsen und Gedanken geplagt, die im Gegensatz zur Schizophrenie, bei der wirksame Kräfte außerhalb der eigenen Person erlebt werden, zwar als von innen kommend, aber als fremd erlebt und abgelehnt werden. Oft sind die sich aufdrängenden Motive aggressiver und schmutziger Natur. Die Zwangsneurose ist als Ausdruck einer Entwicklung zu sehen, bei der der Betreffende nicht genügend die Erfahrung gemacht hat, seine Handlungen und Gedanken selbst bestimmen zu können; sie ist also Ausdruck einer sehr rigiden und autoritären Erziehung. In der Zeit des magischen Weltbilds (zwischen zwei und vier Jahren), in der das Kind seine Macht und die Macht anderer einzuschätzen lernt, sind Zwänge Ausdruck normaler Entwicklung.

Man unterscheidet die Zwangssymptome in Zwangsgedanken und Zwangshandlungen. Zwangssymptome können sehr unangenehm sein, wenn etwa jemand nicht im vierten Stock an jemandem aus dem Fenster Schauenden vorbeigehen kann, ohne vom unwiderstehlichen Gedanken befallen zu werden, ihn hinauszustoßen zu müssen. Zwangssymptome können aber auch umständlich und merkwürdig, aber für den Betroffenen weniger bedrohlich anmutend sein.

Ein Klient wurde beim Überqueren der Straße von dem Polizisten, der den Verkehr regelte, seiner Meinung nach zu Unrecht verwarnt. Nachdem er sich etwas vom Ort des Geschehens entfernt hatte, wurde er vom unwiderstehlichen Drang befallen, in die Nähe des Polizisten zu gehen und ihn mit der Fingerspitze am Jakkenknopf zu berühren. Der psychologische Hintergrund ist etwa folgender: Der Mann hat sich geärgert. Da er wohlerzogen ist, wehrt er sich nicht. Das verdrängte Motiv taucht in der Zwangshandlung wieder auf. Er will dem Polizisten auch etwas antun, und sei es auch nur etwas ganz Geringfügiges.

Zwänge sind normale Begleiterscheinungen von Trauerprozessen. Bestimmte Rituale (kollektive oder individuelle) stellen gesellschaftlich oder vom Trauernden sich selbst verordnete Zwänge dar. Er kann zu einer bestimmten Zeit zum Friedhof gehen, täglich vor dem Schlafengehen das Bild der geliebten Frau ansehen, die Fernsehserie sehen, die sie so gerne sah und über die er sich zu ihren Lebzeiten eher geärgert hatte. Dieser Vorstellung einmal nicht nachzukommen, löst Angst und Unruhe aus.

Um Zwangsgedanken oder Zwangshandlungen geht es auch, wenn jemand immer wieder an bestimmte gemeinsam erlebte Situationen und Plätze denkt und sie aufsuchen muß. Auch Brückenobjekte, besonders gepflegte und als kleines Heiligtum behandeltes Erinnerungsstücke haben magische Bedeutung. Den Hintergrund besonders ausgeprägter zwanghafter Verarbeitung von Todesfällen stellen nicht eingestandene Aggressionen gegen den Verstorbenen und ungelöste Probleme mit diesem dar. In der Regel muß eine Tendenz zur Verdrängung von Durchsetzung und Aggression vorhanden sein, um die Verarbeitung in diese Richtung zu lenken.

Für die Trauertherapie ergibt sich damit der Auftrag, die nicht gelungene Auseinandersetzung mit dem Verstorbenen nachzuholen. Dies kann nur gelingen, wenn hierbei die frühkindlichen Muster der Aggressionsverdrängung tangiert werden, die die Gestaltung der verlorenen Beziehung in diese Richtung gefördert haben.

Die Zwänge einer Zwangsneurose und die Zwänge Trauernder können nur graduell unterschieden werden. Die Zwänge Trauernder werden nicht als so stark und nicht als so bedrohlich empfunden. Sie stehen zudem nicht mit dem idealen Selbst so sehr in Widerspruch wie zwangsneurotische Symptome, da sie sich ja auf die Beziehung zur verlorenen Person beziehen und somit sozial akzeptierter sind. Auch das erstmalige Auftreten zum Zeitpunkt des Trauerfalles kann als Unterscheidungsmerkmal dienen.

*Hysterie* ist ein bedauerlicherweise diskriminierter Begriff, der aber nichts anderes beinhaltet, als daß eine Person nicht gelernt hat, daß sie so, wie sie ist, liebenswert ist. Sie zieht daraus den Schluß, daß sie anders sein muß, eine Rolle spielen muß, um dies zu erreichen. Sie kann sich wünschen, ein anderes Geschlecht zu besitzen. Sie kann fortgesetzt Witze erzählen, weil sie vermutet, daß sie somit die Zustimmung anderer erreicht, die sie sonst nicht zu haben glaubt. Somit kommt es zu einer Spaltung in die Rolle, die jemand spielt und seine ureigenste Persönlichkeit. Probleme im Bereich des Umgangs mit dem anderen Geschlecht, vor allem auch im sexuellen Bereich, die Wahl tabuisierter Partner, Konversionen und Phobien sind Symptome der Hysterie. Konversionen sind körperliche Auswirkungen psychischer Zustände, für die sich organisch keine Grundlage finden läßt, etwa Lähmungen, Blindheit oder Ohnmacht. Phobien sind Angstzustände vor Situationen, Tieren und Gegenständen, die real nicht begründbar sind, wie die Angst vor Spinnen, Katzen oder offenen Plätzen.

Phobien tauchen im Trauerprozeß in erster Linie in Zusammenhang mit Erinnerungen an die verlorene Person auf. Plätze, die eine gemeinsame Bedeutung haben, werden krampfhaft gemieden. Musikveranstaltungen, die man gemeinsam besuchte, Klubs, in denen man zusammen war, werden nicht mehr besucht. Dies dient der Vermeidung der Erinnerung und damit der Trauer. So ist es in der Trauertherapie ein erster Fortschritt, wenn zusammen mit dem Therapeuten die Ängste in diesen Situationen ausgehalten und durchgestanden werden. Verschiedene verhaltenstherapeutische Trauertherapieansätze, auf die wir noch eingehen werden, gehen solche Phobien aktiv an, konfrontieren den Klienten mit den ihn belastenden Situationen. Im Hintergrund ist die Einstellung des Klienten zu vermuten, daß er ohne den Partner nichts wert sei, und Freunde und Bekannte ihn nur in der Zweierbeziehung akzeptiert hätten, nur in der Rolle des Ehemannes oder der Ehefrau. Es erscheint sinnvoll, auch auf diese Ängste einzugehen und die Realität diesbezüglich zu überprüfen.

Phobien im Rahmen von Trauer beziehen sich eng auf Inhalte der gemeinsamen Beziehung. Allgemein haben Phobien weniger eng definierte Angstinhalte wie etwa bestimmte Tiere, offene Plätze, Aufzüge, hohe Plätze. In der Trauer ist die Unterscheidung hingegen stärker ausgeprägt. Beispielsweise sind nicht alle offenen Plätze betroffen, sondern nur diejenigen, die an den Toten erinnern. Die Hintergründe der hysterischen Konversion ist die Vermeidung bestimmter Situationen, die Lebende betreffen. Ohnmachtsanfälle Trauernder beziehen sich auf Situationen, die Verstorbene betreffen.

Die Unterscheidung wird bei hysterischen Symptomen besonders schwer fallen, da durch den Verlust eines Partners natürlich sexuelle und die Beziehung zum anderen Geschlecht betreffende

Frustrationen auftreten. Hier wird letzten Endes nur die Klärung in der Anamnese helfen, wann genau Symptome aufgetreten sind.

*Psychosomatische Symptome* sind oft die Folge nicht bearbeiteter Trauer. Sie können bei rechtzeitiger Intervention vermieden werden. Sind sie bereits etabliert und liegt der Trauerfall länger zurück, so wird man sich auf eine bedeutend längere Therapiedauer als sonst in der Trauertherapie üblich einstellen müssen. Sollten sich nach Aufarbeitung der Trauer die psychosomatischen Symptome nicht restlos aufgelöst haben oder sollte sich in der Anamnese eine Genese außerhalb des angesprochenen Trauerfalls abzeichnen, so ist eine Psychotherapie anzuschließen.

## Körperliche Symptome als Folge von Trauer

Viele Personen suchen nach einem Verlust den Arzt auf. Sie haben physische Sensationen, Sorgen um ihre Gesundheit, ihre Gedanken, Gefühle und ihr Verhalten. Nach Worden (1987) sind folgende physische Auffälligkeiten besonders zu erwähnen:

Völle (vor allem im Magen und Bauch) und Enge (Gefühle vor allem im Bereich von Brust, Schultern und Kehle); Geräuschüberempfindlichkeit; Depersonalisationsgefühle (nichts, einschließlich der eigenen Person, fühlt sich real an); Atemlosigkeit und tief seufzende Atmung; Muskelschwäche; Energielosigkeit und Müdigkeit; trockener Mund.

Bei Trauernden ist weiterhin mit erhöhter Mortalität, vor allem aufgrund koronarer Herzerkrankungen, aber auch durch Suizid, Unfälle und Infektionskrankheiten zu rechnen.

Es gibt kaum psychische und körperliche Erkrankungen, die nicht zum Verlust nahestehender Personen in Verbindung gebracht werden konnten. Die Liste reicht von Schizophrenie bis zu Asthma, Herz- und Kreislaufbeschwerden und Stottern. Selbst im Vorfeld vieler chronischer Erkrankungen wie Krebs (Langenmayr 1980) oder Multipler Sklerose (Langenmayr u. Prümel 1985) finden sich gehäuft solche Lebenslaufereignisse. Während die statistischen Zusammenhänge seit langem relativ eindeutig nachzuweisen sind, blieben die zwischen Lebensereignissen und körperlichem Krankheitsprozeß intervenierenden Variablen lange unklar. Dies hat sich seit den Erkenntnissen der Psychoneuroimmunologie grundlegend geändert. Insbesondere in drei Erkenntnisbereichen wurde nachgewiesen, daß das für den Ausbruch und die Genese von Krankheiten maßgebliche Immunsystem auf psychosoziale Gegebenheiten anspricht:

- Die Untersuchungen von Ader und Cohen (1981), nach denen im (tierischen) Konditionierungsexperiment die immunsuppressive Wirkung eines bestimmten Agens (Cyclophosphamid) an den neutralen Reiz Sacharin konditioniert werden konnte.
- Untersuchungen zur verringerten Immunfunktion bei Verwitweten (Bartrop et al. 1985) und zu Veränderungen der Immunfunktion unter Streß (Locke et al. 1985 im Tierversuch, Meyer u. Haggerty 1985 an Menschen) sowie
- der Nachweis suggestiver und psychotherapeutischer Beeinflussung des Immunsystems (Black et al. 1985).

## Nachsterben

Bevor wir auf die psychoimmunologischen Zusammenhänge näher eingehen, wollen wir noch einen Blick auf einen breiten Untersuchungsbereich der Bereavementfolgen werfen, auf das sogenannte Nachsterben, also den relativ rasch nach dem Tod eines Beziehungspartners folgenden Tod des anderen Partners.

Zunächst zeigt sich, wie Kastenbaum und Costa (1977) in einem Übersichtsartikel darstellen, daß der Todeszeitpunkt zumindest psychologisch mitbedingt ist, dieser sich also keineswegs mit Zwangsläufigkeit nur aus der körperlichen Verfassung ergibt. Zum Beleg der These verweisen sie zunächst auf den Voodootod in Afrika, Neuseeland, Australien sowie Mittel- und Südamerika. Hierbei sterben die fast ausschließlich betroffenen Männer binnen 24 Stunden, nachdem sie verdammt, verhext oder mit Riten mittels in ihre Richtung zeigender Knochen verurteilt wurden. Gegensuggestionen können das Leben der mit Fluch Belegten retten. Beeindruckend ist der Umkehrschluß der Autoren: wenn die Gedanken einer Gruppe, ein Wort oder ein Ritual töten können, dann sollten sie auch jemanden, der krank ist, heilen oder vor Krankheit bewahren können. Des weiteren verweisen sie auf Erfahrungen in Konzentrations- und Kriegsgefangenenlagern, wo beobachtet wurde, daß Personen sich einfach zur Wand drehten und starben, obwohl ihr Gesundheitszustand das nicht nahelegte. Schließlich wären noch Fälle mit extremer Aufregung und kurz danach folgendem Tod sowie die Erfahrungen von Klinikern zu erwähnen, daß Personen bald sterben, die sich aufgegeben zu haben scheinen und offensichtlich nicht mehr leben wollen.

Dies sind jedoch keine sehr harten Fakten und so legen die Autoren mehr Gewicht auf statistisch signifikante Zusammenhänge: diese zeigen geringere Todesraten unmittelbar vor Feiertagen, vor allem vor Weihnachten, und vor Sonntagen und anderen Tagen mit besonderer Bedeutung, die sich danach wieder erhöhen. Die Reaktion zu Weihnachten ließe sich zwar auch mit dem Fortschreiten der kalten Jahreszeit begründen. Dagegen läßt sich aber ins Feld führen, daß sich weniger Tode als zu erwarten auch vor dem jüdischen Versöhnungstag Jom Kippur in New York finden, einer Stadt mit großem jüdischen Bevölkerungsanteil und allgemein auch vor Präsidentschaftswahlen in den USA (Phillips 1972).

Fischer und Dlin (1972) unterteilen die diesbezüglichen psychosomatisch verdächtigen Reaktionen in die generellen Reaktionen auf allgemeine Feiertage und in die auf individuell bedeutsame Termine, zu denen Geburtstage und Jahrestagsreaktionen gehören.

Phillips (1972) fand bei 1 251 berühmten Personen, die in entsprechenden Verzeichnissen gefunden worden waren, daß im Monat vor ihrem Geburtstag weniger und im Monat danach mehr Personen gestorben waren als nach dem Zufall zu erwarten war. Bei Aufteilung der Personen in drei Gruppen entsprechend ihrem Bekanntheitsgrad zeigte sich eine deutlichere Ausprägung des Effekts bei größerer Bekanntheit. Für Phillips bedeuten die Zusammenhänge, daß die untersuchten Personen ihren Geburtstag noch abwarten wollten, bis sie sich zum Tod bereit fanden. Damit wäre auch erklärt, warum bei berühmteren Personen, die bei ihrer Geburtstagsfeier wohl auch häufiger Ehrungen zu erwarten hatten, der statistische Zusammenhang deutlicher war.

Bei Reaktionen auf Jahrestage konnte Hilgard (1953) nachweisen, daß Kinder, die zwischen dem Alter von zwei und 16 Jahren durch den Tod von oder eine emotional belastende Erfahrung mit dem gleichgeschlechtigen Elternteil sensibilisiert wurden, auf diese Zeit (Datum, Monat, Jahr) und auf das Alter, in dem die Person als Kind das Ereignis erlebte, geprägt sind. Sind später ihre eigenen Kinder in diesem Alter, können ihre so geprägten Eltern mit Symptomen, Krankheiten und Tod reagieren. Hierbei spielen Verdrängungen und Identifikationen eine wichtige Rolle (Fischer u. Dlin 1972). Die Hypothese wurde mehrfach empirisch bestätigt, so von Fischer (1961) für Bluthochdruck, von Weiss et al. (1957) sowie von Fischer et al. (1964) für Koronarverschlüsse und von Fischer (1962) für gynäkologische Operationen.

Der Umzug alter Leute ist mit erhöhtem Todesrisiko verbunden. Dabei spielen Umgebungsfaktoren und solche der individuellen Lebensumstände nachweislich eine Rolle ebenso wie der Umzug als solcher. Wie gut der Umzug bewerkstelligt ist, ist ebenso von Bedeutung wie die Tatsache, ob er als selbstinitiiert oder aufgezwungen erlebt wird.

So kommen Kastenbaum und Costa zu dem Schluß, daß hinsichtlich des Todeszeitpunkts biologische, psychosoziale und Umgebungsfaktoren gleichermaßen beteiligt sind. »Diese Studien legen nahe, daß einige Personen die Fähigkeit haben könnten, den drohenden Tod um Stunden, Tage oder Wochen zu verschieben« (Kastenbaum u. Costa 1977, S. 238).

Die Betrachtung dieser Zusammenhänge und noch stärker des Nachsterbephänomens und der dabei nachgewiesenen differenzierenden Bedingungen, auf die wir nun eingehen wollen, ist deshalb von großer Relevanz, weil daraus anhand objektiver Daten auf die psychologischen Verletzungen und Verarbeitungsvorgänge bei durch Tod verlassenen Personen geschlossen werden kann.

Die Angaben in der Literatur über den Überhang an verstorbenen Personen bei Verwitweten oder allgemein bei von Personenverlusten Betroffenen erfolgt, indem das Größenverhältnis »gestorbene Verwitwete im Verhältnis zu allen Verwitweten« (Experimentalstichprobe) durch das Größenverhältnis »gestorbene nicht verwitwete Personen im Verhältnis zu allen nicht verwitweten Personen« (Kontrollstichprobe) dividiert wird. In der Regel ergibt sich dabei ein Überhang von 1,4 für Verwitwete allgemein. Das Verhältnis bedeutet einen oder zwei zusätzliche Tode unter je hundert Verwitweten. Dies mag als absolute Zahl wenig scheinen, ist aber angesichts der jedes Jahr neu verwitweten Personen eine durchaus beträchtliche und praktisch relevante Größe, die einen erheblichen psychologischen und psychotherapeutischen Aufwand rechtfertigt (M. Stroebe 1994). Zuweilen werden auch Differenzen der Prozentsätze hinsichtlich der Anteile der gefundenen Personengruppen in den Stichproben angegeben.

Schon 1963 fanden Young et al., daß Witwer im Alter über 53 Jahren eine erhöhte Todesrate in den ersten sechs Monaten nach dem Verlust der Partnerin aufwiesen. 1968 zeigten dies Maddison und Viola auch für Witwen, 1985 wies Kalish nach, daß diese Zusammenhänge auch für andere geliebte Personen gelten.

Eine groß angelegte finnische Untersuchung (Martikainen et al. 1996) bestätigte erneut, daß der Überlebende einer Partnerbeziehung schneller stirbt, als nach seinem Alter zu erwarten wäre. Darüber hinaus kontrolliert diese Untersuchung eine Reihe von Variablen, die als Verursacher artefaktischer Korrelationen in Verdacht geraten waren. Hierzu gehören neben dem Alter das Faktum des gemeinsamen Unfalls, gewaltsame Tode und Suizide, ferner das Problem der gemeinsamen Lebensumstände und der Homogamie. Da beide Partner in der Regel bis zum Tod des einen Partners zusammenleben, sind sie denselben Umweltbelastungen ausgesetzt, genießen in der Regel auch dieselbe Ernährung und teilen ganz allgemein vorhandene Lebensrisiken weitgehend miteinander. Unter dem möglichen Artefakt der Homogamie wird verstanden, daß ähnliche und damit auch ähnlich krankheitsanfällige und zu ähnlichen Selbstschädigungstendenzen neigende Partner sich gegenseitig heiraten. In der Untersuchung von Martikainen et al. (1996) wurden nun alle verheirateten Männer und Frauen der Volksbefragung von 1985, die zwischen 35 und 84 Jahre alt waren, im Zeitraum 1986–1991 bezüglich des Vorkommens von Todesfällen untersucht. Nach Kontrolle des Alters (Verwitwete waren im Schnitt etwas älter als verheiratete Personen), gemeinsamer Unfälle sowie der Homogamie blieb ein Überhang von 17 % Nachfolgetoden bei Männern und von 6 % bei Frauen. Das Alter, der sozioökonomische Haushaltsstatus (Mieter oder Hausbesitzer, Familieneinkommen nach Steuern), die Wohnregion, die Sprachgruppe (finnisch oder schwedisch) und die Haushaltsgröße hatten keinen maßgeblichen Einfluß. Bei kürzer zurückliegendem Tod des Partners war die Sterblichkeit höher als bei länger zurückliegendem. Der Überhang bei Männern war insgesamt 21 %, in der ersten Woche nach dem Tod der Partnerin sogar über 50 %, nach sechs Monaten 20 %. Bei Frauen lag der Nachfolgetod insgesamt 9 % über dem Prozentsatz in der Kontrollgruppe, zunächst fast 50 %, bei längerer Dauer weniger als 10 %. Der Ausschluß gemeinsamer Unfälle und gewaltsamen Todes hatte nur marginale Veränderungen zur Folge. Die Kontrolle der sozioökonomischen Umgebung reduzierte die Nachsterberate um 5–15 %, je nach zurückliegender Zeit des Partnerverlusts. Nach Bereinigung riskanter Lebensstile (einschließlich Unfall, Gewalt, Alkohol- und Tabakkonsum) blieben die erwähnten 17 % Überhang bei Männern und 6 % bei Frauen.

Wolfgang Stroebe, der zusammen mit seiner Frau Margaret ausgiebig Bereavementfolgen untersucht hat, zog auf einem Kongreß in Zürich den Schluß, daß Artefakte höchstens für 30 % der Nachfolgetode verantwortlich sind (Stroebe 1980).

In einer ebenfalls groß angelegten prospektiven Studie hatten auch Kaprio et al. (1987) die höhere Sterblichkeit Verwitweter nachweisen können. Prospektive Studien, bei denen spezifische vorab erhobene Daten zur Verfügung stehen, sind auch bei dieser Fragestellung wie generell im Bereich der Psychosomatik besonders interessant, weil Verfälschungen aufgrund der nachträglichen Datenerhebung, so geringfügig sie auch sein mögen, ausgeschlossen sind.

Erstaunlich ist, daß das Muster des Nachsterbens (z. B. etwas heftigere aber kürzer andauernde Reaktionen bei Männern) in verschiedenen Ländern und über Zeiträume hinweg konstant ist, wie es vor allem Studien zeigen, die sich bis zur Jahrhundertwende zurück erstrecken (Stroebe u. Stroebe 1983; M. Stroebe 1994).

Untersuchungen anderer Personenverluste als der des Ehepartners zeigen, daß Eltern generell kein erhöhtes Sterberisiko haben, jedoch verwitwete Eltern sehr wohl. In einer Untersuchung von Levav et al. (1988) ergab sich ein Anteil von 41 % für verwitwete Mütter, die einen Sohn im Krieg verloren hatten, im Vergleich zu 32 % verwitweten Müttern, bei denen dies nicht der Fall war. Offensichtlich wirkte der Tod eines Kindes nur auf dem Hintergrund der schon vorher eingetretenen Verwitwung so traumatisch, daß die betroffenen Mütter keinen Sinn mehr in ihrem weiteren Leben sahen, wenn wir vorgreifend das Nachsterben so interpretieren.

Bei Großeltern mit Verlust eines Enkels ist dieses Phänomen noch deutlicher. Von der statistischen Wahrscheinlichkeit her näher am Lebensende, sind sie durch den Verlust eines Enkels stärker beeinträchtigt als die (noch) verheirateten Mütter. In der Untersuchung von Roskin (1984) an einer israelischen Stichprobe hatten Großeltern mit Enkelverlusten im Vergleich zu Großeltern ohne solche in der Beobachtungsperiode von fünf Jahren eine bedeutend höhere Sterblichkeit.

Untersucht man, in welchem Verhältnis die beiden Geschlechter vom Nachsterben betroffen sind, so zeigt sich unmittelbar nach dem Verlust ein erhöhtes Risiko sowohl für Männer als Frauen, bei Frauen jedoch weniger ausgeprägt (Stroebe u. Stroebe 1983). Junge Menschen haben insgesamt ein größeres Risiko (Jones u. Goldblatt 1987), junge Witwer sind damit am stärksten gefährdet. Zusätzlich sind junggebliebene Alte weniger verwundbar als Junge und weniger als deutliche gealterte Alte (Stroebe u. Stroebe 1993).

Ergebnisse zum Zusammenhang zwischen sozialer Schicht und Bereavement sind nicht eindeutig. Generell sterben Unterschichtangehörige im Durchschnitt früher als besser Situierte, dies aber ohne Zusammenhang zur Verwitwung (M. Stroebe 1994).

Als nächste differentielle Betrachtung bietet sich natürlich an, die Todesursachen des/der Nachgestorbenen für sich alleine oder in bezug zur Todesursache des vorher gestorbenen Partners zu untersuchen.

Die häufigste Todesursache beim Nachsterben sind Herz- und Kreislauferkrankungen (Jones et al. 1984; M. Stroebe 1994). Es finden sich jedoch auch hohe Anteile von Infektionskrankheiten, Leberzirrhose, Unfällen und Suiziden (Jones u. Goldblatt 1987) sowie Krebs (Jones et al. 1984; Mellström et al. 1982)

Bei plötzlichem Tod, also dem Todesumstand, der nach den Ergebnissen der Harvard Bereavement Study (Parkes u. Weiss 1983) generell am schwersten zu verarbeiten ist, ist auch das Nachsterberisiko am höchsten, und zwar sowohl für Männer als auch für Frauen (Smith, zit nach M. Stroebe 1994). Daß in dieser Untersuchung bei Witwen über 64 Jahren das Nachsterberisiko geringer war, stimmt gut mit anderen Befunden überein. Warum allerdings ältere Witwen zwischen 50 und 64 Jahren das höchste Risiko trugen, wenn ihr Ehepartner an chronischer Krankheit gestorben war, ist nicht leicht zu erklären. Möglicherweise haben der Streß der Betreuung und das Schwanken zwischen Hoffen auf Besserung und Resignation hier ihre Spuren hinterlassen. Der plötzliche Tod birgt ein besonders hohes Risiko des Nachsterbens bei jüngeren Witwern (M. Stroebe 1994).

Abgesehen von wenigen Ausnahmen ergeben sich kaum gemeinsame Todesursachen zwischen Verstorbenem und Nachgestorbenem (Stroebe 1994). Die gefundenen Ausnahmen könnten leicht durch Infektionen erklärt werden, so der Zusammenhang zwischen Peniskrebs beim Mann und Zervixkrebs bei der Frau (Smith et al. 1980). Aids spielt hier selbstverständlich ebenfalls eine Rolle. Daß sich aber nur in solchen offensichtlich auf Ansteckung beruhenden Fällen gemeinsame Ursachen nachweisen lassen und nicht über die ganze Breite möglicher Todesursachen hinweg, spricht erneut gegen die Begründung des Zusammenhangs zwischen Personenverlust und nachfolgender Mortalität von Angehörigen, vor allem des Partners, mit Homogamie, gemeinsamer ungünstiger Umgebung oder selbstschädigenden Verhaltensweisen.

Vor allem ein Mangel an sozialer Integration unterscheidet nachgestorbene von überlebenden Verwitweten (M. Stroebe 1994). Wiederverheiratete Männer, aber nicht wiederverheiratete Frauen sind von einer geringeren Nachsterbewahrscheinlichkeit betroffen (Helsing et al. 1981). In Zusammenhang mit anderen soziologischen Erkenntnissen ist die plausibelste Erklärung hierfür, daß die Ehe für Männer eine bedeutsamere psychische Stabilisierung darstellt als für Frauen. So sind auch die Suizidraten nach Scheidung bei Männern höher als bei Frauen. Weniger Berechtigung haben demgegenüber Vermutungen, der größere Nutzen von Männern aus der Wiederheirat könne darauf zurückgehen, daß die gesünderen Personen wieder heiraten oder durch den neuen Partner konkrete Unterstützungen erfahren.

Größere soziale und familiale Bindungen sind statistisch mit geringerer Sterblichkeit gekoppelt (Kobrin u. Hendershot 1977), aber auch ganz allgemein soziale Beziehungen und soziale Unterstützung (Schwarzer u. Leppin 1992).

Bei diesen Ergebnissen ist allerdings zu berücksichtigen, daß sozialer Kontakt ganz allgemein, also auch unabhängig von Personenverlusten, einen Präventivfaktor darstellt. Dennoch scheint Witwenschaft dem Faktor »mangelnder sozialer Kontakt« wesentlich an Durchschlagskraft zu verhelfen. So ist der stärkste diskriminierende Faktor, ob jemand einen anderen zum Telefonieren hat (Bowling 1988).

Weitere Erhellung bringt die Untersuchung von Gallagher-Thompson et al. (1993): Nicht nur soziale Isolation unterscheidet danach Verstorbene und Überlebende, sondern vor allem interpersonelle Schwierigkeiten. Wir sind damit bei überdauernden Persönlichkeitszügen, die für die soziale Isolation und Einsamkeit verantwortlich sind. Sah es zunächst so aus, als könnten einfache soziale Maßnahmen, die an die Betroffenen herangetragen werden, präventiv wirken, so sind wir mit diesem Aspekt bei der (zusätzlichen) Notwendigkeit grundlegender Persönlichkeitsumstrukturierung und Psychotherapie angelangt. Bezüglich des Gesundheitsstatus waren Experimental- und Kontrollgruppe in der Untersuchung parallelisiert, so daß dieser für das Ergebnis nicht ausschlaggebend sein kann. Das Argument, daß es sich um einen allgemeinen Effekt gehandelt haben könnte, daß also bestimmte Persönlichkeitseigenschaften für einen bestimmten Gesundheitsstatus und damit auch für den Todeszeitpunkt ausschlaggebend seien, entkräftet Stroebe (1994) mit dem Hinweis, 17,2 % der Witwer seien bei der Untersuchung innerhalb von 30 Monaten nach dem Verlust gestorben, aber nur 3 % der verheirateten Männer (bei Frauen war das Verhältnis 2,6 % : 0 %).

M. Stroebe (1992) faßt den Forschungsstand hierzu zusammen: Die entscheidenden Unterschiede zwischen nach Verlust Sterbenden und Überlebenden sind das Fehlen von Kontakt, Einsamkeit, Fehlen von Unterstützung und mangelnde Integration in Gruppen. Diese Personen heiraten nicht wieder, haben niemanden, um mit ihm am Telefon zu sprechen, leben für sich alleine und fühlen sich isoliert. Jedoch sind wahrscheinlich eher Persönlichkeitsvariablen hierfür ausschlaggebend als die äußeren Umstände allein. Männer können etwa ihren Verlust weniger mitteilen, verdrängen eher Gefühle.

Drei Probleme sind, so Margaret Stroebe (1994), von der Forschung noch definitiv zu klären:

(a) Ist Isolation nicht ein überhaupt die Sterblichkeit fördernder Faktor und nicht nur in Zusammenhang mit Bereavement relevant? Wie hat man sich genau die Interaktion zwischen Isolation und Bereavement vorzustellen?

(b) Geht es nicht nur um Personen, die vorhanden sind oder nicht, sondern vielmehr um innere Einstellungen, um Persönlichkeitsvariablen des vom Verlust Betroffenen?

(c) Ist das Entscheidende am Verlust der direkte Ausfall der geliebten Person, wie es in der Theorie des gebrochenen Herzens (broken heart hypothesis), in der Bindungstheorie von Bowlby (1969), in der psychoanalytischen Theorie vom Libidorückzug schon bei Freud (1926) oder in der Theorie der erlernten Hilflosigkeit bei Seligman (1995) vertreten wird? Oder sind es die indirekten Konsequenzen eines Verlusts in Form von Streß, körperlicher Erschöpfung durch Pflegeanstrengungen oder finanzielle Not. In einer Abwägung kommt M. Stroebe (1994) zu dem Schluß, vieles spreche am ehesten im Sinne der ersten Alternative für den Verlust des Willens zum Leben (Suizid), Selbstschädigung (Unfälle), Depression des Immunsystems (Infektionen, Krebs) und ungesunde Lebensweise (Leberzirrhose). Der Geschlechtsunterschied spreche allerdings auch für Copingstrategien als Ursache, wobei Streß üblicherweise definiert wird als eine Vielzahl von Veränderungen innerhalb einer bestimmten Zeitspanne, und er hier für beide Geschlechter in Abhängigkeit von rollentheoretischen Erklärungen unterschiedlich groß anzusehen wäre. Dies liefe auf die erwähnte Erklärung hinaus, wonach die Ehe für Frauen weniger protektiv ist als für Männer, belegt auch in der Untersuchung von Bebbington (1987). Die nachgewiesene Wirkung auf die Großeltern, die an den indirekten Verlustfolgen wohl weniger beteiligt sind, spreche eher wieder für die direkte Auswirkung von Bereavement und den Verlust der Perspektiven. Ebenso deutet auch die Universalität des Phänomens über Kulturen und Zeiten hinweg darauf hin.

Um diese beiden Alternativen empirisch gegeneinander zu testen, speziell um Bindungstheorie und Streßtheorie in ihrer Wirkung bei der Verlustverarbeitung gegenüberzustellen, führten Stroebe et al. (1996) eine Langzeitstudie mit je 30 kürzlich verwitweten und je 30 verheirateten Männern und Frauen durch. Es wurden drei Untersuchungszeitpunkte gewählt, vier bis sieben Monate, 14 und 26 Monate nach dem Verlust. Soziale Unterstützung, Einsamkeit und psychische Symptome wurden über Skalen erfaßt. Das Depressionsinventar von Beck ergab Haupteffekte für soziale Unterstützung (bei »sozialer Unterstützung« weniger »Depression«), Ehestatus (verheiratet weniger »Depression«), Geschlecht (Männer weniger »Depression«) und Erfassungszeitpunkt (je führer, desto mehr »Depression«). Vor allem verursacht von der »Zeit-mal-Ehestatus«-Interaktion zeigte sich eine Abnahme von Depression über die drei Meßzeitpunkte der Zeitvariable bei Partnerverlust, hingegen keine Veränderung bei Ehe. Männer erreichten über die Zeit mehr Verbesserungen als Frauen. Für einen Puffereffekt der sozialen Unterstützung ergaben sich keine Hinweise: die Interaktionen »soziale Unterstützung mal Ehestatus« und »soziale Unterstützung mal Ehestatus mal Zeit« waren nicht signifikant. Ein ähnliches Ergebnis erbrachte die Symptomliste. Die Einführung der Unterscheidung in emotionale und soziale Einsamkeit bringt weitere Aufklärung: durch die Einführung der emotionalen Einsamkeit zum ersten Erfassungszeitpunkt ergibt sich eine totale Reduktion der durch den Ehestatus verursachten Varianz. Zum dritten Zeitpunkt zeigte sich hingegen kein Einfluß des Ehestatus mehr und damit auch der Mediatorrolle der emotionalen Einsamkeit. Soziale

Unterstützung hatte einen hohen Effekt auf soziale Einsamkeit. Der Einfluß der sozialen Unterstützung auf depressive und somatische Symptome, der zum ersten Zeitpunkt am stärksten war, blieb auch zum dritten Zeitpunkt noch nachweisbar. Wenn nun aber soziale Unterstützung als Schutz wirken sollte, dann sollte der unmittelbare Einfluß der sozialen Unterstützung bei der Gruppe mit hoher und der mit niedriger sozialer Unterstützung gering sein. Über die Zeit sollten sich aber die hoch unterstützten Personen schneller vom Verlust erholen als die niedrig unterstützten. Zu keinem Zeitpunkt hatte die soziale Unterstützung größeren Einfluß auf die Symptomwerte bei den vom Verlust betroffenen Personen als bei den verheirateten. Dies belegt klar die Bedeutung der Bindung gegenüber der sozialen Unterstützung bei der Verlustwirkung und der Erholung hiervon.

Den Zusammenhang zwischen Bindung und Verlustfolgen bestätigt auch die Untersuchung von Balk (1996). Er zeigt, daß Verluste um so schwerer zu verkraften sind, je stärker die Bindung zum Verlorenen ist. Bei 80 Studenten mit Personenverlusten fand er, daß bei größerer Bindung mehr akute und andauernde Verlustfolgen vorhanden sind als bei geringerer Bindung.

Zusammenfassend läßt sich festhalten, daß die verschiedenen Risikofaktoren in komplexer Weise bei der Bestimmung des Vulnerabilitätsniveaus einer Person interagieren.

Mit einer besonderen Form des Nachsterbens, die üblicherweise das Interesse der theoretischen Forscher nicht so anspricht wie der natürliche Tod als Bereavementfolge, mit dem Suizid in der Folge von Personenverlusten, beschäftigen sich eine Reihe von Untersuchern und zwar nicht nur als Folge unmittelbar vorhergehender, sondern auch bis in die frühe Kindheit zurückliegender Personenverluste. Bron (1991) untersuchte 339 depressive Patienten (endogen, neurotisch, reaktiv) und fand einen Verlust von Vater, Mutter oder Ehepartner besonders oft im Jahre und Jahrzehnte zurückliegenden Zeitraum des Suizids oder Suizidversuchs. Geschwisterverluste tauchten etwas weniger auf. Verluste von Kindern, anderen Verwandten und Bekannten waren seltener mit Trauerreaktionen verbunden. Frauen zeigten suizidales Verhalten im Gegensatz zu anderen Populationen häufiger nach Verlusterlebnissen. Bezüglich dieser Wirkung war jedoch kaum ein Unterschied zwischen früheren und gegenwärtigen Verlusterlebnissen zu finden. In einer Reihe von Fällen fungierten die Verlusterlebnisse als Auslöser oder markierten einen allmählichen Übergang in eine endogene Depression, so der Autor, der als Psychiater erstaunlicherweise hier Umweltfaktoren für eine endogene Depression in Anspruch nimmt.

McMahon und Pugh (1965) untersuchten 320 Witwen und Witwer, die von Suizid betroffen waren. Sie fanden in den ersten sechs Monaten nach dem Verlust die Suizidhäufigkeit 2,5fach und im ersten, zweiten und dritten Jahr 1,5fach gegenüber früheren Jahren erhöht. Im vierten Jahr war keine Erhöhung der Suizidrate mehr nachweisbar. Männer tendierten deutlicher zum Suizid. Sehr ähnlich sind die von Bojanovsky (1980) gefundenen Ergebnisse: die erhöhte Suizidgefahr bei Männern im ersten halben Jahr nach Verwitwung hielt mit etwas niedrigerer Wahrscheinlichkeit bis zum zweiten Jahr nach dem Verlust an. Bei Frauen war die Erhöhung weniger deutlich, hielt aber bis zum zehnten Jahr nach dem Verlust an.

Diese Ergebnisse entsprechen dem auch bei natürlichem Tod und anderen Trauerfolgen bei Partnerverlust gefundenen Profil, so daß es sich beim Suizid wohl um das Symptom eines generellen Trauerprozesses handelt.

Bezüglich der gefundenen Differenzen zwischen den Geschlechtern lohnt es sich, einen Blick auf die unterschiedliche Bedeutung zu werfen, die die Ehe für Männer und Frauen hat. Der Tod des Partners stellt generell den Verlust eines/einer Vertrauten, des Sexualpartners und einer für soziale Aspekte wichtigen Person dar. Witwer kontrollieren jedoch im Vergleich zu Witwen mehr ihre Emotionen, leiden stärker unter sexueller Deprivation und richten ihre Gedanken eher in Richtung auf eine Wiederheirat (Glick et al. 1974).

Daß unverheiratete Männer auf den Verlust ihrer Mutter besonders oft mit Suizid reagieren (Bunch et al. 1971, Bunch 1972), dürfte wohl mit besonders engen Mutter-Sohn-Beziehungen zusammenhängen.

Gerade bei Jugendlichen ist es sehr wichtig, Suizide als Folgetat vorhergehender zu vermeiden, da sie aufgrund von psychischer

Ansteckung, unbewußt empfundener Erlaubnis durch den Suizidanten und Sympathie in dieser Gruppe häufig vorkommen (Stillion 1996). In Zeiten allgemeiner depressiver Stimmung und romantischer Verklärung von Versagungserlebnissen kann schon eine entsprechende Publikation (wie seinerzeit »Die Leiden des jungen Werthers«) eine Suizidwelle auslösen. Ebenso sind in Folge der Publikationen sehr auffälliger Suizide erhöhte Raten von Verkehrsunfällen beobachtet worden (Phillips 1977).

## Das Immunsystem als Vermittler zwischen Trauererlebnis und körperlichen Trauerfolgen

Die Beziehung zwischen sozialen Umweltfaktoren und Immunsystem spielt sich auf drei Ebenen ab, entsprechend den Funktionen des Immunsystems, die als die drei Rs bezeichnet werden (Laudenslager et al. 1993): die Erkennung toxischer oder fremder Substanzen (recognition), die Entfernung dieser fremden Substanzen (removal) und die Koordination der Immunantwort (regulation). Die erste Funktion erfüllen vor allem B- und T-Lymphozyten (z. B. T-Helferzellen), die zweite Phagozyten (Neutrophile und Makrophagen). Sie kreisen den Fremdkörper ein und vernichten ihn. Zur zweiten Gruppe gehören auch Naturalkillerzellen und Killerzellen, die für den Fremdkörper toxische Stoffe produzieren. Die Regulation der Immunantwort, ihre Initiierung und Aufrechterhaltung koordinieren lösbare Zellsekrete (Zytokine, z. B. Interferon, Interleukin). Zusätzlich erfüllen diese Funktion eine Reihe neuroregulatorischer Substanzen (z. B. klassische Neurotransmitter wie Katecholamin, Acetylcholin). Die erwähnten neueren Untersuchungen zeigen die Bedeutung sozialer Bindungen für die Erhaltung der Gesundheit. Soziale Isolation und Einsamkeit machen vulnerabel für eine Vielzahl verschiedenster Krankheiten. Allerdings wurden die physiologischen Bindeglieder zwischen dem Verlust einer Bezugsperson und Krankheiten beim Menschen bisher wenig untersucht.

Psychoimmunologische und endokrinologische Studien zeigen

konsistente immunsuppressive Effekte von depressiven Erkrankungen und drohendem oder eingetretenem Partnerverlust sowie endokrinologische Veränderungen mit steigender Depressivität. Eine von der Versuchsperson selbst als schlecht eingeschätzte Ehebeziehung (38 geschiedene oder getrennt lebende Frauen) korrelierte, so Kiecolt-Glaser et al. (1987), mit höherer Depressivität, höherem EBC-VCA-Antikörpertiter und verminderter Lymphozytenstimulierbarkeit. Eine ungünstigere Immunfunktion zeigte sich vor allem im ersten Jahr nach der Trennung (verminderte Mitogenstimulation, geringerer Anteil von Natural-Killer[NK]-Zellen und T-Helferzellen und höherer Anteil EBV [Epstein-Barr-Virus]-Antikörpertiter). Die Ergebnisse ließen sich nicht durch einen risikoreicheren Lebensstil erklären. Ferner korrelierten eine kürzere Trennungsperiode, größere Bindung an den ehemaligen Partner und größere Einsamkeit mit ausgeprägterer Depression und schlechterer Immunfunktion (Kiecolt-Glaser et al. 1987). Ein ähnliches Ergebnis berichten Kiecolt-Glaser et al. (1988) für Männer. Bei dieser Stichprobe wiesen diejenigen einen besseren Immunstatus auf, die die Trennung selbst initiiert hatten. Dies entspricht den sonstigen Ergebnissen der Scheidungsforschung, wonach die Belastung durch die Scheidung wesentlich größer für den Partner ist, von dem nicht die Initiative ausging (Langenmayr u. Kardas 1996). Bei Verwitweten fanden Untersuchungen (Bartrop et al. 1977) überwiegend eine Verringerung der Immunfunktionen, besonders bei depressiven und einsamen Personen, oft auch schon im Vorfeld des Partnertods, was an die von Parkes und Weiss (1983) konzipierte antizipatorische Trauer erinnert. Die Natural Killerzellen-Aktivität gegen Tumore und Infektionen ist bei Frauen mit Verlust des Ehepartners verringert (Irwin et al. 1988).

Ferner berichtet Beutel (1991) über entsprechende Auswirkungen von Interventionsstudien (Teilnahme an Gruppentherapie, Aktivierungsprogramm zur Zunahme sozialer Kontakte auf einer Etage des Altenheims im Gegensatz zu einer anderen Etage, Einbezug der Angehörigen in die Pflege tödlich Erkrankter). Es zeigten sich günstige endokrinologische und immunologische Effekte durch die Förderung sozialer Beziehungen und die Verminderung von Streß durch den Erwerb von Bewältigungsfertigkeiten.

Darüber hinaus verweist Beutel (1991) auf eindeutige immunologische und endokrinologische Befunde bei Verlustsituationen in Tierexperimenten. Dienstbier betont vor allem die intervenierende Variable der Zähigkeit. Der »schädigendste Aspekt an physiologischen Reaktionen auf Streß ist die Unterdrückung der Immunfunktion durch Cortisol« (Dienstbier 1992, S. 376). Da nun Zähigkeit, auch bei Menschen, mit verzögerter Cortisolreaktion verbunden ist, sollte körperliche Abhärtung im Fall von Krisen oder Verlust mit weniger Krankheiten gekoppelt sein. Auswirkungen entsprechender Übungen (z. B. von Fitness-Trainings) seien nachweisbar.

Die Erregungsphase in der Mutter-Kind-Trennung ist sowohl bei Eichhörnchenaffen als auch bei Rhesusaffen durch HPA-(Hypothalamus-Hypophyse-Nebennieren-Achse) Aktivierung gekennzeichnet, was sich in erhöhtem Cortisolblutspiegel in Kombination mit erhöhten biogenen Aminmetaboliten in der Gehirn-Rückenmarksflüssigkeit zeigt und für größere Umstellungen in diesen Neurotransmittersubstanzen spricht (Laudenslager et al. 1993). Hierbei fällt auf, daß »einige der Symptome einer größeren Depression – wie Störungen des Appetits, des Schlafs, der Libido – eine Störung der Hypothalamus-Hypophyse-Nebenniere-Achse« (Kim u. Jacobs 1993, S. 147) andeutet. Zusätzlich gehen Mutter-Kind-Trennungen mit gesteigerter peripherer Sympathicus-Aktivität (Erhöhung Katecholamin synthetisierender Enzyme) einher. Mit der Größe der HPA-Aktivierung interagierten auch die Anwesenheit von Peers, die Dauer der Trennung, die Anzahl wiederholter Trennungen, die Verfügbarkeit der Mutter (auditorisch, visuell, olfaktorisch) und die Neuheit der Umgebung (Laudenslager et al. 1993). Studien an Makaken zeigten immunologische Veränderungen bei sozialer Trennung allgemein wie niedrigere unspezifische Plasma IgM- und IgG-Werte und verringerte Lymphozyten-Aktivierung durch Mitogene (Pflanzenextrakte, die für die Zellteilung u.a. bei Lymphozyten verantwortlich sind). Die Veränderungen bei Trennung und die Rückkehr zur Grundlinie bei Wiedervereinigung traten auch bei von Peers aufgezogenen Affenjungen auf, also nicht nur wenn es um die Beziehung zur Mutter geht, was die Erklärung über die Milchernährung und ihre Auswirkung auf das Immunsystem entkräftet (Laudenslager et al. 1993). Ebenfalls wurden Langzeitfolgen von Mutter-Kind-Trennungen bei Pigtailaffen, die mit sechs Monaten für zehn Tage von der Mutter getrennt worden waren, im Alter von vier Jahren gefunden (geringere Lymphozytenaktivierung, geringere Naturalkillerzellenaktivität). Die Ergebnisse ließen sich bei Bonnetaffen, die in dieser Situation weniger zur Depression neigen, nicht nachweisen (Laudenslager et al. 1993). Für individuelle Differenzen bei Pigtailaffen in der Intensität der Reaktion auf die Trennung von der Mutter machen die Autoren aufgrund ihrer Ergebnisse die Herzschlagfrequenz als Ausdruck des Temperaments verantwortlich, die ihrerseits mit sozialen (bei hohem sozialen Rang niedriger) und Erfahrungsfaktoren zusammenhänge. Für einen Puffereffekt sozialer Bindungen, abgesehen von der zur Mutter, spricht, daß die Änderung der Lymphozytenaktivierung durch Mitogene oder der Naturalkillerzellenaktivität während einer zweiwöchigen Mutter-Kind-Trennung nicht auftrat, wenn soziale Partner (junge Affen mit affektiven Bindungen an das verlassene Äffchen) erhalten blieben. Möglicherweise ist auch dies für den Unterschied zwischen Pigtail- und Bonnetaffen verantwortlich, da bei letzteren immer mehrere Weibchen sich um die heranwachsenden Äffchen kümmern, was bedeutet, daß diese bei Trennung auf ein größeres soziales Netzwerk zurückgreifen können (Laudenslager et al. 1993).

## Soziale Reaktionen, Auswirkungen auf das Sprachverhalten und Gläubigkeit

Hinterbliebene haben mit den verschiedensten offenen oder verdeckten Reaktionen ihrer sozialen Umgebung auf einen erlittenen Verlust zu rechnen. Die Tendenz der Umwelt zu Voyeurismus und zur Vermeidung des Kontakts (Peinlichkeit, sich nicht belasten wollen) mit Hinterbliebenen ist für die Angehörigen gleichermaßen unangenehm (Littlewood 1992).

Die Art und Weise des eingetretenen Verlusts ist für die jeweilige Reaktion, Einschätzung und Wertung durch die soziale Umwelt von Bedeutung. So werden die Eltern, deren Kinder als Suizidopfer geschildert wurden, als weniger liebenswert, mit mehr Grund, sich zu schämen, und als psychologisch weniger gesund angesehen als Eltern, deren Kind an einer Krankheit gestorben sei (Calhounet al. 1980).

Ehepartner von Erwachsenen mit vollendetem Suizid wurden als schuldiger an deren Tod und als beschämter erlebt, und es wurde erwartet, daß sie mehr zur Verhinderung des Todes hätten tun können als dies beim Tod der Ehepartner durch Leukämie oder einen Unfall der Fall war (Calhounet al. 1985).

In einer dritten Studie wurden identische Tonbänder von einer Frau vorgespielt, die ihre Trauer über den Verlust des Ehepartners beschreibt, allein die Todesursache (Herzattacke-Unfall-Suizid) wurde jeweils geändert. Die Frau wurde als psychologisch gestörter bei Suizid als bei Unfall erlebt, ebenso als beschämter im Vergleich zum Unfalltod als auch bei einer Herzattacke. Sie hätte zudem, so wurde unterstellt, mehr für die Verhinderung des Suizids tun können als in den beiden anderen Fällen (Allen 1993).

Die meisten Studien bestätigen, daß Angehörige von Suizidanten sich schuldiger fühlen, mehr Erklärungsbedarf haben und weniger soziale Unterstützung erleben (Stillion 1996). Speziell Ehepartner erleben mehr Ablehnung von Freunden und vom Rest der Familie des Ehegatten (Saunders 1981). Insgesamt finden sich aber viel mehr Ähnlichkeiten als Unterschiede in der Reaktion auf die verschiedenen Todesursachen, speziell was den Vergleich von Suizid- und Unfallopfern angeht (McIntosh 1993).

Linguistische Auswirkungen von Traumen aufgrund von Personenverlusten fanden Pennebaker et al. (1997). Häufigerer Gebrauch von Wörtern in Erzählungen über ein Trauma, die einsichtsvolles und kausales Denken repräsentieren, sind mit besserer physischer, aber nicht seelischer Gesundheit verbunden. Häufigerer Gebrauch von positiven im Vergleich zu negativen Emotionswörtern ist generell mit besserer Gesundheit verbunden. In einer zweiten Untersuchung wurden diese Variablen als Prädiktoren für das Zurechtkommen mit dem Verlust des Partners durch Aids nach einem Jahr überprüft. Besonders effektiv war ein empirisch anhand der Beta-Gewichte aus früheren Studien gewonnener Index, der auch zusätzlich die Veränderung aller Wörter bei der Traumaerzählung enthielt. Eine veränderte linguistische Darstellung des Traumas deutet somit eine Verbesserung des Zurechtkommens mit dem Verlust an.

Der Tod von Angehörigen kann ebenso wie eigene erlebte Krankheit oder schwere Krankheit eines geliebten Menschen gravierende Folgen für die Gläubigkeit einer Person haben. Im Fall des Todes von Angehörigen sind widersprüchliche Folgen denkbar, wobei die Änderung häufig eine Verstärkung der bereits vorher vorhandenen Tendenz darstellt: In einer Studie an 184 Familienmitgliedern von Personen, die bei einer Trunkenheitsfahrt getötet oder verletzt worden waren, berichteten diejenigen, die vor dem Tod des Angehörigen sehr oder in mittlerem Ausmaß gläubig waren, daß sie darin durch die Krise gestärkt worden waren. Diejenigen, die vorher wenig oder keinen Glauben hatten, berichteten, daß ihr Glaube dadurch gleichgeblieben oder geschwächt worden sei. Insgesamt dreimal so viele Angehörige berichteten über eine Stärkung ihres Glaubens als über eine Schwächung (Mercer, zit. nach Lord 1996).

Der Tod eines Kindes bewirkt bei den Eltern überwiegend eine Verstärkung ihres Glaubens oder auch eine erstmalige Hinwendung dazu. Die Eltern empfinden es als tröstlich zu wissen, daß ihr Kind weiter existiert, wenn auch an einem anderen Ort, und mit ihm wiedervereinigt sein zu können. Einige zweifeln zwar an ihrem Glauben, finden ihn aber dennoch tröstlich und erleichternd (Sormanti u. August 1997).

## Langfristige Verlustfolgen

Bereits früh zeigte sich, daß zwischen frühkindlichen Personenverlusten und Verhaltensweisen im Erwachsenenalter, besonders auch Krankheitsdaten, Zusammenhänge bestehen (Langenmayr 1980). Diese Zusammenhänge wurden in den letzten Jahrzehnten mit dem Hinweis auf die Auswirkung sozialer Schichtzugehörigkeit oder genetischer Merkmale sowohl auf die Verlustvariablen als auch auf die späteren Verhaltensweisen und mit Hinweis auf die modifizierende Auswirkung einer Vielzahl intervenierender Variablen bestritten (z. B. Hemminger 1982). Diese Position wird inzwischen jedoch kaum noch aufrechterhalten.

An einer für die Bevölkerung Nordrhein-Westfalens repräsentativen Stichprobe von 265 Personen zwischen 20 und 59 Jahren untersuchten Langenmayr und Schubert (1987) die Zusammenhänge zwischen frühkindlichen und gegenwärtigen Lebenslaufdaten und in diesem Zusammenhang auch, womit frühkindliche Personenverlustdaten zusammenhängen. Einflußvariablen wie soziale Schicht, Alter und Geschlecht wurden neutralisiert und auch durch Aufteilung der Stichprobe in nach diesen Variablen getrennte Gruppen (z. B. Männer und Frauen) gesondert untersucht.

Defizitäre Erfahrungen in der Kindheit zeigten Auswirkungen auf einige Bereiche späteren Lebens und deuten überwiegend in Richtung geringer Bindungen. Effekte zeigten sich im Verhalten hinsichtlich Partnerwahl und Eheschließung, in der geographischen und beruflichen Mobilität, in der Mitgliedschaft in Vereinen und vor allem bei angegebenen Krankheiten.

Sowohl Trennungserlebnisse als auch erlebte Abwesenheiten in der Kindheit korrelierten mit Trennungserlebnissen der Ehepartner, was nahelegt, daß Personen mit Ängsten im Bindungsbereich (Verlassenheitsängsten) sich gegenseitig als Partner wählen. Langenmayr (1975b) hatte dies auch anhand der Daten von Eltern einer Erziehungsberatungsstichprobe gefunden, darüber hinaus nicht nur, daß Personen mit erlebten Verlusten in der Kindheit sich gegenseitig heiraten, sondern daß sie dies auch um so eher taten, je ähnlicher sich ihre Verluste nach Schwerekriterien wie dem Alter zum Zeitpunkt des Verlusts waren. Die damaligen Befunde ließen sich also durchaus für nicht-klinische Populationen verallgemeinern. Die Zusammenhänge konnten nicht durch Alter, Geschlecht, Wohnregion und Sozialschicht erklärt werden (Langenmayr u. Schubert 1987).

Personen mit Verlust eines Elternteils in der Kindheit heirateten früher und waren jünger bei der Geburt des ersten Kindes. Auch häufigere Abwesenheiten der Eltern korrelierten mit früherem Heiratsalter. Daraus schlossen die Autoren: »Die wohl in jedem Fall mit einem Elternverlust verbundene Beeinträchtigung des Familienklimas und der Verlust familiärer Geborgenheit und Sicherheit führen offensichtlich deutlich früher dazu, neue Bindungsformen zu verwirklichen« (Langenmayr u. Schubert 1987, S. 19).

Bezüglich des Wohnverhaltens zeigte sich eine Korrelation des Verlusts eines Elternteils bis zum zehnten Lebensjahr mit der Anzahl der Wohnungen ab dem elften Lebensjahr, der Anzahl der Umzüge ohne Eltern und negativ mit der durchschnittlichen Wohndauer pro Wohnung. Insgesamt deutete sich auch hier ein weniger beständiges und unruhigeres Verhalten an.

In der Berufslaufbahn zeigten sich ein niedrigerer Schulabschluß, eine höhere Anzahl von Stellungen, eine größere Zahl von Berufswechseln, Stellungs- und Betriebswechseln und dementsprechend eine geringere durchschnittliche Stellungsdauer bei frühen Personenverlusten. Mit diesen korrelierte auch die Angabe und Häufigkeit der Änderung von Arbeitsbedingungen positiv. Ähnliche Auswirkungen zeigten Abwesenheiten der Eltern in der Kindheit der Befragten: Sie korrelierten mit der Stellungszahl positiv und negativ mit dem höchsten erreichten Ausbildungsabschluß.

Die Anzahl der Mitgliedschaften in Vereinen korrelierte negativ mit Abwesenheiten eines Elternteils und positiv mit Trennungen von den Eltern in der Kindheit. Im Grunde wiederholten die Untersuchten hiermit ihre kindlichen Erlebnisse. Bei der Abwesenheit eines Elternteils blieben sie in der Restfamilie zurück, bei der Trennung waren sie es selbst, die die Familie verließen.

Besonders enge Zusammenhänge zeigten sich zu Krankheiten: Erlebte Trennungen und Abwesenheiten in der Kindheit korrelierten mit der auf das Alter bezogenen Erkrankungshäufigkeit, ebenso die Abwesenheiten mit der durchschnittlichen Erkrankungsdauer. Dieselben Zusammenhänge ergaben sich bei den Ehepartnern der Befragten. Die deutlich stärkere Ausprägung zwischen frühem Verlust und späteren Krankheiten bei Frauen zeigt, daß die Auswirkung von Personenverlusten auf spätere Verhaltensweisen durch weitere Einflußgrößen modifiziert werden kann.

# Trauertherapie

In jüngerer Zeit hat sich in der Psychotherapie die Tendenz durchgesetzt, von der Vorstellung abzugehen, daß es therapeutische Methoden gäbe, die man an jede Problemsituation herantragen könne. Statt dessen wurden die Methoden der verschiedensten therapeutischen Richtungen auf die spezielle Situation einzelner Gruppen übertragen und entsprechend deren Bedürfnissen modifiziert. Dies erscheint vor allem unter dem Aspekt sinnvoll, daß etwa Trauernde um so leichter Zugang zu einer Methode finden, sich verstanden und in ihr zu Hause fühlen und mitarbeiten, wenn diese die zentralen Erlebnisweisen und Problemsituationen Trauernder beispielsweise in der Beschäftigung mit Brückenobjekten oder eigenen Trauerritualen aufgreift. Einen Anteil daran mag haben, daß jede belastete Gruppe das natürliche Bedürfnis verspürt, nicht mit sehr vielen anderen Problemsituationen verglichen und mit ihnen gleich behandelt zu werden, sondern daß ihre spezielle Situation als etwas Eigenes, Besonderes und Unvergleichbares gesehen wird. Dahinter steht die sicher richtige Erwartung, daß nicht nur jede Krisensituation nur bedingt mit anderen Krisensituationen vergleichbar ist, sondern immer auch jede individuelle Problemsituation nie völlig mit irgendeiner Situation eines anderen vergleichbar ist. An dieser Erwartung, die bei Trauernden deutlich ausgeprägt ist, mag es liegen, warum sie so selten Zugang zu allgemeinen Beratungsstellen finden, sie hingegen auf Angebote wie die einer speziellen Trauerberatungsstelle ansprechen. Jerneizig et al. (1994) vermuten, daß die besondere Beratungs- und Therapiesituation bei Trauernden sich vor allem aus der Einstellung der sozialen Umwelt gegenüber derartig Betroffenen ergibt.

Im folgenden werde ich die wesentlichsten psychotherapeutischen Vorgehensweisen jeweils kurz schildern, dann Überlegungen anstellen, wie diese für die Beratung und Therapie mit Trauernden nutzbar gemacht werden können, und spezielle Verfahren für den Umgang mit Trauernden in einem besonderen Kapitel darstellen.

## Psychoanalyse

Da die Vertreter der Individualpsychologie, der analytischen Psychotherapie Jungs und der Neoanalyse Schultz-Henckes ihre Schulen als selbständige Therapierichtungen sehen, handele ich sie in eigenen Kapiteln ab.

Freud wurde am 6.5.1856 in Freiberg in Mähren geboren. Den größten Teil seines Berufslebens verbrachte er in Wien. Nach Versuchen, hysterische Symptome mit Hypnosetherapie zu heilen arbeitete er mit freier Assoziation und begann mit der Entwicklung der Psychoanalyse. 1938 emigrierte er mit seiner Tochter Anna nach London, wo er am 23.9.1939 starb.

Unter Psychoanalyse werden zwei sehr verschiedene Konstrukte verstanden, die keineswegs miteinander verknüpft werden müssen: zum einen die Theorie der Psychoanalyse, eines allgemeinen Modells für die Erklärung menschlichen Erlebens und Verhaltens, insbesondere für die Entstehung von Neurosen, zum anderen wird darunter aber auch eine klar definierte psychotherapeutische Vorgehensweise verstanden.

Die Psychoanalyse (vgl. Toman 1970[2]) beschäftigt sich mit Motiven, die als bewußt, vorbewußt (im Augenblick nicht bewußt, aber jederzeit erinnerbar) und unbewußt (nur mit Schwierigkeiten erinnerbar) vorgestellt werden. Werden Motive, die bisher zu befriedigen waren, über eine lange Zeit nicht befriedigt, so entsteht Angst. Um diese zu vermeiden, wird das betreffende Motiv ins Unbewußte abgedrängt, es kann in Zukunft nicht mehr problemlos bewußt werden, selbst wenn das Befriedigungsobjekt wieder zur Verfügung steht. Im Gegenteil: In diesem Fall würde erneut Angst auftreten, sogenannte Signalangst, die verhindern soll, daß die zuletzt gemachten schmerzhaften Erfahrungen wiederholt werden müssen. Um den Prozeß des Entzugs der bewußten Kontrolle über ein Motiv zu bewerkstelligen, stehen sogenannte Abwehrmechanismen zur Verfügung. Der geläufigste ist die Verdrängung, die ganz allgemein als Ersatz eines Motivs durch ein neues bezeichnet werden kann. Andere Abwehrmechanismen wären etwa Identifikation, Projektion, Reaktionsbildung, Rationalisierung, Regression und Sublimierung. Bei der Identifikation ersetzt eine Person eigene Motivbereiche durch die einer anderen Person. Geht es um einzelne Motive, spricht man eher von Introjektion.

Wenn ein kleines Mädchen ihre Mutter bittet, mit ihr zusammen mit Puppen zu spielen, diese aber ablehnt, weil sie gerade kochen muß, dann könnte das Mädchen sich einen Topf, Wasser und einige Lebensmittel besorgen, sich an seinen Puppenherd zurückziehen und auch kochen. Sie hätte also das Motiv der Mutter introjiziert und damit ihr im Augenblick nicht befriedigbares Motiv abgewehrt. Bei der Projektion wird ein eigenes Motiv in die Außenwelt verlegt und dort wahrgenommen. Die Ehefrau, die gerne einmal mit einem anderen Mann als ihrem eigenen schlafen würde, verdächtigt die harmlose Nachbarin und reagiert dort ihre Strafmotive ab. Bei der Reaktionsbildung wird ein Motiv durch ein extrem entgegengesetztes ersetzt, etwa das, sich schmutzig machen zu wollen durch extreme Sauberkeit.

Die Rationalisierung ersetzt nicht das Motiv selbst, aber die Begründung, die jemand für ein Motiv selbst sieht. Jemand schlägt sein Kind, weil er sich ärgert, redet sich aber ein, daß dies eine pädagogisch wertvolle Maßnahme sei. Bei der Regression springt für ein in der Entwicklung der Person später aufgetretenes Motiv ein früheres ein. Jemand, der in einer Beziehungskrise steckt, seine sexuellen und Liebesmotive nicht befriedigen kann, fängt womöglich an, intensiv orale Bedürfnisse auszuleben, etwa viel zu essen oder verstärkt zu rauchen.

Die Sublimierung ersetzt ein Motiv durch ein kulturell wertvolleres. Als Chopin in Paris von der Besetzung seines Heimatlandes Polen durch Rußland erfuhr, zerschlug er nicht Porzellan, meldete sich auch nicht an die Front, sondern setzte sich ans Klavier und komponierte die Revolutionsetüde. Die Summe der Motive, die bewußter Kontrolle unterliegen, sowie die Fähigkeiten, die für die

Anpassung von Motiven und Befriedigungsgelegenheiten in der Realität zuständig sind, wie Intelligenz, Gedächtnis, Wahrnehmung, werden als Ich bezeichnet. Die unbewußten Motive sind das System des Es, und den Bereich der von der sozialen Umwelt übernommenen Motive stellt das Über-Ich dar.

Die Energie, die fortgesetzt in die Motive fließt, ist die Libido. Sie ist eine personelle Konstante. Im Laufe der Kindheit fließt sie jeweils überwiegend in unterschiedliche Motivsysteme. Das erste System stellen die oralen Motive dar, die um die Nahrungsaufnahme kreisen, aber auch alle mit der Stillsituation verbundenen Motive einschließen, wiegen des Kindes, mit ihm reden, zärtlich sein. Die orale Phase umfaßt etwa das erste Lebensjahr. Viele Autoren teilen sie noch in eine frühe und späte orale Phase und machen die Zäsur beim Zahnen und dem damit in der Regel verbundenen Abstillen etwa zwischen vier und sechs Monaten. Im zweiten und dritten Lebensjahr fließt die Libido in den Bereich der Machtmotive, die sich in unserer Kultur vorwiegend an der Sauberkeitserziehung konkretisieren. Das Kind setzt sich mit seiner Umwelt auseinander, entdeckt seine Aggressivität und seinen eigenen Willen. In langen Auseinandersetzungen mit den Eltern lernt es, seine eigene Macht und die der Eltern realistisch einzuschätzen, wie und wann es sich durchsetzen kann und wie und wann nicht. Auch hier unterscheiden die meisten Autoren die frühe anale Phase im zweiten und die späte im dritten Lebensjahr.

Es folgt bis zum Ende des sechsten Lebensjahrs die ödipale Phase, in der erstmals sexuelle Motive auftauchen. Sie richten sich auf den gegengeschlechtlichen Elternteil und führen naturgemäß zum Konflikt mit dem gleichgeschlechtlichen. Gegen Ende der Phase gelingt es dem Kind, durch Identifikation mit dem gleichgeschlechtlichen Elternteil auf seine Wünsche zu verzichten. Indem es sich identifiziert, kann es das Gefühl haben, an den Befriedigungen seines Rivalen/seiner Rivalin teilzuhaben.

Es folgt die Latenzphase, in der anale Motive wie Werken und Konstruieren wieder in den Vordergrund rücken. In der folgenden Pubertätszeit brechen die sexuellen Motive wieder auf, richten sich aber nun von Anfang an auf Personen außerhalb der Familie. Für Freud ist mit der folgenden genitalen Phase, in der die reife liebende Beziehung sich ausprägt, die Entwicklung abgeschlossen.

Die Psychoanalyse führt nicht nur Neurosen und Psychosen auf Traumen[1] in der frühen Kindheit zurück, sie ordnet den einzelnen Phasen jeweils auch charakteristische psychopathologische Syndrome zu. Die frühe orale Phase, in der noch kein Personobjekt für das Kind existiert, dementsprechend auch noch keine gefühlsmäßige Beziehung, stellt den Entwicklungsstand dar, auf den schizophrene Personen fixiert oder auf den sie regrediert sind. In der späten oralen Phase ist die größte Bedrohung für das Kind, daß das gerade entwickelte Personobjekt verloren gehen könnte. Dies würde zu Depression und Schuldgefühlen über die vermutete Zerstörung des Liebesobjekts führen. Die Projektion der noch recht primitiven aggressiven und manipulativen Motive der frühen analen Phase führt zu Ängsten, zerstört, ermordet, verfolgt zu werden, was die Herausnahme der Paranoia aus dem schizophrenen Formenkreis in der psychoanalytischen Theorie zur Folge hat. Die Verdrängung milderer Formen von Aggression und Macht und die Reaktionsbildung hierauf führt zu extrem ordentlichen und angepaßten Persönlichkeiten, die man im pathologischen Extrem als Zwangsneurose kennt. Ödipale Fixierung oder Regression auf diese Phase bedeuten lebenslanges Gebundenbleiben an den gegengeschlechtlichen Elternteil, Schwierigkeiten mit heterosexuellen Beziehungen, Verdrängung von Sexualität und Rollenunsicherheit, all das, was wir als Hysterie bezeichneten.

Psychoanalyse als *Psychotherapieverfahren* hat als Hauptziel, unbewußte Motive bewußt zu machen und ins Erleben zurückzuholen. Freud drückt dies als größer werdende Kontrolle des Ich über das Es aus. Die Deutung von Träumen ist hierbei eine wesentliche Hilfe, wenngleich nicht der einzige Weg. Freud unterscheidet den manifesten vom latenten Trauminhalt. Der manifeste stellt den Inhalt dar, den der Träumer erzählt. Der latente ist der unbewußte Wunsch, der sich hinter jedem Traum verbirgt und

1 In der Theorieentwicklung bei Freud geht es zunächst um reale, dann um phantasierte und in neuesten Entwicklungen wieder um reale Traumen.

durch Erinnerungen an Ereignisse des Vortags und Kindheitserinnerungen zum manifesten Traum geschmiedet wird. Verdichtungen und Verschiebungen bewirken, daß der latente Trauminhalt für das kontrollierende Ich nicht klar erkennbar ist und nicht bedrohlich wirkt. Verdichtungen sind das Zusammenziehen mehrerer unbewußter Inhalte zu einem manifesten Inhalt, Verschiebungen der Ersatz eines Objekts durch ein anderes, ein Symbol für etwas, das der Träumer sich bewußt nicht eingestehen will. Symbole sind nicht immer gleich, können für jeden Träumer etwas anderes bedeuten. Überhaupt ist der Inhalt eines Traums erst aus der Kenntnis der Lebensgeschichte, der aktuellen Lebensumstände und der freien Einfälle (Assoziationen) zu den einzelnen manifesten Trauminhalten zu entschlüsseln.

Eine frühere Klientin von mir träumte, sie sei an der Chinesischen Mauer, viele Leute liefen zusammen. Alle raunten sich zu, der Kaiser von China komme zu Besuch, waren ganz aufgeregt und freuten sich. Nach einiger Zeit verliefen sie sich und es hieß, der Kaiser komme doch nicht. Alle waren traurig. Ihre Einfälle zu dem Traum waren: Nachdem sie sehr viele wechselnde Männerbekanntschaften hatte, war sie seit einem halben Jahr mit einem jungen italienischen Gastarbeiter zusammen, von dem ihre Eltern meinten, er sei ganz unter ihrer Würde. Sie verstand sich aber sehr gut mit ihm. Vor kurzem merkte sie, daß sie von ihm schwanger war. Nach heftigen Gefühlsschwankungen entschloß sie sich zum Abbruch der Schwangerschaft. Die Botschaft des Traums ist nur auf diesem Hintergrund verständlich: Sie hatte sich auf ein Kind gefreut (verdrängter Wunsch), wollte es schätzen und verwöhnen wie den Kaiser von China (Verschiebung), und sie ist traurig, daß daraus nichts wurde.

Wesentliche Momente der psychoanalytischen Therapie sind:

(a) *Bewußtmachung unbewußter Erlebnisinhalte.*

(b) *Die Grundregel:* Der Klient soll alles aussprechen, was ihm in der Therapie einfällt, gleichgültig wie belastend, peinlich oder unpassend ihm dies vorkommt. Da gerade solche Inhalte näher am Unbewußten sind, wäre ihr längeres Verschweigen eher hinderlich für die Therapie. Dennoch ist jedem Analytiker klar, daß die Einhaltung der Grundregel ein Idealzustand ist, dem man sich annähern sollte, und sie eher gegen Ende einer Therapie möglich ist als zu Beginn.

(c) Die *Abstinenz:* Diese Regel besagt, daß der Therapeut sich aller wertmäßigen Eingriffe gegenüber dem Klienten enthalten sollte. Er soll nicht verbieten, keine Ratschläge geben, nicht aktiv helfen, ihm keine Entscheidungen abnehmen, ja nicht einmal bei der einen Erzählung des Klienten zustimmend lächeln, bei einem anderen Thema eher die Stirn runzeln. Der Grund ist, die eigene Entwicklung des Klienten zu fördern. Ferner sollen durch die Abstinenz des Therapeuten gefühlsmäßige Übertragungen auf den Therapeuten gefördert werden, deren Erkennung und Bearbeitung ein wesentliches Moment im Therapieprozeß darstellen. Die Abstinenz ist von einigen Therapeuten jedoch so betont worden, daß sie – unabhängig von kindlichen Übertragungen – ganz real als kalt und unverständlich erlebt wurde, weshalb diese Regel heute von den meisten Therapeuten eher vorsichtig gehandhabt wird. Das gilt auch für die damit verbundene Sitzordnung des Therapeuten schräg hinter dem auf der Couch liegenden Klienten, was inzwischen oft durch ein Gegenübersitzen ersetzt wird. Die Haltung des Therapeuten wird als gleichmäßig wohlwollend beschrieben.

(d) Die *gleichschwebende Aufmerksamkeit:* Sie hängt mit der Forderung zusammen, nicht lenkend auf den Klienten einzuwirken und besagt, daß der Therapeut sich allen Themen, die der Klient einbringt, gleichmäßig zuwenden soll. In meiner früheren Tätigkeit als Leiter einer Beratungsstelle hatte ich einen depressiven Klienten in Therapie, der beim Träger der Beratungsstelle aufgestiegen war. Natürlich erzählte er gelegentlich aus seiner Tätigkeit in der Therapiestunde. Und natürlich lag die Gefahr nahe, ihn hierzu aus Eigeninteresse besonders intensiv zu befragen und ihn länger als nur beiläufig, wie es seine Absicht war, bei diesem Thema aufzuhalten. Da aber sein Problem, das ihn immer wieder beschäftigte, die Beziehung zu seiner Frau war, hätte ich damit die Bearbeitung seiner Probleme zugunsten der Bearbeitung meiner behindert, ihn an weiterer Selbsterkenntnis und Selbstentfaltung eher gehindert als diese zugelassen.

(e) Die *Übertragung* und die *Gegenübertragung:* Durch das Verhalten des Therapeuten und das Gespräch auch über frühkindliche Situationen werden Gefühle beim Klienten wach, die grundlegende, früh erworbene Einstellungen widerspiegeln. Diese werden auf den Therapeuten übertragen und bieten die Möglichkeit, sie auf ihre Berechtigung deshalb besonders effektiv zu überprüfen, weil der Therapeut als Person weitgehend im Hintergrund bleibt. So werden auch ihre Auswirkungen deutlich, da der Therapeut nicht direkt reagiert und damit auffällt, was an Reaktionen in der therapeutischen Situation vermißt und als Regelfall erwartet wird. Ähnlich können aber auch im Therapeuten Gefühle wach werden, die auf den Klienten übertragen werden. Damit sie sich nicht auf den Prozeß behindernd auswirken, muß der Therapeut seine Gegenübertragungen kontrollieren können. Das setzt voraus, daß er sie kennt, wozu die durchlaufene eigene Psychoanalyse dient. Auch bei vielen anderen Verfahren ist die Selbsterfahrung des Therapeuten eine wesentliche Voraussetzung. Sollte sich die Gegenübertragung bei einer Therapie nicht kontrollieren lassen, dann ist die Teilnahme an einer Supervision der naheliegendste Weg. Sollte Supervision nichts bewirken, was hoffentlich nicht allzu oft vorkommt, so sollte der Therapeut hierüber offen mit seinem Klienten sprechen und ihm unter Hinweis auf seine Gegenübertragung bei der Suche nach einem in diesem Fall geeigneteren Therapeuten helfen. Ein erfolgreicher Kollege hatte eine Klientin, die so provozierend auf ihn wirkte, daß er sich nach einigen Wochen Therapie schon bei ihrem bloßen Anblick ärgerte. In der Supervision wurde ihm zwar deutlich, daß sie ihn an seine ältere Schwester und deren sadistische Verhaltensweisen ihm gegenüber erinnerte; aber es schien nicht möglich, diese Gefühle so zu entschärfen, daß die Therapie mit dem für die Klientin gewünschten Erfolg weitergehen konnte. So erklärte er seiner Klientin, seine Gefühle bezüglich der Person, an die sie ihn erinnert, in ihrem Fall nicht so weit bearbeitet zu haben, daß ihre Zusammenarbeit nicht beeinträchtigt sei. Dies sei zwar sein Problem und in diesem Fall auch eine berufliche Unzulänglichkeit, ließe sich aber nicht mit der Schnelligkeit und Konsequenz bereinigen, daß sie sich fair und angemessen behandelt fühlen könne. Ein anderer Kollege hatte mit ihr danach keine Probleme.

(f) Der *Widerstand:* Da die Angst installiert wurde, um vor dem Bewußtwerden schmerzhafter Erinnerungen zu schützen, löst das fortgesetzte Angehen unbewußter Erlebnisinhalte in der Therapie wiederum Angst aus. Diese wird als Fluchttendenz sichtbar, sei es, daß der Klient die Therapiestunde vergißt, zu spät kommt, ihm nichts einfällt, er sich gegen Interventionen des Therapeuten heftig zur Wehr setzt oder die Therapie abbrechen will. Berechtigten Unwillen hat es in der Diskussion um das Vorgehen in der Therapie ausgelöst, daß Fehlverhaltensweisen des Therapeuten jederzeit zwar möglich sind, von diesem aber immer als Widerstand gedeutet werden können. Eine partnerschaftliche Beziehung, bei der der Therapeut seine Bedürfnisse nach Überlegenheit nicht starr und rechthaberisch zu Lasten des Klienten auslebt, ist in der Lage, solche Probleme zu entschärfen.

(g) Die *Interpretation:* Sollten sich Zusammenhänge und unbewußte Motive sehr deutlich abzeichnen, dann bietet es sich an, sie deutend stärker ins Bewußtsein zu heben. Deutungen müssen jedoch immer nahe an dem sein, was der Klient ohnedies schon selbst sehen und ohne Schwierigkeiten akzeptieren kann. So könnte etwa ein junger Mann erzählen, daß er gerade von seiner Freundin verlassen wurde und er sich ihr Motiv nicht erklären kann. Auf Nachfragen erwähnt er, daß auch die Bekanntschaft vorher einen ähnlichen Verlauf nahm, zwei weitere Beziehungen vorher auch. Auf seine Herkunftsfamilie angesprochen berichtet er, daß seine Mutter die Familie verließ, ohne daß der Vater sich dies recht erklären konnte. In dieser Situation könnte der Therapeut folgende Interpretation wagen: »Offensichtlich erleben sie hier etwas Ähnliches wie ihr Vater mit ihrer Mutter.«

(h) Das *Durcharbeiten* und *affektive Nacherleben:* Eine Forderung Freuds ist, daß die Therapie sich nicht auf rationale Ergründung von Zusammenhängen beschränken dürfe, sondern die gefühlsmäßige Durcharbeitung von Kindheitstraumen und deren nochmaliges schmerzhaftes Erleben in der Therapie für die Gesundung erforderlich sind.

## Die Anwendung der Psychoanalyse auf Trauer

Fleming und Altschul (1994) bieten eine Reihe von Anregungen zur Anwendung der Psychoanalyse auf Trauerprozesse. Die Übertragung im Therapieverlauf biete die Möglichkeit zum Studium regressiver und integrativer Prozesse, die aus Kindheitsverlusten stammen. So könne der Bezug aktueller Gefühle, die in der Therapiesituation besonders sichtbar werden, zur Kindheitsentwicklung deutlich gemacht werden. Der Vergleich der heutigen Situation und der damaligen kann zur Einsicht führen, daß dem Klienten heute mehr und andere Möglichkeiten zur Bewältigung der Verlustsituation zur Verfügung stehen. Er kann erkennen, daß es ihm als Kind nicht möglich war, sich nach einer Zeit der Trauer wieder eine neue Mutter zu suchen, er aber heute in der Lage ist, sich irgendwann wieder einen Partner zu suchen; auch die Art und das Ausmaß von Gefühlen können über die Zeit verglichen werden: etwa das Gefühl des Kindes, am Tod einer geliebten Person schuld gewesen zu sein, im Hinblick auf die Berechtigung dieses Gefühls in der gegenwärtigen Situation.

Die Leugnung der Realität tritt nach Fleming und Altschul (1994) in der Psychoanalyse Trauernder in zwei Formen auf: in der Negierung der Bedeutung des Analytikers (was heißt, daß keine Trauer vorhanden und deshalb kein Analytiker erforderlich ist) und in dem Versuch, mit ihm dieselbe Verlusterfahrung noch einmal zu erleben. Am Fallbeispiel einer trauernden Frau zeigen die Autoren, wie die Abwehr in Reaktion auf das Trennungstrauma und den Verlust den Aufbau der Übertragung in der Analyse verzögert und in Zusammenhang mit Ängsten und Gefühlen des Zurückgewiesenseins in einer neuen Beziehung die alten Gefühle und der Widerstand dagegen, sie zu erleben, wieder auftauchen. Schließlich aktivierte die Investierung von Energie in die therapeutische Beziehung den Trauerprozeß und alle verdrängten Erinnerungen. Erst nach der Trauer um die verlorenen Eltern war die Arbeit am aktuellen sexuellen Konflikt möglich. Wachstum und Veränderung wurden dann mit der Einsicht in die Abwehrmechanismen erreicht. Bei Beendigung der Analyse erfolgt das nochmalige Durchleben des Trennungsschmerzes.

An für die Therapie problematischen Gegenübertragungen des Therapeuten könnten Ungeduldshaltungen, wenn der Klient sich aus Angst vor Verlust nicht auf die therapeutische Beziehung einlassen will, und Unverständnis gegenüber Aggressionen auftreten, die der Vermeidung des nochmaligen Trennungsschmerzes dienen.

In der Situation einsamer Verwitweter liegt es nahe, daß sie den Therapeuten gelegentlich als möglichen realen Partner ins Auge fassen. Schließlich bietet er das, was in der neuen Situation schmerzlich vermißt wird: intensiven Kontakt und Zuhören. Therapeuten, die nicht in gefestigten Beziehungen leben, sind daher in der Trauertherapie besonders gefährdet und sollten sie bis zu einer Änderung ihrer Situation eher meiden. Ein in dieser Situation unbefangener Therapeut kann die Übertragung und die Versuche nutzen, ihn zum Ersatzpartner zu machen, um mit dem Klienten die Möglichkeiten und die Gestaltung einer solchen Beziehung in der Phantasie durchzuspielen und um nach genügender Trauerzeit die Phantasien allmählich in Richtung auf reale Objekte außerhalb der Therapie umzulenken, Erwartungen zu korrigieren und Tendenzen zu inadäquaten Partnerwahlen, die nur der Wiederholung von Verlusten dienen, gemeinsam mit dem Klienten zu hinterfragen.

Manche Abläufe in der Trauertherapie und Reaktionen auf den Therapeuten werden erst dann verständlich, wenn der Therapeut berücksichtigt, daß der Klient unter Umständen mit einem irrealen und nie erfüllbaren Wunsch in die Therapie kommt: der Therapeut möge ihm die verlorene Person zurückgeben. Die Erkenntnis, daß der Therapeut dies nicht tun kann, stellt eine kritische Phase in jeder Trauertherapie dar (Volkan u. Josephthal 1994).

Bei pathologischer Trauer sind charakteristische Träume und Verläufe solcher Träume während der Therapie zu finden. Die Trauernden bezeichnen sie als eingefrorene Träume (Volkan u. Josephthal 1994). In ihnen ist der Tote in einen Kampf um Leben und Tod verstrickt. Sein Körper bleibt in den Träumen unverändert, während er sich normalerweise langsam in Richtung der toten Gestalt verändert.

Reynolds (1996) weist darauf hin, daß Alpträume zur Verhinderung von Trauer dienen können, da sie Angst auslösen und der Klient so an die entscheidenden Aspekte seiner Trauer nicht herankommt. Sie tauchen immer dann auf, wenn in der Therapie der Verlust in der Tiefe erinnert wird. Die Autorin empfiehlt hier direktiver vorzugehen (behavioural exposure technique), den Klienten zum Finden der symbolischen Bedeutung der Traumbilder anzuhalten und etwa Zeichnungen anfertigen zu lassen. Danach seien weniger direktive Beratungssitzungen möglich.

Insgesamt scheint sich im psychoanalytischen Umgang mit Trauernden eine für die Methode sonst eher unübliche Direktivität bewährt zu haben, da auch die meisten auf Trauernde zugeschnittenen Modifikationen der Psychoanalyse so vorgehen (so z. B. die regrief-therapy von Volkan, vgl. Volkan u. Josephthal 1994).

Die folgenden Fallbeispiele entstammen eigenen Therapien oder denen meiner Mitarbeiter, denen ich für die Erlaubnis zur Wiedergabe in anonymisierter Form danke.

Beispiel: Die Klientin erzählt von Angstzuständen, die sich erheblich verschlimmert haben, als ihr Freund sie vor einem Jahr verlassen hat.

Kl.: Ich kann nirgendwo mehr hingehen, zittere immer, wenn ich zum Beispiel auf der Sparkasse unterschreiben soll, das geht einfach nicht.

Th.: War das früher schon einmal?

Kl.: Ja eigentlich schon, eigentlich immer schon. In der Schule, wenn was zu schreiben war, hatte ich auch Probleme, hatte immer Angst, daß ich alles falsch mache. Die anderen Kinder lachten und sagten zur Lehrerin, warum zittert die denn so.

Th.: Also war das nicht erst als der Freund Sie verlassen hat?

Kl.: Da wurde es erheblich schlimmer. Ich glaube ganz angefangen hat das alles mit sechs Jahren.

Th.: Als Sie eingeschult wurden?

Kl.: Ja und da war auch der Tod meines Vaters. Ich habe ihn so vermißt. Mein Vater hatte einen schweren Autounfall, das war so schlimm für mich.

Th.: Erinnern Sie sich noch?

Kl.: Nur vage, weiß nur, daß Mama immer weinte. Ich wollte sie trösten, aber das ging nicht. War auch schwierig, ich mochte den Vater viel lieber als meine Mutter, konnte ich ihr aber doch nicht sagen.

Th.: Wie ist Ihre Beziehung heute?

Kl.: Ich wohne noch bei meiner Mutter, aber das geht nicht gut. Sie versucht mich immer an sich zu binden, da haben wir immer Streit. Wenn ich jemanden kennenlerne, hat sie immer gleich Angst, ich verlasse sie.

Th.: So daß es auch von daher schwierig ist, sich auf jemand anderen einzulassen?

Kl.: Das auch, aber ich habe auch das Problem, jemandem zu vertrauen. Immer wenn ich jemanden kennenlerne, denke ich gleich, der verläßt mich wieder. Das ist verrückt, ich habe jemanden noch gar nicht ganz kennengelernt, da denke ich schon, der haut wieder ab.

Th.: Worauf führen Sie das zurück?

Kl.: Ich habe immer das Gefühl, daß das mit mir zusammenhängt. Irgend etwas habe ich an mir, das Männer abstößt. Es ist irgendwie mein Schicksal. Als meine Mutter mit mir schwanger war, ist ihr Vater gestorben, kurz nach meiner Geburt ein Onkel. Ich brauche nur auftauchen und schon nehmen die Männer reißaus (lächelt). Dabei versuche ich immer, es recht zu machen, vertrete kaum andere Meinungen, vermeide jede Auseinandersetzung und trotzdem ...

Th.: Sie haben das Gefühl, eigentlich müßte man sie besonders lieb haben, weil Sie so wenig Schwierigkeiten machen.

Kl.: Ich denke immer, ich bin so, daß mich wirklich keiner mehr verlassen kann. Ich habe jetzt schon Angst, mich überhaupt auf jemanden einzulassen. Da ist schon jemand, der mich gut findet, aber ich kann mich gar nicht darauf einlassen. Wenn der mir nahe kommt, laufe ich weg. Mit Männern, die mir nichts bedeuten, komme ich gut klar. Da habe ich keine Angst.

Th.: Da können Sie auch so sein, wie sie sind?

Kl.: Ja eigentlich schon. Ich glaube, ich will einfach nie wieder von jemandem verlassen werden, den ich mag. Ich will erst sicher sein, daß mich jemand nicht verläßt, bevor ich ...
Und da ist auch noch die Mutter, die nicht will, daß Sie sie verlassen.

Kl.: Ich denke schon manchmal, die fesselt mich und da habe ich nur noch Lust, weg ... Oh je ...

Th.: Was ist?

Kl.: Das, was ich hier so erzähle, hört sich an, als ob das meine Mutter erzählt. Vielleicht ist das der Grund, warum andere von mir weg wollen. Ich binde sie auch zu stark. Ich will sie unbedingt halten und treibe sie gerade damit aus der Beziehung.

Th.: Könnte sein.

## Individualpsychologie

Ursprünglich ausgehend von Organminderwertigkeiten sieht Alfred Adler (1870–1937) bald die neurotische Problematik in einer inadäquaten Bewältigung des generellen Minderwertigkeitsgefühls. Als Möglichkeiten der Bewältigung stehen die direkte Kompensation (sehr gute Leistungen auf dem ursprünglich schwachen Gebiet erbringen), die indirekte Kompensation (sehr gute Leistungen auf einem anderen Gebiet erbringen) und die Flucht in die Krankheit (neurotische Arrangements zur Kompensation des Minderwertigkeitsgefühls und Erreichung bestimmter Ziele) zur Verfügung. Der entscheidende Antrieb hinter menschlichen Handlungen ist das Machtstreben.

Die individualpsychologische Therapie gliedert sich nach Alexandra Adler (1959) in drei Schritte:

(1) Der Therapeut sucht mit dem Klienten zusammen nach den inneren und äußeren Faktoren, die auf den Klienten eingewirkt haben, um ihn zu verstehen, sich in die Krankheitssituation einfühlen und einen Plan für das weitere Vorgehen entwerfen zu können. Die Lebensleitlinie (die Hauptziele, die jemand im Leben verfolgt) soll eruiert werden.

(2) Dem Klienten müssen die Regelmäßigkeiten in den Abläufen seines Lebens und deren Scheitern vor Augen geführt werden. Die ursprünglichen und gegenwärtigen Insuffizienzerlebnisse sollen wiedererlebt werden, und hinter dem Machtstreben sollen Furcht und Minderwertigkeitsgefühl sichtbar gemacht werden. In diesem Zusammenhang wird die Funktion der Symptome erörtert und soziales Interesse und Sinn für Geborgenheit in der Gemeinschaft geweckt. Kern der Therapie ist die Erweiterung der Kooperationsfähigkeit (Lehmkuhl u. Lehmkuhl 1998).

(3) Neue Wege und mehr an der Gemeinschaft orientierte Lebensstile sollen gefunden werden.

Wesentliche Momente sind Erinnern und Rekonstruktion sowie Durcharbeiten der »grundlegenden, nicht gelösten Strukturierungsprobleme des Lebensstils« (Lehmkuhl u. Lehmkuhl 1998, S. 82). Die Haltung des Therapeuten variiert von emotional zugewandt und partnerschaftlich (wenn der angespannte und/oder depressive Klient gestützt werden muß) bis zu lenkender Distanz (wenn der Klient noch über sich selbst getäuscht ist). Sie besteht über weite Strecken in der Suche nach dem idealen Punkt, an dem tief und wirkungsvoll ohne emotionale Kränkung interveniert werden kann.

Im Umgang mit *Trauerfällen* bedeutet dies, daß ausgelotet werden muß, welche Funktion im gesamten Konzept einer Person der aktuelle Verlust einnimmt, auf dem Hintergrund welcher Art von Versagens- und Minderwertigkeitsgefühlen er eintritt und eingeordnet wird. Dann sollte durch Ermutigung durch den Therapeuten daran gearbeitet werden, daß der Verlust nicht als Bestätigung bisheriger Mißerfolge interpretiert wird und die Lebensleitlinie von der Betrachtung der eigenen Person weg auf soziales Engagement hin korrigiert wird. Für die Ermittlung der bisherigen Lebensleitlinie sind frühere Erlebnisse, insbesondere die erste Erinnerung, aber auch Träume von Nutzen. In der Therapie sollte auch darauf geachtet werden, daß sich gelegentlich in die Trauer neurotische Arrangements einschleichen, die aus dem Erlebten in Form von Bedauertwerden, Sich-von-Aufgaben-Zurückziehen, Andere-mit-der-eigenen-Notsituation-für-sich-Einsetzen unbewußt Vorteil ziehen, etwa zur Machtausübung.

## Analytische Psychotherapie

Die analytische Therapie C. G. Jungs (1875–1961) weicht theoretisch von der Freudschen Psychoanalyse darin ab, daß die Libido allgemein als Energiequelle gesehen wird und nicht überwiegend als sexuelle, wobei man darüber streiten kann, ob Freud selbst diese Position je so ausschließlich vertreten hat. Neben dem individuellen Unbewußten konzipiert Jung das kollektive, in dem sich in Urbildern, sogenannten Archetypen, menschheitsgeschichtliche Erfahrungen niedergeschlagen haben. Der Traum ist für Jung Ausdruck künftiger Entwicklungsmöglichkeiten und nicht eines Kompromisses zwischen Ich und Es. Traumdeutungen finden auf der Objekt- und der Subjektstufe statt (Schmidbauer 1997). Auf der Objektstufe sind Objekte die Objekte der Realität, auf der Subjektstufe Repräsentationen der inneren Situation des Klienten. So ist etwa der Polizist auf der Objektstufe der vom Klienten verinnerlichte strenge Vater, auf der Subjektstufe das eigene strenge Gewissen des Klienten. Im Laufe der Therapie tritt die Vergangenheit in den Hintergrund, der aktuelle Konflikt und die prospektive Tendenz schieben sich in den Vordergrund.

Weit weniger abstinent als bei Freudianern beteiligt der Jungianische Analytiker sich selbst mit Einfällen zu analytischen Themen, vor allem mit auf Archetypen hindeutendem mythischem, religiösem und ethnologischem Wissen. So trägt er zur Anreicherung (Amplifikation) des vom Klienten erzählten Materials bei. Ziel der Therapie ist die Individuation, die man als Finden des eigentlichen Selbst, als Wachstum und Selbstverwirklichung unabhängig von Rollen, bezeichnen könnte. Sie erfolgt in der Auseinandersetzung mit unbewußten Bildern, etwa mit dem Schatten (persönliches Unbewußtes), mit animus und anima (Bild von Mann und Frau).

Die Nutzung der Jungschen Vorstellungen für die *Trauerarbeit* bedeutet, den Tod nicht als individuelles Schicksal, sondern eingebettet in die Menschheitsentwicklung, als Teil des Menschseins, zu sehen. Das bedeutet auch, daß Klient und Therapeut Zeugnisse der Literatur, aus Mythen und Vorstellungen aus Religionen heranziehen, um den individuellen Tod religiös-philosophisch einzuordnen. Die schmerzhafte individuelle Erfahrung ist eher Ausgangspunkt für Reifung und weitere Selbstentfaltung als in anderen Therapien. In der Auseinandersetzung mit dem Toten spielen mehr das Bild von ihm und das Bild vom gegengeschlechtigen Partner generell als seine reale Person eine Rolle.

## Neoanalyse

Die Neoanalyse ist durch eine deutliche Betonung der gegenwärtigen Situation des Klienten und die Beachtung der Auswirkung gesellschaftlicher Rahmenbedingungen gekennzeichnet. Der profilierteste deutsche Vertreter, Harald Schultz-Hencke (1893–1953), definiert eine Reihe von Kinderwünschen, deren Hemmung (Verdrängung) zu Lücken im Antriebserleben einerseits und zu Riesenansprüchen andererseits führt. Die gehemmten Antriebe tauchen jedoch stark entstellt als »Antriebssprengstück« im Symptom wieder auf.

So könnte etwa eine Ehefrau, die ständig auf ihre eigenen Interessen verzichtet, die eigenen Berufswünsche nicht weiterverfolgt und nur noch Kontakt mit den Bekannten ihres Mannes pflegt, ihre unterdrückte Aggression und ihr unterdrücktes Geltungsbedürfnis dadurch ausleben, daß sie sich soviele teure Möbel und Kleider wünscht, daß er dem nur mit Schwierigkeiten nachkommen kann.

Die Aufdeckung und Bearbeitung der Lücken durch vom Therapeuten eingebrachte Beispiele und das erneute Erleben des gehemmten Antriebs (Motivs) sind Kernstücke dieser neoanalytischen Therapie. Schultz-Hencke unterscheidet hinsichtlich der Entstehung von Neurosen verschiedene einer Hemmung unterliegende Antriebe (in der Reihenfolge des Auftretens in der kindlichen Entwicklung):

- intentionale Antriebe, die die Zuwendung zur Welt betreffen und bei Hemmung zu Konzentrationsschwierigkeiten, Rückzug, Autismus, Kontaktangst und Kontaktarmut führen;
- kaptative Antriebe, die die Fähigkeit betreffen, sich etwas zu nehmen, etwas zu verlangen, Wünsche zu verspüren; Hemmung entspräche demnach einem depressiven Zustand;
- retentive Antriebe, also die Fähigkeit, etwas zurückzuhalten, etwas zu verweigern. Hemmung entspräche demnach extremer Gefügigkeit;
- aggressiv-geltungsstrebiges Antriebserleben, die Fähigkeit, an etwas oder jemanden herangehen zu können und von sich und seinen Leistungen etwas zu halten. Hemmung entspräche geringer Aktivität und einem Minderwertigkeitsgefühl;
- sexuell-zärtliches Antriebserleben betrifft die Zuneigung zum anderen Geschlecht. Hemmung entspräche sexuellen Ängsten, Impotenz, generell Angst vor dem anderen Geschlecht.

Schultz-Hencke hat noch ein urethrales Antriebserleben konzipiert, das sich aus kindlichen Urinierwettbewerben ergeben soll, so etwas wie sexuellen Ehrgeiz widerspiegelt und zwischen dem viert- und dem fünftgenannten Antrieb liegt. Wegen der Nähe zu diesen beiden Antrieben halten jedoch viele Autoren diese Konzeption für überflüssig.

Um die Vorstellungen an einem Beispiel deutlich zu machen: ein kaptativ gehemmtes Kind steht zur Weihnachtszeit vor einem prall gefüllten Schaufenster. Von der Mutter gefragt, was es sich wünsche, fällt ihm nichts ein (Lücke). Gleichzeitig erwartet es jedoch unbewußt, für seine Bescheidenheit reich belohnt zu werden, etwa nicht nur einen Wunsch, sondern gleich ganz viele erfüllt zu bekommen (Riesenanspruch).

In der *Trauertherapie* legt die Neoanalyse nahe, sich auf die gegenwärtige Trauersituation zu konzentrieren. Zu suchen ist nach den Motiven, für die der Verstorbene besonders von Bedeutung war und deren Hemmung durch seinen Tod vorübergehend notwendig geworden ist. Es geht aber auch um die Lücken, die im Leben einer Person generell und damit auch in der (verlorenen) Beziehung eine Rolle spielen. Zu vermuten ist, daß die Motive, deren Frustration besondere Trauer auslöst, solche sind, die für den Trauernden generell eher tabuisiert sind. Die Aufdeckung der hemmenden Situationen, von Situationen, in denen mehr als nötig verzichtet wird, des Zusammenhangs zwischen Hemmung und Symptomen und die Schilderung eigener oder fremder Erlebnisse, die die Hemmung lockern sollen, sind hier hilfreich. Auch das bloße Ansprechen der Möglichkeit, in einer bestimmten Situation beispielsweise zu widersprechen, kann das gehemmte Motiv schon ein Stück ins Bewußtsein zurückholen und bewirken, daß es in zukünftigen Situationen wenigstens erlebt wird, im Bewußtsein auftaucht.

Kl.: Seitdem meine Frau gestorben ist, habe ich zu nichts mehr Lust. Ich habe kein Interesse mehr an anderen Leuten, schon gar nicht an Frauen. Meistens sitze ich zu Hause und grüble. Eigentlich denke ich manchmal, das Beste wäre, ich wäre auch tot.

Th.: Sie haben an gar nichts Interesse?

Kl.: An gar nichts?

Th.: Und da ist niemand, der Sie interessiert, auch niemand, der an Ihnen Interesse hätte?

Kl.: Nun, neulich einmal beim Einkaufen, da stand eine Frau an der Kasse vor mir. Sie hatte mich zum ersten Mal gesehen und sprach mich an. Ich hatte das Gefühl, die war auch alleine. Aber so wie mit meiner Frau würde das ja sowieso nicht mehr werden.

Th.: Mit ihrer Frau war das sehr harmonisch und alles ohne Probleme?

Kl.: Na ja, so ganz nicht. Da waren schon manchmal Differenzen. Wenn ich ... Nun vielleicht stelle ich mir die Vergangenheit einfach zu ideal vor und traue mich deshalb nicht mehr, mich auf etwas Neues einzulassen. Vielleicht müßte ich einfach riskieren, mich wieder auf Auseinandersetzungen mit jemandem einzulassen, nicht von vornherein einen Idealzustand zu erwarten. Ja ich glaube, das ist es, ich möchte all die Schwierigkeiten und Anpassungsprozesse einfach überspringen, die man braucht, um zusammenzuwachsen.

Hier werden Lücke (kaptative und aggressive Gehemmtheit) und übermäßiger Anspruch gleichzeitig deutlich.

## Transaktionsanalyse

Der Begründer der Transaktionsanalyse, Eric Berne, wurde als Eric Lennard Bernstein 1910 in Montreal geboren. Er durchlief eine Ausbildung zum Chirurgen und dann zum Psychiater und arbeitete als Psychiater zunächst in einer Klinik in New York, dann beim Heer und schließlich in freier Praxis. Die Ablehnung seiner Mitgliedschaft in der Psychoanalytischen Vereinigung führte ihn zur eigenständigen theoretischen Entwicklung der Transaktionsanalyse. Berne starb 1970.

Die Transaktionsanalyse stellt nicht den Menschen als Einzelwesen, sondern Interaktionen in den Mittelpunkt der Betrachtung. Da dabei wie im Geschäftsleben etwas ausgetauscht wird, wenn auch nicht Sachwerte und Geld, sondern Gefühle, spricht Berne von Transaktionen. Er nutzt zunächst das Freudsche Strukturmodell der Psyche (Über-Ich, Ich, Es). Jeder Mensch befindet sich zu jeder Zeit auf einem von drei Ich-Zuständen, dem Eltern-Ich, dem Erwachsenen-Ich oder dem Kindheits-Ich. Das Eltern-Ich bilden die Verhaltensweisen, Reaktionen und Einstellungen, die von den Eltern übernommen wurden. Es sind die Gefühle, Gebärden, Vorurteile, Weltansichten, Sprichwörter und Slogans, die die Eltern in den entsprechenden Situationen genauso gebrauchen würden. Mit ihnen befindet sich eine Person in ihrem Eltern-Ich. Die entsprechenden Einstellungen können wohlwollend oder auch strafend sein.

Das Kindheits-Ich enthält die spontanen, unkontrollierten Gefühle, Wünsche und Verhaltensweisen. Wir verhalten uns dann so, wie wir es als Kind ganz spontan getan hätten. Es ist ein Zustand wacher Bewußtheit, Spontaneität und Intimität. Das reaktive Kindheits-Ich gliedert sich in das natürliche Kind (spontan, unbefangen, natürlich) und in das reaktive Kind, das bereits dem Einfluß der Umgebung ausgesetzt ist und auf diesen reagiert. Das reaktive Kindheits-Ich kann angepaßt oder rebellisch sein. Tiefe Gemütsbewegung, Ausgelassensein, Sich-an-eine-Situation-Verlieren und spontane Kreativität sind Ausdruck des natürlichen Kindes. Ein angepaßtes Kind würde jemandem nach dem Mund reden, ein rebellisches Kind mit dem Fuß aufstampfen.

Das Erwachsenen-Ich verwertet gemachte Erfahrungen, Einsichten und Wissen im Kontakt mit der Außenwelt, stellt Hypothesen auf, prüft sie und speichert die Resultate. Es ist die Informationssammelstelle, der Sitz von Zuverlässigkeit, Verantwortungsgefühl, Intelligenz und Aufmerksamkeit.

Wenn nun zwei Personen miteinander kommunizieren, so befinden sie sich jeweils in einem der drei Ich-Zustände. Fragt mich ein Student nach dem Seminar: wie spät ist es, und ich schaue auf meine Armbanduhr und reagiere, so befinden wir uns beide auf der Ebene des Erwachsenen-Ichs. Wenn ich mit einem Mitarbeiter zusammensitze und wir über den neuesten Computerausdrucken der Resultate eines Forschungsprojekts brüten, beide mit glühenden Augen, begeistert über eine gefundene Signifikanz und fiebernd vor Neugier, dann befinden wir uns beide in unserem Kindheits-Ich. Eine solche Transaktion nennt Berne (1973) eine symmetrische Paralleltransaktion. Beide senden und empfangen auf derselben Ebene (demselben Ich-Zustand). Sie könnten sich aber auch auf unterschiedlichen Ebenen befinden. Wenn dennoch während der Kommunikation immer jeder auf seiner Ebene bleibt, so haben wir eine asymmetrische Paralleltransaktion vor uns. Ziehen wir Verbindungsstriche zwischen den jeweiligen Ich-Zuständen der beiden Personen, dann erhalten wir vom einen Partner zum anderen und zurück parallele Striche, wenngleich nicht wie in den vorherigen Fällen horizontale Parallelen. Dies wäre etwa der Fall, wenn ein Ehemann betrunken nach Hause kommt, als angepaßtes Kind mit zum Boden gesenktem

Blick äußerst leise die Türe aufschließt, seine Frau als strafender Elternteil absichtlich aufgeblieben ist, um zu sehen, wie spät es diesmal wieder geworden ist. Er gibt schuldbewußt etwas von verspäteter U-Bahn von sich, worauf sie mit: »Das ist doch immer dasselbe mit dir« reagiert, was er beantwortet mit: »Sei doch bitte nicht böse, das kommt bestimmt nicht mehr vor.«

Überkreuztransaktionen sind solche, bei denen ein Partner von einer bestimmten Ich-Ebene aus eine bestimmte Ich-Ebene beim anderen Partner anspricht, dieser aber von einer anderen als der angepeilten Ebene aus antwortet, er sozusagen die (graphisch) gezogene Linie durchkreuzt. Angenommen, ich frage jemanden nach der Uhrzeit, befinde mich also auf der Erwachsenen-Ich-Ebene, und spreche diese bei ihm an. Er reagiert aber von einer (strafenden) Eltern-Ich-Ebene aus: »Können Sie sich eigentlich keine eigene Uhr leisten?«, dann hätten wir eine Überkreuztransaktion vor uns. Wenn zumindest einer der beiden Transaktionspartner, vielleicht auch beide, sich auf zwei Ebenen gleichzeitig befinden, dann spricht man von einer Duplextransaktion.

Sagt jemand zu seiner Frau: »Nebenan ist eine sehr nette Nachbarin eingezogen«, so handelt es sich scheinbar um eine Mitteilung seines Erwachsenen-Ichs an das seiner Frau. Tatsächlich hat er jedoch vor, sie zu ärgern und zu mehr Aufmerksamkeit für ihn zu bewegen, spricht also von seinem strafenden Eltern-Ich aus ihr rebellisches Kindheits-Ich an.

Stehen ein Mann und eine Frau, die sich vor kurzem kennengelernt haben, abends vor der Wohnungstür der Frau und sie fragt ihn, ob er noch auf einen Kaffee mit hereinkommen will, so werden sich trotz des scheinbar beiderseits angesprochenen Erwachsenen-Ichs wahrscheinlich beide darüber im klaren sein, daß es wohl kaum um ein Getränk gehen wird, also wohl eher die lustvolle Ebene des beiderseitigen Kindheits-Ichs angesprochen sein wird. Den zweiten Fall würde Schlegel (1988) als vollständige, den ersten Fall, je nachdem, ob die Frau auf die Provokation eingeht oder nicht, als vollständige oder unvollständige Duplextransaktion bezeichnen.

Ein wesentlicher Bestandteil der Theorie sind frühkindliche Botschaften. Eltern geben sie den Kindern mit auf den Lebensweg

– nicht nur als verbale Äußerungen über das Leben, andere Menschen, den Sinn der Arbeit, die Liebe. Sie übermitteln sie auch in Mimik und Gestik, über ihr eigenes Verhalten, über Sprichwörter, die Märchen, die sie ihren Kindern erzählen, über Erwartungen und Ängste. Berne sagt, Kinder erleben die Welt marsisch, so wie jemand, der vom Mars kommt. Sie nehmen alle Äußerungen der Eltern wortwörtlich und als Aufforderungen.

Sagt etwa die Mutter zu ihrem Sohn, er sei mathematisch so begabt wie der Großvater, dann wird er dies für die Realität halten, in diesem Bereich Spaß haben, mit jeder guten Leistung die Äußerung der Mutter für bestätigt halten und das Gefühl haben, als ob sie glücklich lächelnd sagt: »ganz der Großvater«, auch wenn die Mutter längst gestorben ist. Im negativen Fall trifft dies ebenso zu: Sagt der Vater seinem Sohn etwa, aus ihm werde nie etwas Vernünftiges werden, er lande sicher noch einmal in der Gosse, an ein bestandenes Abitur sei sowieso nicht zu denken, dann wird der Sohn auch dies für die Realität halten, alle Erfahrungen, die in diese Richtung gehen, als Bestätigung des Vaters annehmen, alle gegenteiligen Erfahrungen einfach ignorieren oder für Zufall halten. Mehr noch: er wird die Äußerungen des Vaters für dessen Wunsch halten. So kommt er zu dem Schluß, daß er seinem Vater keinen größeren Gefallen tun kann, die Liebe des Vaters nicht vollkommener erringen kann, als ihm diesen Wunsch zu erfüllen. Dabei mag er das Richtige erahnen. Hinter den Äußerungen des Vaters könnte unbewußt der Wunsch stehen, den Sohn klein zu halten und sich als der Stärkere zu erweisen. Wir alle sind bemüht, die Botschaften unserer Eltern zu verwirklichen, fühlen uns in solchen Augenblicken ihnen besonders nah. Bei unterschiedlichen Informationen der Eltern und auch noch weiterer Bezugspersonen erhöht sich die Möglichkeit des Kindes, sich eher an den einen oder an den anderen und seine Botschaften anzulehnen.

Die Botschaften verdichten sich zum *Skript*, dem unbewußten Lebensplan, dem Drehbuch des Lebens. Es enthält alle Vorstellungen einer Person, darüber, wie ihr Leben verlaufen wird. Darin finden sich Informationen, was für eine Person und wann jemand heiraten wird, welchen Beruf er ergreifen wird, welchen Erfolg er haben wird, wie viele Kinder er bekommen wird, ebenso wie Informationen über Krankheiten bis hin zur Art und den Umständen seines Todes, ob er etwa allein sterben wird oder umgeben von seinen Liebsten. Das Skript ist ungefähr mit dem sechsten Lebensjahr festgelegt und kann nur durch drastische Einwirkungen verändert werden, da neue Erfahrungen dem Selektionsprinzip unterliegen: Passen sie ins Skript, bestätigen sie es, passen sie nicht, werden sie nicht wahrgenommen oder uminterpretiert.

Wege, das Skript zur Realität werden zu lassen, sind die Steuerung des eigenen Verhaltens und des Verhaltens der sozialen Umgebung durch die eigenen Erwartungen, wie sie Rosenthal und Jacobson (1971) an der Auswirkung der Lehrererwartungen auf die Schülerleistungen nachgewiesen haben, oder die Wahl der Kommunikationspartner.

Teile des Skripts sind Gewinner-, Verlierer- und Nichtgewinnerskripte. Der Gewinner geht im großen und ganzen von einem positiven Ergebnis seiner Handlungen und Pläne aus. Der Verlierer hängt Illusionen nach, ist entmutigt, ist angepaßt oder rebelliert prinzipiell. Der Nichtgewinner ist jemand, der schon damit zufrieden ist, nicht zu verlieren. Zum Skript gehören ferner die Grundeinstellungen: ich bin okay, du bist okay; ich bin okay, du bist nicht okay; ich bin nicht okay, du bist okay; ich bin nicht okay, du bist nicht okay. Lieblingsgefühle (auch als Gefühlsmaschen bezeichnet) sind solche, die von Kindheit an vertraut sind, die in der Ursprungsfamilie erlaubt und gern gesehen waren, im Gegensatz zu verbotenen Gefühlen. So kann etwa in einer Familie ein Kind die Aufmerksamkeit und den Trost seiner Eltern ganz auf sich ziehen, wenn es traurig ist, wenn es aber wütend ist, ziehen sich alle zurück. In einer anderen Familie kann ein Kind unendliche Diskussionen und intensive Beschäftigung mit ihm auslösen, wenn es verärgert oder gekränkt ist, wenn es aber depressiv ist, nimmt dies kaum jemand zur Kenntnis. Dann wäre Traurigsein das verbotene, Gekränktsein das erlaubte oder Lieblingsgefühl. Die Lieblingsgefühle werden gerne herbeigeführt oder in unklar definierten Situationen aufgesucht. Manche Personen gehen mit Angst in eine Prüfung oder zum Rendezvous, andere nahezu mit Freude, trotz vergleichsweise ähnlicher Situation. Lieblingsgefühle sind jeweils die, die schon früh erlaubt wurden und die Zustimmung der Eltern auslösten.

Ein weiterer Bestandteil des Skripts sind *Spiele*. Darunter versteht Berne (1967) trickreiche Beziehungsmuster und Interaktionen, die auf einen bestimmten Gefühlszustand bei sich selbst und beim anderen angelegt sind, der jedoch offiziell nicht vereinbart ist. Am deutlichsten wird auch dies an einigen Beispielen.

Jemand hat ein Handicap, ist etwa behindert, Ausländer, rothaarig oder arbeitslos. Er führt nun alle Schicksalsschläge darauf zurück. Er kann Schwierigkeiten mit anderen Personen haben, weil er ihre Interessen zu wenig berücksichtigt, er kann in der Prüfung versagen, weil er zu wenig gelernt hat. Er wird all dies nicht als seine Schuld ansehen und an seinem Verhalten etwas ändern müssen, er kann sich trotz aller Erfahrungen für perfekt halten, wenn alles nur mit seinem Handicap zu tun hat. Berne nennt dieses Spiel »Holzbein«.

Oder eine sehr gehemmte junge Frau heiratet einen eifersüchtigen Mann. Er verbietet ihr nahezu jeden Kontakt. So kann sie das Gefühl haben, sie sei eigentlich gar nicht übermäßig schüchtern und gehemmt, sie könnte das Leben genießen, tanzen gehen, Kontakte pflegen, wenn nur er nicht wäre. Ihr Vorteil ist, daß sie sich mit den von ihr empfundenen Gefahren des Lebens nicht auseinandersetzen muß, aber sich dank seiner Eigenart nicht als Versagerin zu fühlen braucht. Gleichzeitig könnte sie sich bei ihm geborgen, sich besonders wertvoll fühlen, sonst würde er ja kaum so auf sie aufpassen. Er wiederum kann sich als alleiniger Mittelpunkt seiner Frau sehen. Wenn er gelernt hat, Kontakt überwiegend in Form von Beschimpfungen zu erfahren, kann er dies sogar als Zuwendung erleben und sich fühlen wie damals als Kind. Berne nennt das Spiel auf die Frau bezogen: »Wenn du nicht wärst.«

In der Therapie spielen die Skript- und Spielanalyse eine wesentliche Rolle. Gegen Botschaften der Kindheit setzt der Therapeut neue Botschaften, macht auf ignorierte oder unterbewertete positive und auf Überbewertungen negativer Erfahrungen aufmerksam sowie auf die Mechanismen, durch die negative Gefühle herbeigeführt werden und den Gewinn der dabei erzielt wird (z. B. Heimatgefühl). Im Laufe der Therapie gerät der Klient an den Punkt, an dem er früher entschieden hatte, sein Leben in eine ganz bestimmte, damals vielleicht sinnvolle, heute jedoch sicher ungünstige Richtung zu lenken, eine Entscheidung, die später unbewußt wurde und in der Therapie wieder deutlich werden kann. An diesem Punkt kann der Klient eine bewußte Neuentscheidung herbeiführen. Die Überprüfung frühkindlicher Gebote und Verbote für bestimmte Gefühle und Wünsche kann zuweilen noch nicht für eine Änderung ausreichen, in diesen Fällen kann der Therapeut sich in die Elternposition begeben und ganz bestimmte Erlaubnisse erteilen. In der offenen Verfassung des Klienten in der Therapie kann dies außerordentlich wirkungsvoll sein. So könnte etwa der Therapeut einem Klienten, der als Botschaft seiner Mutter auf den Weg mitbekam, daß er kein Glück mit Frauen haben werde und seine Ehe entsprechend gestaltete, nachdrücklich sagen: »Ich erlaube dir heute, daß du jetzt und in Zukunft mit deiner Frau glücklich bist.«

Die Transaktionsanalyse bietet eine Reihe von Anwendungsmöglichkeiten auf *Verlustsituationen.* Zunächst kann es sich anbieten, das Erwachsenen-Ich zu stärken und Eintrübungen (Realitätsverwirrungen) zu verhindern, die in Verlustsituationen häufig sind. Wenn etwa eine Klientin berichtet, daß nach dem Tod ihres Mannes sich alle Leute von ihr zurückziehen, ihr Realitätsempfinden des Erwachsenen-Ichs von Verboten und Strafimpulsen des Eltern-Ichs getrübt ist, dann bietet es sich an, dies genau zu kontrollieren.

Th.: Woran haben sie das festgestellt?

Kl.: Ja, da fällt mir jetzt zumindest ein Ehepaar ein, mit dem wir bisher befreundet waren. Ich habe immer das Gefühl, wenn ich jetzt auftauche, sind die sehr reserviert und von sich aus rühren die sich sowieso nicht mehr. Als mein Mann noch lebte, da waren wir jede Woche mehrmals zusammen.

Th.: Haben Sie eine Idee, woran das liegen könnte. So wie Sie das schildern, ist das nicht ihre Phantasie, sondern Realität.

Kl.: Besonders die Frau reagiert immer komisch. Manchmal habe ich das Gefühl, sie denkt, jetzt, wo ich keinen Mann mehr habe, könnte ich vielleicht an ihrem Mann interessiert sein.

Th.: Das ist gar nicht so selten, daß solche Befürchtungen in dieser Situation auftauchen. Es ist auch nicht so selten, daß sich tatsächlich neue Beziehungen ergeben.

Kl.: Nein, ich will ihrem Mann gar nichts, ich möchte nur nicht so allein sein. Ich brauche sie beide und ich möchte die Freundschaft fortsetzen. Ich würde nie etwas tun, was ihr weh tut. Ich will mit ihr und ihrem Mann nur so befreundet sein wie früher auch.

Th.: Vielleicht sollten sie das einmal mit ihrer Freundin klären und wenn es sich anbietet, auch mit ihrem Mann.

In diesem Gespräch versucht der Therapeut, die Angst vor dem Verlust der Kontrolle zu mildern und das Erwachsenen-Ich unter Hinweis auf seine Fähigkeiten und originären Aufgaben der Realitätsprüfung zu stärken.

Die Neuentscheidungstheorie bietet die Möglichkeit, Klienten an den Punkt ungünstiger Entscheidungen heranzuführen und bewußt eine neue Entscheidung vorzunehmen. Dies ist hier der Zeitpunkt des Todes eines nahen Angehörigen. Die dabei getroffenen Entscheidungen und Gefühle werden wiederum Vorläufer bis in die frühe Kindheit haben. Diese sind aufzuspüren, um Korrekturen und neue Entscheidungen etwa in Richtung auf ein Weiterleben ohne den Verlorenen, auf das Eingehen einer neuen Partnerschaft ohne eine Kopie der alten anzustreben, auf ein inneres Abschließen und Umformen der alten Beziehung zu ermöglichen. Die Erlaubnis des Therapeuten kann dabei hilfreich eingesetzt werden. Im wesentlichen geht es darum, daß die früher getroffenen Entscheidungen, etwa nie wieder zu heiraten, als in der damaligen Situation angemessen und sinnvoll anzusehen sind, daß sie aber seither beibehalten wurden, obwohl sich die Situation verändert hat, Handlungsspielräume größer geworden sind und Situationen aktiv verändert werden können. Insbesondere bei deutlich verlängerter Trauer bieten sich die genannten therapeutischen Vorgehensweisen an.

Die Überprüfung des Skripts durch Bewußtmachen ist ein zentrales Thema in der transaktionsanalytischen Therapie und gibt dem Klienten die Möglichkeit zur Veränderung in die Hand. Die konstituierenden Botschaften werden durch Erinnerungen, nochmaliges Durcherleben von besonders eindrucksvollen Kindheitssituationen, Erkennen besonders häufiger Redewendungen oder charakteristischer Verhaltensweisen der Eltern festgestellt. Bei Trauernden sind alle Botschaften der Eltern, die Tod und Trauer betreffen, der eigene Umgang der Eltern mit Trauersituationen, eventuell sogar die Verhaltensweisen der Großeltern bevorzugt zu eruieren. Vor diesem Hintergrund kann dann die aktuelle Trauersituation bearbeitet werden. Dies bietet die Möglichkeit, im Falle chronischer oder pathologischer Trauer das Ausmaß und die Dauer auf das spontan erforderliche Maß zu reduzieren und familial tradierte Verzerrungen zu korrigieren. So wird jemand, der als Kind mit der Botschaft beider Eltern aufwuchs, das Leben sei ein einziges Jammertal, den Tod des eigenen Kindes als massivste Bestätigung seiner Eltern erleben. Er wird Schwierigkeiten haben, selbst nach längerer Trauer, sich wieder über seine anderen Kinder zu freuen und nicht in Resignation auf den eigenen Tod zu verharren. Jemand anderes mit der Vorstellung, daß es im Leben immer wieder Täler gibt, diese aber nur vorübergehender Natur sind und nach der Nacht auch wieder die Sonne scheinen wird, wird in derselben Situation nach längerer Trauerphase entdecken, wieviel ihm noch geblieben ist und wie schön es ist, daß er wenigstens das noch hat.

Kl.: Seit dem Selbstmord meines Vaters habe ich keinen Kontakt mehr zu meiner Mutter. Es ist, als ob ich ihr das übel nehmen würde. Er hatte sich immer eingebildet, sie betrüge ihn, lasse sich bei jeder Gelegenheit mit anderen Männern ein.

Th.: Sie haben das Gefühl, daß er recht hatte?

Kl.: Nein, das nicht. Aber es ist, als ob er mit seinem Tod das so fest bestätigt hätte. Wenn jemand sich deswegen umbringt, dann muß es doch stimmen. Manchmal habe ich auch das Gefühl, ich müßte ihn rächen.

Th.: Könnte das etwas sein, was ihr Vater von Ihnen verlangen würde?

Kl.: Nun, er war sein ganzes Leben so hilflos, konnte sich nie zur Wehr setzten. Er hätte jemanden gebraucht, der ihm zur Seite steht. Wenn er früher immer spazierengehen wollte nach der Arbeit und Mutter nicht mitging, dann wollte er immer, daß ich mitgehe. Auch sonst, wenn er mit Mutter Streit hatte, machte er immer ironische Bemerkungen zu mir über sie. Ich glaube, er wollte auch nicht, daß ich mit Mutter allzu guten Kontakt hatte. Er kam selbst nicht mit ihr zurecht und hatte Angst davor, daß jemand anderes mit ihr besser klarkommt.

Th.: Dann tun Sie ihm jetzt sozusagen einen letzten Gefallen, indem Sie den Kontakt zur Mutter abgebrochen haben.

Kl.: Nicht nur die Mutter, ich habe das Gefühl, als ob ich seitdem auch mit meiner Frau mehr streite als früher.

Th.: Es ist, als hätte er Ihnen gesagt, daß Sie sich von allen Frauen fernhalten sollen, weil die einen sowieso nur betrügen.

Kl.: Ja, das hat er wohl immer so gedacht.

Th.: Gesagt auch?

Kl.: Nein, das habe ich nie so erlebt, aber in bezug auf die Mutter immer und ich muß das wohl schon als Kind so verallgemeinert haben. Ich erinnere mich, da war ich vielleicht vier Jahre und es kam ein mir nicht bekannter Mann zu uns. Mutter ging mit ihm ins Büro des Vaters, der gerade nicht da war, ich durfte nicht mit. Ich hatte damals vermutet, das weiß ich noch wie heute, daß die da etwas miteinander haben.

Th.: Und wie sehen Sie das heute?

Kl.: Ich habe viel später erfahren, daß es meinem Vater beruflich schlecht ging, der Mann war von einer Zeitungsagentur, weil meine Eltern eine Annonce für eine neue Stelle für ihn aufgeben wollten.

Th.: Ihr Vater hat Ihnen mit auf den Weg gegeben: Mißtraue allen Frauen, sie gehen mit jedem ins Bett, der zur Verfügung steht. Ihr Beispiel zeigt, er hatte nicht recht. Vielleicht sollten Sie sich jetzt von ihm und dieser Botschaft verabschieden. Sie müssen nicht ihm zuliebe seine Probleme für ihn austragen, egal wie lieb Sie ihn auch hatten und noch haben. Sie dürfen mit Ihrer Mutter zurecht kommen und sie lieben. Und Sie müssen nicht dem Vater zuliebe auch Ihre Ehe belasten. Das ist keine günstige Botschaft. Ihr Vater hat Ihnen eine Menge Erfreuliches mitgegeben, allem voran Ihr Leben, aber er hat kein Recht, von Ihnen zu verlangen, daß Sie Frauen gegenüber so mißtrauisch sind und auf soviel Spaß mit ihnen verzichten, wie er das getan hat.

Kl.: Ja, aber das sitzt so in mir drin, ich weiß nicht recht, wie ich das loswerden soll.

Th.: Hören Sie mir jetzt gut zu: Ich erlaube Ihnen, Ihre Mutter zu mögen. Ich erlaube Ihnen, Ihrer Mutter und Ihrer Frau zu vertrauen. Sie wissen genau, daß Ihr Vater sich um viele schöne Erlebnisse mit seinem Mißtrauen gebracht hat. Sie dürfen heute davon Abstand nehmen. Diesen Teil von ihm sollten sie wirklich endgültig beerdigen. Ihr Vater mag Ihnen gesagt haben, Sie müssen mißtrauen. Ich sage Ihnen: Vertrauen Sie anderen Leuten!

Unter äußerem Druck zustande gekommene Brüche im Lebenslauf oder Deformierungen früherer Wünsche werden durch Erinnerung an spontane Kindheitsreaktionen und -interessen deutlich. Sie bieten die Möglichkeit, an den Punkten der Unterbrechung wieder anzusetzen.

Die noch zu besprechende »transitional familiy therapy« (Übergangstherapie) erstellt Landkarten von familialen Entwicklungen und den jeweiligen Übergängen zwischen Lebensabschnitten basierend auf der Skriptanalyse unter besonderer Betonung des Mehrgenerationenaspekts.

Die Aufdeckung der Lieblingsgefühle bietet ebenso wie die Analyse von »Spielen« die Möglichkeit, verhängnisvolle Fallen und Erwartungen zu korrigieren, die im Fall der Trauer in der Regel in Richtung auf Verlassenwerden, Ausgenutztsein, Traurigsein gehen.

Kl.: Seit kurzem habe ich eine neue Freundin, aber ich habe dauernd Angst, daß sie mich so verläßt wie Renate.
Th.: Was ist das für ein Gefühl?
Kl.: So als ob mich keiner leiden kann. Als ob ich etwas an mir hätte, so wie die Pest.
Th.: Woher kennen Sie das Gefühl noch?
Kl.: Schon früher, wenn Kinder zusammen spielten, war ich immer ausgeschlossen. Ich stand immer abseits und keiner sagte, daß ich mitspielen sollte.
Th.: Und gefragt haben Sie nicht?
Kl.: Das hätte ich mich nie getraut. Ich war mir auch immer sicher, daß die nein gesagt hätten.
Th.: Wie haben ihre Eltern darauf reagiert?. Hatten die Ihnen gesagt, daß Sie nicht mitspielen sollen oder daß man sie nicht leiden kann?
Kl.: Nein, eigentlich nicht, aber meine Mutter kam dann immer mit einer Tafel Schokolade.
Th.: So war das Gefühl, allein zu sein, etwas, das erlaubt war, für das Sie sogar noch etwas bekamen. Wenn Sie mitgespielt hätten, hätten Sie nichts bekommen.
Kl.: So habe ich das noch nicht gesehen.

## Katathymes Bilderleben

Das Verfahren, auch katathym imaginative Psychotherapie genannt, wurde von Hanscarl Leuner (1919–1996) entwickelt und ist eine tiefenpsychologische Tagtraumtechnik, die an gefühlsmäßig gesteuerten, unbewußten innerlichen Bildern arbeitet. Es hat Ähnlichkeit mit Phantasiereisen. Der Therapeut gibt dem auf einer Couch liegenden Klienten Bilder zur Anregung vor, die je nach Intensität der ausgelösten Angst und Grad der Verdrängung der damit zusammenhängenden Motive in drei Stufen (Unter-, Mittel- und Oberstufe) eingeteilt werden. Beispiele für Unterstufenthemen sind eine Wiese oder ein Bach, für ein Oberstufenthema Sumpfloch oder Vulkan. Der Klient schildert und beschreibt diese

Bilder in tief entspanntem Zustand. Der Therapeut begleitet dabei, leistet an ängstigenden Punkten Hilfestellung (z. B. »Können Sie sich etwas vorstellen, das Ihnen in dieser Situation aus der Grube helfen könnte?«), animiert manchmal zu weiteren Erkundungen (z. B. über den Zaun der Wiese zu steigen), gibt thematische Anregungen oder bremst auch einmal an Stellen, die in einer Stunde noch schwer zu verarbeiten sein könnten. Das Vorgehen, auch eventuelle Interpretationen, erfolgt auf der Basis tiefenpsychologischer Theorien und erfordert vom Therapeuten eine subtile Kenntnis im Umgang mit Bildern und Symbolen. Die entstandenen Bilder werden anschließend im Gespräch auf ihre symbolische Bedeutung hin untersucht. So sollen frühkindliche Erfahrungen wiedererlebt werden und durch Korrekturen an den Emotionen, die in der Imagination und den tagtraumartigen Bildern eine Rolle spielen, Auswirkungen auf gegenwärtige Konfliktkonstellationen erreicht werden.

Das Verfahren dient dazu, unbewußt und symbolisch die Phantasie in Bereiche vorzutragen, die in der Realität viel zu bedrohlich wirken würden. So werden Hemmungen gelockert, neue Verhaltensweisen und Gefühle erprobt und Handlungsspielräume erweitert.

*Anwendung auf Trauer:* Bei Trauernden können der Focus Trauer und das Thema Beziehung zur verlorenen Person genutzt werden, um in geschützter Atmosphäre sich mit dem Erlebten auseinanderzusetzen. Vorzugebende Bilder wären etwa zu Beginn: erste Begegnung, Heirat, gemeinsamer Urlaub; in der mittleren Behandlungsphase: längere Trennung, eigene Krankheit, Krankheit des Verstorbenen, seine (ihre) Lieblingsblumen, sein Lieblingsanzug (ihr Lieblingskleid), im Ausland und in der Endphase: auf dem Sterbebett, die Beerdigung, allein an seinem Lieblingsplatz, Besuch auf dem Friedhof oder im Winter.

Beispiel für das Thema am Grab:

Kl.: Ich stehe am Grab. Ich fühle mich wie tot, so leer, ich habe keine Gefühle mehr.

Th.: Können Sie beschreiben, wie das Grab aussieht, wie die Umgebung ist?

Kl.: Es ist eine Gruft, eine riesige schwere Platte deckt die Graböffnung zu.

An der linken Wand ist ein Weihwasserbecken. Rechts und links sind andere Gräber.

Th.: Wohin schauen Sie?

Kl.: Nach links, da ist ein Grab mit frischen Blumen, Blumensträußen, vorne ist sehr viel Gras.

Th.: Was fühlen Sie? Was wollen Sie tun?

Kl.: Ich möchte zu dem anderen Grab gehen.

Th.: Tun Sie es!

Kl.: Ich weiß nicht, was mich da erwartet. Ich habe Angst, erschreckt zu werden, daß alles nicht so ist, wie es von Ferne aussieht.

Th.: Versuchen Sie es langsam. Wenn Sie etwas Unangenehmes entdecken, kommen Sie schnell zurück ... Geht es?

Kl.: Ja, ich bin schon ziemlich nahe. Ich kann die Grabtafel sehen, aber nicht lesen, was darauf steht. Sie ist von den Blumen ganz bedeckt. Da sind auch Blumentöpfe. Es sind viel zu viele Blumen, sie verdecken ganz die Tafel.

Th.: Sollte man welche entfernen.

Kl.: Ja, aber nicht einfach wegtun. Am Grab meines Mannes sähen sie gut aus.

Th.: Versuchen Sie es.

Kl.: Ich traue mich nicht. Wenn mich jemand sieht.

Th.: Vielleicht können Sie fragen. Sehen Sie gar niemanden?

Kl.: Doch, da vorne ist eine alte Frau, sie sieht etwas verhärmt aus. Es ist scheinbar das Grab ihres Mannes.

Th.: Wie schaut sie Sie an? Können Sie es riskieren, sie zu fragen. Ich bleibe direkt hinter Ihnen.

Kl.: Gut, ich gehe zu ihr. Sie schaut mich so freundlich, aber traurig an. Ihr Mann ist schon länger tot. Sie ist schon ein bißchen drüber weg.

Th.: Fragen Sie sie!

Kl.: Sie nickt. Sie versteht, daß ich für meinen Mann etwas Gutes will und sie hat eh' viel zu viele Blumen.

Die Klientin geht von der trostlosen Situation des Grabes ihres Mannes zum Grab eines anderen, das etwas lebendiger aussieht, und der schon länger tot ist. Sie hat etwas Angst, ihre jetzige Situation zu verlassen. Diese Frau am anderen Grab könnte ebenfalls sie sein, aber so wie sie vielleicht demnächst sein wird, etwas weniger leer, ein bißchen aufgeschlossener für Lebendiges, etwas freundlicher zu Mitmenschen.

## Personzentrierte Gesprächspsychotherapie

Carl Ransom Rogers wurde 1902 in Oak Park (Illinois) geboren; er studierte Agrarwissenschaften, dann Theologie und schließlich Psychologie. Sein Ansatz ist von empirischer Psychologie (Watson), Existenzphilosophie (Kierkegaard und Buber), Gestaltpsychologie (Lewin), Psychoanalyse (Rank) und Reformpädagogik (Kilpatrick) beeinflußt. Er starb 1987.

Rogers nannte die vom ihm entwickelte Therapie ursprünglich non-direktiv in dem Sinne, daß der Therapeut keinen Einfluß auf den Klienten nehme. Als sich herausstellte, daß dies so in keiner Therapie durchgehalten werden kann, weil selbst minimale mimische, gestische und andere Signale des Therapeuten in jeder Therapie wirksam sind, nannte er seinen Ansatz klientenzentriert. Da mit dem Ausdruck »Klient« eine Hierarchie suggeriert wird, ging er zuletzt dazu über, von personzentrierter Therapie zu sprechen.

Ziel der Therapie ist die Förderung oder Änderung von psychischen Prozessen in die Richtung, die der Klient wünscht und die er als Verminderung seiner seelischen Beeinträchtigung empfindet.

Rogers nimmt an, daß sich jeder Mensch von sich aus in eine für ihn positive Richtung (Wachstum und Gesundheit) entwickelt, wenn ihm nur Gelegenheit dazu geboten wird, wenn er akzeptiert wird und andere bereit sind, ihn zu verstehen.

Einer der zentralen Begriffe in Rogers' Theorie ist das Selbst. Es bildet sich aus den spontanen Tendenzen des Organismus in Interaktion mit der Umwelt im Verlauf der Kindheit heraus, organisiert und strukturiert Erfahrungen oder negiert sie, wenn sie mit dem bisher entwickelten Selbst unverträglich sind. Rogers unterscheidet das Selbstkonzept (das Bild, das jemand von sich selbst hat) und das ideale Selbstbild (wie eine Person sein möchte). Bei neurotischen Menschen besteht eine deutliche Diskrepanz zwischen beiden Vorstellungen, die im Laufe der Therapie verringert werden soll. Jeder Organismus verfügt über eine Aktualisierungstendenz, die der Reifung und dem Wachstum dient.

Bestimmte Formen des therapeutischen Gesprächsverhaltens bewirken eine Verringerung psychischer Belastungen. Da der Klient in der Therapie sich selbst entfalten soll, bestimmt er die Themen, ebenso wie die Gesamtdauer der Behandlung.

Drei therapeutische Kernvariablen sind für den Erfolg der Therapie ausschlaggebend:

- Akzeptanz, Anteilnahme, emotionale Wärme bedeutet die bedingungslose Annahme des Klienten, eine tiefe Achtung für seine Person und seinen Weg, ungeachtet anderer Einstellungen und Lebensweise des Therapeuten. Meinungen, Werthaltungen, Einstellungen des Therapeuten, Ratschläge oder konkrete Hilfeleistungen des Therapeuten in der Therapie werden vermieden.
- Empathie, auch als Verbalisierung emotionaler Inhalte definiert, bedeutet, daß der Therapeut sich in den Klienten einfühlen und ihn verstehen soll.
- Echtheit (Selbstkongruenz) und Transparenz bedeuten, daß der Therapeut keine Äußerungen von sich gibt, zu denen er inhaltlich nicht voll steht. Äußerlich ist Selbstkongruenz an der Übereinstimmung zwischen Inhalt der Äußerung, Mimik, Gestik und eigenem Lebensstil des Therapeuten zu erkennen. Bei echtem Verhalten passen die Art, wie sich jemand der Welt präsentiert, und die zugrundeliegenden Gefühle und Gedanken auf einer tieferen Ebene zueinander.
- Weitere Therapeutenvariablen sind ein aktives, suchendes Bemühen und eine minimale Lenkung des Klienten.

Diese Variablen können in begrenztem Umfang durch eigene und fremde Kontrolle von Tonband-/Videoaufnahmen und Vergleich der eigenen Einschätzung mit der anderer trainiert werden. Effektiver ist, wie in allen auf das Erleben abzielenden Therapien, die Selbsterfahrung des Therapeuten, die am gründlichsten erworben wird, indem der Therapeut sich in eine entsprechende Therapie begibt.

Im Laufe der Therapie soll der Klient an Selbsteinsicht gewinnen, lernen sich selbst die Fragen zu stellen, die sonst der Therapeut stellen würde (Selbstexploration), frei von Konflikten zu werden, sich selbst zu verstehen und zu akzeptieren.

Die Effekte der Therapie sind durch Korrelationen von Einschätzungen der Therapeutenvariablen durch Beobachter mit Selbst- und Fremdeinschätzungen der Klienten bestätigt. Das Konzept der Empathie ist insofern problematisch, als in den Begriff sehr unterschiedliche Verhaltensweisen eingehen, die oft nicht korrelieren und geringe Konsistenz aufweisen (Hickson 1985).

*Anwendung auf Trauer:* Meine Mitarbeiter, Ralf Jerneizig und Ulrich Schubert, und ich haben das Modell der klientenzentrierten Therapie auf die Trauerbearbeitung übertragen (Jerneizig et al. 1994). Die Modifikationen sind jedoch nicht so gravierend, daß wir das sogenannte Essener Modell unter dem Abschnitt »Spezielle Trauertherapien« abhandeln sollten.

Vor allem ist eine Gesprächstherapie dann zu empfehlen, wenn die Gefühle noch sehr stark sind, wenn Beruhigung und Sicherheit notwendig sind.

Im einzelnen gehen wir wie folgt vor:

(a) Wie in der klientenzentrierten Therapie üblich wird dem Klienten mit unbedingter Wertschätzung, Echtheit (Kongruenz) und Empathie begegnet. Der Klient darf auch Gefühle äußern, die ihm belastend und peinlich erscheinen, etwa Aggressionen gegenüber dem Toten, gegen den Therapeuten, gegen die eigene Familie und dies in zeitlich und von der Intensität her unbegrenztem Umfang. Dies widerspricht den gewohnten Erwartungen der Umwelt an Trauernde völlig, die sich eigentlich nach einer zugebilligten begrenzten Zeit der Trauer wieder so verhalten sollen, als sei nichts passiert. Aggressionen gegen den Toten können aus dem Gefühl der Verlassenheit entstehen, aber auch in konkreten Gestaltungen der früheren Beziehung ihre Berechtigung haben. Aggressionen gegen den Therapeuten können darauf beruhen, daß er mit seinen Bemühungen ein Verdrängen der Trauer verhindert, aber auch daran, daß der Therapeut den ureigensten Wunsch des Trauernden nicht erfüllen kann und wird, den toten Partner wiederzubeschaffen. Die gesellschaftliche Forderung nach Abspaltung dieser Aggressionen hat Anteil am Zustandekommen problematischer Trauer und psychosomatischen Folgen. Sie wird in der klientenzentrierten Therapie aufgehoben und bisher verdrängte Anteile können in das Selbstkonzept integriert werden.
Die Echtheit des Therapeuten dient für den Trauernden als Modell echten Umgangs mit den eigenen Gefühlen. Sie lehrt, daß

Gefühle ohne Rücksicht auf Forderungen der Umgebung angenommen werden können.

Die Empathie und Verbalisierung emotionaler Erlebnisinhalte hilft dem Klienten, sich selbst so zu verstehen und anzunehmen, wie er dies vom Therapeuten erfährt. Er erlebt seine Trauer als sinnvolle und auf der Basis seines Erlebens vernünftige Reaktion auf außergewöhnliche Ereignisse.

(b) Die klientenzentrierte Trauertherapie ist vorrangig auf problematische Anteile der Trauer zentriert.

(c) Sie sieht ihre Aufgabe nicht in einer umfassenden Therapie, sondern in zeitweiliger Begleitung, insbesondere in problematischen Phasen und bei Blockierungen des Trauerverlaufs.

(d) Sie zielt auf die (wiedererlangte) Fähigkeit des Trauernden, seine Trauerarbeit selbständig fortzuführen, alle ihm hierfür zur Verfügung stehenden Ressourcen zu nutzen und das Erlebte nicht zu verdrängen, sondern in sein Leben einzubauen und, wenn möglich, vorteilhaft und kreativ zu nutzen.

(e) Sie ist getragen vom Vertrauen in die Selbstheilungskräfte des Individuums, sofern diesen nur genügend wohlwollender Spielraum geboten wird.

Über diese eng an Rogers orientierten Vorstellungen hinaus halten wir aufgrund der Erfahrung mit Trauernden auch direktivere Elemente und Vorgehensweisen für angebracht, die sonst in der klientenzentrierten Therapie eher keinen Platz haben:

(f) Wissensvermittlung: Informationen über Trauer und Trauerprozesse müssen gegeben werden. Die Vielfalt der Trauerreaktionen und die Individualität des zeitlichen Trauerablaufs sowie der qualitativen Ausgestaltung sollen betont werden. Da Trauernde oft ihre Erlebnisse, etwa halluzinativer Art, als außerhalb der Norm erleben und Angst vor dem Verlust der Kontrolle und vor der weiteren Entwicklung empfinden, ist die Wissensvermittlung ein sinnvolles Element der Therapie. Sie ermöglicht Trauernden oft auch erst, sich überhaupt auf therapeutische Gespräche einzulassen.

(g) Vermittlung alltagspraktischer Handlungskompetenz: Gerade in Fällen symbiotischer Beziehung und sehr ungleicher Rollenverteilung kann der zurückgebliebene Partner zusätzlich zu seiner Trauer auch konkrete lebenspraktische Probleme haben, auf deren Erledigung er nicht vorbereitet ist. Man denke an Probleme der Haushaltsführung ebenso wie an die Erledigung von Bankangelegenheiten oder an Entscheidungen, die die Kinder betreffen, etwa im schulischen Bereich. Hier sollte der Therapeut seinen möglichen Wissensvorsprung durchaus im Gespräch zur Verfügung stellen. Wichtig dabei ist jedoch, daß es sich immer um reine Wissenslücken handelt und nicht um auf der Basis von Hilflosigkeit erwachsene überzogene Ansprüche oder sogenannte Ja-aber-Reaktionen, bei denen der Therapeut zu Ratschlägen animiert werden soll, die dann mit der Forderung nach besseren Vorschlägen und einer leichten Steigerung des Selbstwertgefühls vom Klienten zurückgewiesen werden können.

Beispiel aus Jerneizig et al. (1994, S. 89/90):

Kl.: Ich fühle mich einfach wie gelähmt. Ich sitze den ganzen Tag im Sessel und starre aus dem Fenster und denke, das kann doch nicht alles gewesen sein. Ich meine, ich bin doch noch jung und eigentlich habe ich mein Leben doch noch vor mir und trotzdem ... irgendwie finde ich die Kraft nicht ...

Th.: Da ist so eine umfassende Erschöpfung ...

Kl.: Total, total. Es ist, als wäre ich unfähig, etwas Sinnvolles zu tun. Nur so rumhängen, das geht.

Th.: Völlig kraftlos.

Kl.: Ja. Ich bin einfach fertig mit der Welt. Total fertig. Mein ganzes Leben war doch um meinen Mann aufgebaut. Seit er krank war, habe ich mich um alles gekümmert, habe alles gemacht, den Haushalt, den Papierkram, die amtlichen Sachen, alles, einfach alles. Und nun. Wozu war das alles gut. Gestorben ist er trotzdem.

Th.: trotzdem Sie sich so angestrengt haben.

Kl.: Ja. Und ich habe mich verdammt angestrengt.

Th.: Da steckt auch eine Menge Wut dahinter.

Kl.: Und ob, und ob. Manchmal könnte ich alles nehmen und vor die Wand schmeißen. Einfach so an die Wand klatschen. Ich bin dann total sauer, ehrlich. Platzen könnte ich vor Wut.

Th.: Klingt nach einer Menge Energie.

Kl.: (überlegt) Ja, stimmt eigentlich. Da ist eine Menge Energie.

Th.: Das scheint Sie selbst zu überraschen.

Kl.: Stimmt. Ich fühle mich total kraftlos und ausgelutscht ... und dann ... dann ist da noch so eine Menge Kraft da ... wütend zu sein.

Th.: Haben Sie eine Ahnung, worauf Sie so wütend sind?

Kl.: Worauf ich wütend bin? Im Moment ... nein so direkt nicht.

Th.: Wenn Sie sich Ihre Wut bildlich vorstellen würden, wie sähe sie aus?

Kl.: Meine Wut. Nun ... eine dicke schwarze Wolke ...

Th.: ... eine Wolke ...

Kl.: Ja, aber eine massive Wolke, da steckt Dampf hinter ... das ist mehr wie ein rollender Stein ...

Th.: Das Bild hat sich verändert ...

Kl.: Ja, sieht jetzt mehr wie ein Felsbrocken aus, der alles zermalmt, was ihm in den Weg kommt ... puuh.

Th.: Das erschreckt Sie auch ein wenig ...

Kl.: Ja. Da steckt ja wirklich eine Menge zermalmender Wut drin. Fühlt sich irgendwie richtig kräftig an, total stark.

Th.: So als könnten Sie alles niederwalzen, wenn Sie Ihrer Wut freien Lauf ließen. Und das macht Ihnen auch Angst.

Kl.: Das macht mir gehörig Angst ... wenn ich denke ... daß ich diese Macht habe.

Th.: Wie ist das, so viel Macht zu haben?

Kl.: Puuh. Erst einmal: es fühlt sich auch gut an, so viel Kraft in sich zu spüren, eigentlich gar nicht so kraftlos zu sein, wie ich dachte. Das ist gut, fühlt sich gut an ... aber ...

Th.: Aber diese Macht, zu zermalmen, das erschreckt Sie. Das mögen Sie nicht an sich.

Kl.: Nein, das mag ich ganz und gar nicht an mir ...

Th.: Was könnte es denn sein, das Sie zermalmen wollen?

Kl.: ... also ... ich weiß nicht ... es könnte ... wenn ich so ganz spontan antworten soll ...

Th.: (zustimmend) Mmmh

Kl.: ... dann würde ich sagen, das könnte sogar mein Mann sein, den ich da zermalmen will ... obwohl, das kann doch gar nicht sein, ich habe ihn doch geliebt.

Th.: Das könnte auch Ihr Mann sein ...

Kl.: (zustimmend) Mmm ... das könnte auch mein Mann sein ... aber ... aber ...

Th.: ... aber eigentlich gefällt Ihnen der Gedanke nicht, daß da Ihr Mann gemeint sein könnte, den Sie zermalmen wollen.

Kl.: Also mein Mann, der war ... der war auch nicht immer ein angenehmer Kranker. Manchmal hat er mich auch ganz schön herumgescheucht ... und dann war er auch ... auch schon mal unausstehlich. Wie halt Kranke so sind. Und dann hätte ich ...

Th.: Und dann hätten Sie auch schon einmal gerne ...

Kl.: Da hätte ich ihn schon gerne mal geschüttelt und gerüttelt und gesagt: Laß mich in Ruhe ... Laß mich in Ruhe ... Laß mich verdammt noch mal auch mal zur Ruhe kommen ...

# Gestalttherapie

Die Gestalttherapie wurde von Frederick Salomon (Fritz) Perls (1893–1970) und seiner ersten Frau Laura (Lore; 1906–1990) konzipiert. Fritz Perls studierte Medizin, absolvierte bei Karen Horney, Clara Happe und Wilhelm Reich seine Lehranalyse und kam als Assistent bei Goldstein mit der Gestaltpsychologie in Berührung. Er floh 1933 nach Holland, ging dann nach Südafrika und schließlich in die USA. Laura Perls hatte als Psychologin in Gestaltpsychologie promoviert.

Theoretische Grundlagen der Therapie resultieren aus der Gestaltpsychologie, der Psychoanalyse, dem Existentialismus, der Phänomenologie und dem Zen-Buddhismus. Die Gestaltpsychologie war um 1920 als Reaktion auf die Assoziationspsychologie entstanden. Während letztere menschliches Erleben als eine Kette von Assoziationen sah, entdeckte die Gestaltpsychologie, daß diese Assoziationen eine hierarchische Struktur aufwiesen. In der Wahrnehmung ist ein Haufen mit Steinen nicht nur eine Ansammlung einzelner Steine, sondern hat darüber hinaus eine bestimmte Anordnung, Struktur, eine Beziehung der einzelnen Steine zueinander, also eine Gestalt, die zusätzlich zur Ansammlung individueller Steine hinzukommt und bewirkt, daß das Ganze mehr ist als die Summe seiner Teile. Die Gliederung wird daran sichtbar, daß im Erleben einige Aspekte, etwa beim Betrachten eines Bildes, wahrnehmungsmäßig im Vordergrund stehen, andere im Hintergrund, was mit den Kippfiguren besonders gut demonstriert werden kann. Je nach Einstellung des Betrachters fungiert dabei einmal der eine Teil einer Abbildung als Vordergrund, der andere als Hintergrund und umgekehrt. Daß das Ganze mehr ist als die objektiv gegebene Wahrnehmungsgrundlage, zeigt sich auch an der Tendenz zur Schließung von Gestalten. Beim raschen Betrachten eines nicht ganz geschlossenen Kreises wird die Lücke nicht wahrgenommen, sondern automatisch ergänzt. Diese Tendenzen sind nicht willentlich kontrollierbar, auch nur begrenzt beeinflußbar. Sie entspringen der Selbstregulierungs- und Selbstaktualisierungstendenz.

Die in der Wahrnehmung nachgewiesenen Gesetzmäßigkeiten

gelten auch für Gedächtnisleistungen, das Erleben allgemein und Handlungssequenzen.

Für die Therapie folgt daraus, daß Prozesse des Wachstums und der Reifung durch Beseitigung von Blockaden gefördert werden können. Der Therapeut hat die Rahmenbedingungen so zu gestalten, daß Wachstum möglich ist. Er kann aber die natürlichen Abläufe nicht beliebig forcieren oder Richtungen vorgeben. Tempo und Richtung bestimmt, in Abhängigkeit von der Gunst der Rahmenbedingungen, der Organismus. Der Organismus wird durch die Struktur seiner Bedürfnisse fortgesetzt in Bewegung gehalten. Sind die einen Bedürfnisse befriedigt, schieben sich andere in den Vordergrund, bis diese wieder abgelöst werden. Werden Handlungsketten an bestimmten Punkten charakteristisch unterbrochen, so entsteht eine unvollkommene Gestalt, die geschlossen werden muß. In der Therapie dienen verschiedene Techniken dazu, Handlungen an den Unterbrechungspunkten fortzusetzen, blockierte Gefühle freizusetzen und im geschützten Raum der Therapie Probehandlungen durchzuführen, so daß weiteres Wachstum möglich wird, wo bisher Stillstand gegeben war.

Sollte jemand beispielsweise in der Situation, in der er von seinem Chef zu unrecht zurechtgewiesen und heruntergeputzt wird, seine aufkeimende Wut herunterschlucken, sich still zurückziehen und dann ins nächste Gasthaus gehen, um sich zu betrinken, so wäre der spontane Handlungsablauf spätestens an der Stelle eine unvollkommene Gestalt, an der der Chef mit seiner Standpauke fertig ist und keine Erwiderung seitens seines Angestellten erfolgt. In der Therapie sollten nun die spontanen Reaktionen an dieser Stelle wieder in den Handlungsablauf integriert werden, die Gestalt geschlossen werden. Dies könnte etwa mit der Technik des »leeren Stuhls« geschehen, indem vor den Klienten ein Stuhl gestellt wird, auf dem er sich seinen Konfliktpartner vorstellen kann. Er kann nun beginnen, mit diesem offen zu reden, ihm seine Gefühle, seine Wut zu sagen. Der Therapeut unterstützt insofern, als er die auftauchenden Gefühle und Äußerungen bejaht und den Klienten ermutigt, sich nicht zurückzuziehen, sondern sich zu entfalten, alles aus sich herauszulassen. Wenn das geschehen ist, kann ein Rollentausch stattfinden. Der Klient setzt sich auf den Stuhl, auf dem etwa der Chef gerade in der Phantasie saß und versetzt sich in dessen Lage, sagt dem Angestellten jetzt, warum er sich so verhalten hat, wie er ihn empfindet, was sein Erleben in der Situation ist. Dann können erneut die Rollen getauscht werden.

Der *Existentialismus* (Kierkegaard, Buber, Jaspers) begreift den Menschen in seiner eigentlichen zeitgebundenen Existenz. Fragen nach dem Sein und dem Sinn des Lebens werden nicht in der Hoffnung auf absolute Antworten gestellt, sondern nur bezogen auf die jeweiligen Lebensbedingungen und zeitlichen Umstände des Menschen. Der Augenblick ist von Bedeutung, der Mensch gestaltet sich durch seine Entscheidungen und Taten selbst. Er verfügt über Verantwortung, Entscheidungsspielraum und Autonomie.

Die *Phänomenologie* macht gegebene Eigenschaften und Tatbestände zum Ausgangspunkt der Betrachtungen. Das im Bewußtsein Gegebene soll rein in seiner Wesenheit zur Anschauung gebracht werden (z. B. Husserls Wesensschau). Dadurch sollen die ihm innewohnenden Gesetzmäßigkeiten deutlich gemacht werden.

Dem *Zen-Buddhismus* geht es um persönliche bewußte Erfahrung, weniger um theoretische Durchdringung. Erleuchtung wird erlangt, indem man über unlösbare Probleme meditiert, zum Beispiel: »Wie klingt es, wenn man nur mit einer Hand klatscht?« Oder: »Was findet man dort, wo nichts ist?« In mystischer Versenkung ersetzen unmittelbare Wahrnehmung und Identifikation mit der unmittelbaren Umgebung die logische Denkweise und führen zu intuitiver Erleuchtung. Ziel ist der Weg zur autonomen Selbstregulation, zum Gleichgewicht aller Kräfte und zur Bewußtseinserweiterung.

Die *therapeutische Arbeit* erfolgt im Hier-und-Jetzt. Gefühle und Erlebnisse sollen in der gegenwärtigen Situation wahrgenommen und bearbeitet werden. Erinnerungen an die Vergangenheit sowie die Beschäftigung mit der Zukunft und nicht anwesenden Personen sind weniger wichtig als die konkrete Situation. Sollten Vergangenheit oder Zukunft eine Rolle spielen, muß der Klient sich so in die Situation versetzen, als ob er sie gerade erlebt.

Wesentliche Aufgabe in der Therapie ist die Schulung der bewußten Wahrnehmung, um eigene Phantasien von der Realität zu unterscheiden. Unvollkommene Gestalten aus der Vergangenheit sollen geschlossen werden. Es ist wichtig, alle Gefühle zuzulassen.

Die Therapie ist wie das gesamte Leben ein ständiger Prozeß, eine fortgesetzte Bewegung, ein dauernder Wechsel zwischen Figur und Grund. Jeder ist für seine Gedanken und Gefühle voll verantwortlich.

Auch unwillkürliche körperliche Bewegungen, Empfindungen, Schmerzen sind immer Ausdruck und Botschaft des gesamten Organismus. Es ist wichtig, diese Botschaften wahrzunehmen und in die Gesamtperson zu integrieren und sie nicht abzuspalten.

Das Leben besteht in einem fortgesetzten Prozeß der Assimilation (Aneignung von Bestandteilen der Umwelt und deren Umwandlung in organismuseigene Substanz), die zu Wachstum führt. Dies trifft ebenso auf Nahrung zu wie auf Ideen oder den Dialog mit anderen Menschen.

Versagt die Selbstregulation, kommt es zur Verschiebung der Kontaktgrenzen in Form

- einer Introjektion im Sinne einer Aufnahme fremden Materials, das nicht integriert werden kann;
- einer Projektion als Ausstoßung fälschlich als fremd erkannter eigener Anteile;
- einer Retroflexion, bei der gegen die Außenwelt gerichtete Impulse auf die eigene Person gelenkt werden;
- einer Konfluenz, die durch wechselnde und unklare Grenzen zum Partner gekennzeichnet ist;
- einer Deflektion als Rückzug von der Außenwelt;
- einer Desensitivierung, die gekennzeichnet ist durch eine Reduktion bewußten Wahrnehmens und Empfindens.

Der Therapieverlauf beginnt mit dem Klischee, der noch nicht bearbeiteten Ansicht des Klienten von seinen Problemen, und kommt über das Rollenspiel zur erwähnten Blockierung, die die Ausweglosigkeit verdeutlicht. Nach der Implosionsphase, in der frühere, aber nicht voll angemessene Programme sich Geltung verschaffen, folgt die Explosionsphase, in der die blockierten Bedürfnisse aufbrechen und der gegenwärtigen Realität angemessen zum Ausdruck gebracht und verwirklicht werden.

Der Therapeut ist aktiv und sehr direktiv, ohne Richtungen vorzugeben. Er unterstützt, konfrontiert und frustriert im Einklang mit den Wachstumserfordernissen des Klienten.

*Konkrete Techniken:* Neben dem erwähnten leeren Stuhl findet der sogenannte heiße Stuhl Verwendung. Bei einer Gruppensitzung steht er parat, damit derjenige, der gerade an sich arbeiten möchte, darauf Platz nimmt. Er muß sich dann allerdings auch alle Fragen und Anregungen, die an ihn herangetragen werden, gefallen lassen.

Wenn ein Klient unwillkürliche Körperbewegungen macht oder körperliche Sensationen (z. B. Schmerzen) zum Ausdruck bringt, so kann der Therapeut, um die dahinter stehende Botschaft zu ergründen, ihn auffordern, sich ganz in die jeweiligen Körperteile zu versetzen und diese sprechen zu lassen: »Versetz Dich mal in Deinen Kopf, was sagt er, laß ihn sprechen!« Bei einem meiner Klienten fiel mir auf, daß er immer, wenn ich Dinge ansprach, die ihm unangenehm sein konnten, anfing, massiv mit den Füßen zu wippen. Um zu prüfen, ob meine Vermutung zutraf, forderte ich ihn auf, sich ganz in seinen Fuß zu versetzten und ihn reden zu lassen. Nach kurzer Abwehr sagte er: »Ich will hier weg, mir reicht's, mir gefällt das nicht, weg hier!«

Das Rollenspiel, in das der Therapeut einbezogen werden kann, dient dem Bewußtmachen der alten und noch mehr dem Ausprobieren neuer Erlebensmuster. Die gestalttherapeutische Traumarbeit begreift jeden Bestandteil eines Traums als Ausdruck bestimmter Tendenzen im Individuum, die zur Realisierung drängen. Gerade die eher abgelehnten Aspekte könnten für das Wachstum notwendige Abspaltungen sein. So kann der Klient aufgefordert werden, sich in jeden Teil eines Traums zu versetzen und ihn zu spielen. Wenn er dann erst einmal gespürt hat, wie es sich für ihn anfühlt, die Schlange, das Krokodil oder der Verfolger zu sein, wird ihm auffallen, wo im Leben er bisher zu wenig aggressiv gewesen ist, und er wird in der Lage sein, diese Gestalt zu schließen. Bei einer Therapie in der Gruppe kann der Träumer die einzelnen Teilnehmer Traumbestandteile darstellen lassen, die Gruppe zum gesamten Traumbild zusammenstellen und sich dann aus einiger Entfernung anschauen, welchen Eindruck das Bild auf ihn macht und was es ihm sagen könnte.

Übungen, Rituale (etwa das Abschiednehmen von Personen, von denen man sich noch nicht ganz trennen konnte) finden in der Gestalttherapie ebenso ihren Platz wie Wahrnehmungsübungen (z. B. fünf Minuten die Augen zu schließen, alle Gedanken beiseite zu lassen und auf alles zu achten, was man wahrnimmt) oder Zeichnen, Malen und die Beschäftigung mit Musikinstrumenten. Manche Therapeuten lassen am Ende der Sitzung ein Bild malen, das der Klient dann erläutert, oder sie malen selbst gleichzeitig auch ein Bild und vergleichen es dann bezüglich der wiedergegebenen Stimmung mit dem des Klienten.

Auch bei der gestalttherapeutischen *Trauerarbeit* soll der Focus im Hier-und-Jetzt liegen, das heißt die Vorgänge sollen in der Therapiesituation aktuell erlebt werden, gleichgültig wie lang sie tatsächlich zurückliegen. Bei chronischer Trauer ist offensichtlich eine Gestalt noch nicht geschlossen. Generell liegen bei traumatischen Geschehnissen oft unerledigte Handlungen vor. Die Vergangenheit muß losgelassen und Selbstbestrafungstendenzen müssen beendet werden. Zwischen dem Verstorbenen und dem Trauernden sind oft Auseinandersetzungen nicht abschließend ausgetragen, deren Erledigung für einen Teil der Wirksamkeit antizipatorischer Trauer verantwortlich ist. Diese Auseinandersetzungen können mit dem leeren Stuhl nachgeholt werden.

Wahrnehmungsübungen können die Ängste vor Realitätsverlust eingrenzen und helfen, zwischen befürchteten und tatsächlichen Reaktionen der Umwelt zu unterscheiden, etwa bei besonders belastenden Todesumständen.

Alpträume und Halluzinationen sind Abspaltungen, die wieder in die Person integriert werden sollen. Dies wird gefördert, wenn der Therapeut oder ein anderer Klient die Rolle des Verstorbenen im Traum oder im halluzinatorischen Geschehen übernimmt, also das ausspricht, was man den Toten reden gehört haben will, mit steigender Lautstärke, oder dieselben Bewegungen macht, die man jemanden auf der Straße machen sah, den man für den Verstorbenen hielt. Anschießend kann der Klient diese Rolle des Verstorbenen übernehmen, was die Identifikation mit ihm erleichtert und die Abspaltung und den Verlust mindert. Das dabei Erlebte sollte anschließend im Gespräch aufgearbeitet werden.

Körperliche Beschwerden können mit der geschilderten Methode, körperlichen Organen Sprache zu verleihen, in ihrem möglichen Bezug zum Verlust deutlich gemacht werden.

Eine Reihe von Ritualen sind aus der Gestalttherapie zur Bearbeitung des Verlustthemas heraus entwickelt worden. Im Kapitel zu speziellen Trauertherapien werden wir darauf noch näher eingehen. Hier sei der gestalttherapeutische Umgang mit diesem Thema kurz generell verdeutlicht. Wenn der Therapeut das Gefühl hat, daß der Klient an dem Punkt angelangt ist, an dem er den noch nicht endgültig und genügend vollzogenen Abschied vom Verstorbenen nachholen kann, dann kann er beispielsweise fragen: Möchtest du jetzt von deiner (deinem) . . . Abschied nehmen? Bejaht der Klient, kann er entweder den leeren Stuhl nutzen, um sich zu verabschieden (einschließlich Rollentausch) oder sich niederknien, sich in sich versenken, sich den Verstorbenen bewußt ein letztes Mal als Lebenden vorstellen, dann ein paar Abschiedsworte sagen oder auch nur »adieu«, ruhig und langsam aufstehen und die Beziehung in dieser Form beenden.

*Beispiel:* Eine Klientin arbeitet am Tod ihrer vor sechs Monaten verstorbenen Mutter, die sie als kontrollierend, untergründig feindselig und festhaltend erlebte.

Kl. (sitzt dem leeren Stuhl gegenüber): Laß mich endlich los!

Th. (hinter ihr sitzend, mit der Hand stützend auf ihrer rechten Schulter): Ja, sag ihr das. Sie soll Dich loslassen.

Kl.: Ich bin schon groß, Du mußt nicht mehr immer auf mich aufpassen, ich weiß schon selber, was ich tue. Laß mich los!

Th.: Schau ihr in die Augen, wie ist es?

Kl.: Die kapiert das einfach nicht, die kapiert das einfach nicht.

Th.: Versuch's nochmal, woran liegt es?

Kl.: Die kapiert nur, wenn man mit ihr schreit. (wendet sich wieder zum leeren Stuhl). Verdammt nochmal, loslassen sollst Du mich. Loslassen, loslassen (sie schreit laut und macht krampfartige zuckende Bewegungen mit beiden Beinen).

Th.: Was möchtest Du machen?

Kl.: Ich möchte Sie treten. Treten möchte ich sie. Das muß doch wohl zu kapieren sein, daß ich endlich meine Ruhe will.

Th.: Tritt sie!

Kl.: Tritt massiv in die Richtung des leeren Stuhls und schreit dazu: Weg, weg, weg!.

Th.: Und, wie sieht sie sich an?
Kl.: Sie versteht das jetzt, aber ...
Th.: Aber?
Kl.: Sie ist beleidigt. Das kann ich nicht ertragen.
Th.: Rede mit ihr!
Kl.: Bitte hör auf! Bitte akzeptiere doch, daß ich meinen Weg gehen will! Ich mag Dich doch, nur Du ...
Th.: Nur weiter!
Kl.: Nur Du kannst das nicht ertragen. Wenn ich Dich mag, dann unterwirfst Du mich und dann muß ich Dich hassen.
Th.: Hör Dir genau zu. Du magst sie, aber sie macht das kaputt, weil sie Deine Zuneigung ausnutzen will. Erleb das mal. Laß das Gefühl ruhig zu!
Kl.: Schrecklich. ... Was kann ich machen?
Th.: Was willst Du machen?
Kl.: Abhauen. Einfach weggehen.
Th.: Na und?
Kl. (zum leeren Stuhl): Du kannst mich mal ... (geht hinaus auf den Gang und in den Garten). Als sie nach einer halben Stunde wiederkommt, ist sie sehr ruhig und gelöst. Sie habe sich die Blumen im Garten angeschaut, ein bißchen mit ihnen gesprochen. Das war sehr schön. Ihre Mutter ist doch nicht so wichtig. Sie ist nur so wichtig, wenn sie sie wichtig nimmt, aber im Augenblick gibt es Wichtigeres und Schöneres.

## Psychodrama

Jakob Levy Moreno (1989–1974) wurde in Bukarest geboren, wuchs in Wien auf, studierte Medizin und spezialisierte sich für das Fach Psychiatrie. 1925 wanderte er in die USA aus.

Das Psychodrama lebt ganz vom Interesse Morenos am Theater. Es ist eine Gruppentherapie, bei der im Rollenspiel Situationen noch einmal erlebt und überwunden werden. Auch werden andere Verhaltensmöglichkeiten über die Interventionen der Gruppenmitglieder und das Erleben und Verbalisieren bisher verborgener Gefühle und Probleme (Katharsis) ausprobiert. Die Durchführung des Psychodramas erfordert:

- eine *Bühne* als einen von der Gruppe abgetrennten Teil;
- einen *Protagonisten*, der sein Problem vorstellt und der auch von einem anderen Gruppenmitglied ersetzt werden kann;

- einen *Spielleiter*, der als Therapeut die Inszenierung übernimmt, darauf achtet, daß das Spiel im Sinne des Protagonisten abläuft, auf die Intensivierung der Probleme achtet und im Abschlußgespräch die Abläufe und individuellen Erlebnisse der einzelnen während des Spiels analysiert und kommentiert;
- Mitspieler als *Hilfs-Ichs*, die reale oder phantasierte Personen darstellen und nach Anweisungen des Protagonisten (evtl. auch des Spielleiters) agieren;
- einen Mitspieler als *Doppel*, der gegebenenfalls hinter dem Protagonisten steht, seine Äußerungen wiederholt, zeitgleich äußert und unbewußte Gedanken und Gefühle des Protagonisten thematisiert;
- ein *Publikum*, das aus den nicht unmittelbar beteiligten Gruppenmitgliedern besteht.

Alle Gruppenmitglieder geben anschließend ein Feedback (sharing) darüber, was sie während des Spiels erlebt haben, was ihnen aus dem eigenen Leben bekannt vorkam, wo sie mitgefühlt haben und wo sie Probleme hatten. Die aktiven Mitspieler melden zurück, was sie während des Spiels gefühlt haben, welche Passagen oder Rollenaspekte ihnen schwer fielen, wie sie die anderen Mitspieler und den Protagonisten in ihren Rollen empfunden haben (Rollenfeedback). In psychodramatischen Encountergruppen kann Einschluß in und Ausschluß aus Gruppen spielerisch dargestellt und erlebt werden, wenn etwa die Beteiligten einen Kreis bilden, aus dem jemand sich befreien oder in den er eindringen muß.

Der Ablauf einer Psychodramasitzung läßt sich in Initialphase (Aufwärmen, Problem finden), Handlungsphase (Spiel, Aktion, Problembearbeitung) und Abschlußphase (Nachbearbeitung) gliedern.

*Anwendung auf Trauersituationen:* Alle Elemente des Psychodramas können zur Aufarbeitung von Konflikten genutzt werden, die vor dem Tod einer nahestehenden Person mit ihr bestanden. Sie können auch zu deren Aufdeckung dienen, wenn der Protagonist zunächst davon noch wenig ahnt. So kann das Doppel Aggressionen gegen den Verstorbenen ahnen und aussprechen, die der Protagonist in seinem Spiel verbal nicht äußert, die aber durch Mimik, Gestik und die Situation für andere zu erschließen sind.

*Beispiel:*
Auf der Mitte der Bühne steht ein Tisch, um den Tisch einige Stühle, ein auf dem Boden liegender Teppich markiert die Türschwelle. Der Protagonist bestimmt einen Teilnehmer für die Rolle seines Vaters, der die Familie verließ, als er 12 Jahre alt war. Eine Teilnehmerin spielt die jüngere Schwester, die ständig weint, eine andere die Mutter, ebenfalls traurig und bei Auseinandersetzungen sofort losweinend. Ein Teilnehmer soll einen Lehrer spielen, der mit den Schulleistungen des Protagonisten sehr unzufrieden ist. Auf Anregung des Spielleiters übernimmt ein weiterer Teilnehmer die Rolle des Doppels, zu Beginn hinter dem Protagonisten stehend.

Der Lehrer steht links vom Doppel, ebenfalls hinter dem Protagonisten. Er hat den Auftrag, drängende und drohende Gesten zu machen. Die Mutter sitzt auf dem Stuhl, das Gesicht in die Hände gestützt, die Schwester sitzt zu ihren Füßen. Der Vater ist zur Mutter gewandt und schreit sie an: »Hör endlich auf zu flennen, ich kann das nicht mehr ertragen, immer nur das.«

Die Mutter weint nur noch lauter, die Schwester schließt sich an.

Protagonist zum Vater: »Deswegen kannst Du doch nicht einfach wegrennen, du bist doch auch dran schuld und ich brauche doch eine ganze Familie. Siehst Du nicht, in was für einer schrecklichen Situation Du mich zurückläßt. Du bist feige.«

Der Vater: »Was kann ich denn machen, immer diese Vorwürfe, immer dieses Weinen. Das ist mir zuviel.«

Das Doppel stellt sich hinter den Vater: »kein Spaß, keine Zärtlichkeit, kein In-den-Arm-Nehmen, kein Sex, immer nur diese Heulerei.«

Protagonist: »Aber ich will das auch nicht, glaubst Du denn daß das mir gefällt? Laß mich doch nicht hier.«

Doppel jetzt hinter dem Protagonisten: »ich will genauso weg wie Du. Wieso kannst Du dir das erlauben und ich mir nicht.«

Vater: »Willst Du mit mir mit?«

Protagonist: »Nein, ich möchte, daß Du dableibst, aber ich verstehe Dich auch, daß Du das nicht kannst.«

Der Lehrer mischt sich ein: »Der Junge versagt in der Schule. Der ist bockig und böse.«

Protagonist: »Ich kann mich nur nicht konzentrieren. Ich bin so durcheinander.« Doppel: »Wenn auf mich keiner Rücksicht nimmt, warum soll ich mich denn überhaupt anstrengen, ist doch sowieso alles egal.«

Im Nachgespräch erklärt der Protagonist, daß ihm der Vater etwas verständlicher ist und er die Mutter nicht mehr nur als arme, verlassene, bemitleidenswerte Frau sieht, sondern als beteiligt am Geschehen. Es wurde ihm auch deutlich, daß er sich hilflos und resigniert fühlte, weil seine Bemühungen nicht erfolgreich waren, die Familie zusammenzuhalten.

Schwester und Mutter hatten ihre Rollen als unangenehm erlebt und zeigten Verständnis für den Vater. Die Mutter hatte sich so erlebt, als ob sie das Verlassenwerden herbeiführen wollte. Der Vater sagte, daß er nicht nur auf Mutter und Schwester wütend war, sondern zeitweise auch auf den Protagonisten, weil er ihn in dieser Situation, in der er so wenig leben konnte, festhalten wollte.

## Primärtherapie

Der Begründer der Primärtherapie, Arthur Janov (geboren vermutlich 1924), ein Wiener Psychoanalytiker, der heute in den USA ein Ausbildungsinstitut betreibt, hatte einen Klienten, der ihm von einem Theaterstück erzählte, in dem ein Mann in Windeln über die Bühne lief und fortgesetzt »Mammi! Papi!« schrie. Am Schluß der Vorstellung übergab er sich und auch die Zuschauer sollten dies tun. Janov forderte seinen Klienten auf, dasselbe zu tun. Nach kurzer Weigerung krümmte er sich in heftiger Erregung, schrie immer lauter »Mammi! Papi!«, schließlich stieß er einen durchdringenden Todesschrei aus. Später als er sich beruhigt hatte, sagte er: »Ich hab's geschafft, ich kann fühlen.« Ein anderer Klient, der dieselbe Situation in der Therapie durchlebte, wurde danach von Einsichten überschwemmt. Er erzählte seine ganze Lebensgeschichte, von der ständigen Kritik seiner Eltern und ihrer Lieblosigkeit und wie dies sein ganzes Leben beeinflußt hatte.

Damit liegen die wesentlichen Bestandteile der Primärtherapie schon vor (Janov 1974). Menschen erleiden schon als Kinder Versagungen von Bedürfnissen, die dann unter Schmerzen abgespalten und symbolisch werden. Das Kind, das sein Zärtlichkeitsbedürfnis nicht genügend befriedigen konnte, wird beim Auftauchen dieses Bedürfnisses später rauchen, arbeiten oder nur Sexualität erleben und nicht Beziehung. Die Schmerzen, deren früheste und tiefste Formen Janov als Urschmerzen bezeichnet, sammeln sich an und bewirken zunehmend, daß das Kind seine natürlichen Bedürfnisse nicht mehr befriedigt und statt dessen Ersatzbedürfnisse. Aus der realen Person, die es bei der Geburt war, wird eine irreale. Die große Primärszene ist ein einmaliger erschütternder Vorgang, kleine Primärszenen summieren sich hingegen auf, bis in einer verhältnismäßig unauffälligen Situation alle bis dahin erlittenen Schmerzen schlagartig ihre Wirkung zeigen (z. B. in der Einsicht:

Mein Vater hat mich nie gemocht, und ich kann machen was ich will, ich werde es nicht erreichen). Abgespaltene Erinnerungen werden mit dem Schmerz zusammen aufbewahrt und tauchen somit beim Wiedererleben des Schmerzes ohne weiteres Zutun wieder auf. Mit der schmerzhaften Verdrängung der Bedürfnisse werden die zugehörigen Gefühle verdrängt.

Die Therapie geht nun den entgegengesetzten Weg wie den bei der Entstehung der Neurose. Der Klient wird isoliert, von jeder Möglichkeit der Abreaktion auftauchender Spannungen abgeschnitten. Er darf nicht telefonieren, nicht fernsehen, nicht rauchen, keine Musik hören. Der Therapeut steht ihm ständig zur Verfügung und hilft ihm, seine auftauchenden Gefühle wahrzunehmen, sie zuzulassen und zu verstärken, sie nicht zu unterdrücken. Der Klient liegt dabei auf einer Matte und gibt den auftauchenden Gefühlen Ausdruck durch Schreien, durch Schlagen auf die Matte, durch Stöhnen, Weinen. Wenn er dies bis zur Erschöpfung getan hat, kann er sich ausruhen und über seine Erlebnisse sprechen. Kommen erneut Spannungen auf, setzt sich der Prozeß fort. So gerät er immer näher an die Urschmerzen, kommt zunehmend in die Lage, wieder zu fühlen und wird wieder real, offen und ohne Abwehr. Einsichten über Zusammenhänge ergeben sich nach Janov von selbst im Anschluß an das Erleben der abgespaltenen Schmerzen. Viele Primärtherapeuten kombinieren Primärtherapie heute mit anderen Methoden, vor allem Transaktionsanalyse, Psychoanalyse oder Gestalttherapie.

Trauerprozesse können im Rahmen einer Primärtherapie erfolgreich bearbeitet werden. Dafür sprechen vorliegende Erfahrungen. Ob aber Primärtherapie zur ausschließlichen Verlustbearbeitung geeignet ist oder angesichts der erhöhten Sensibilität Trauernder nicht ein viel zu massives Instrument ist, das vom Klienten nicht akzeptiert wird, erscheint überlegenswert. Bei extremen Reaktionen auf Verluste wie Suizidgefahr oder schweren psychosomatischen Erkrankungen erscheint Primärtherapie sinnvoll wegen der Möglichkeit, in kurzer Zeit (regulär binnen drei Wochen) erhebliche psychische Umstrukturierungen zu bewirken.

*Beispiel:*
Eine Klientin liegt auf ihrer Matte in einer Gruppe von weiteren acht Klienten, die an ihren Problemen arbeiten, während der Therapeut zu ihr kommt. Sie ist offensichtlich traurig. Der Therapeut fordert sie auf, das Gefühl zuzulassen. Sie atmet tief, fängt an zu schluchzen. Der Therapeut sagt: »Laß das ruhig zu, verstärke das. Du hast so etwas Schlimmes erlebt.« Sie schluchzt und beginnt zu schreien. Sie schreit ganz laut einige Minuten lang den Namen eines Mädchens mit extremer Lautstärke, bis sie leise wimmernd zusammenbricht. Sie wird zusehends ruhiger und beginnt dem Therapeuten zu erzählen. Vor einigen Jahren war sie mit ihrer kleinen dreijährigen Nichte ins Schwimmbad gegangen. Ihre Schwester hatte ihr das Kind anvertraut. Sie hatte sich nur einige Minuten mit einer Bekannten unterhalten und nicht bemerkt, daß das Kind im ansonsten leeren Schwimmbad ertrunken war. Als sie nach dem Kind schaute, war es schon zu spät. Sie fühlt sich schuldig, spürt die bitteren Blicke ihrer Schwester und fängt erneut an zu weinen, nicht mehr ganz so heftig wie vorher. Sie verläßt plötzlich das Weinen und fängt an zu schimpfen und zu schreien. Offensichtlich ist sie wütend. »Ich habe das doch nicht absichtlich getan«, ruft sie mehrfach hintereinander und schlägt mit den Fäusten wütend auf die Matte. Der Therapeut unterstützt sie. »Du hast das nicht gewollt. Sag ihr das! Du wolltest sie nur mitnehmen, damit sie Spaß hat. Laß das alles raus.« Sie arbeitet noch einige Zeit an dem Thema und sagt dann zum Therapeuten, daß es erst mal gut sei und schläft ein, indem sie sich die Decke über den Kopf zieht und sich zusammenrollt wie ein kleines Kind.

## Bioenergetik

Alexander Lowen (geb. 1910) war ursprünglich Rechtsanwalt und Analysand bei Wilhelm Reich. Er hat die körpertherapeutischen Ansätze Reichs zur Bioenergetik geformt. Wie auch für seinen Lehrer sind für Lowen für die körperliche und psychische Gesundheit das ungehinderte Fließen von Energie und die Entladung von Muskelkontraktionen, die orgastische Potenz (keineswegs nur im Sinne von sexueller Fähigkeit, sondern im Sinne der völligen Hingabe bis zur Wahrnehmungstrübung) von Bedeutung. Körperliche und psychische Vorgänge sind äquivalent, so daß über körperliche Entspannung auch psychische Strukturen und Konflikte angegangen werden können.

Lowen fokussiert auf die blockierte Energie des Klienten und arbeitet mit Atmung und Bewegungen, die den freien Ausdruck von Emotionen fördern. Diese werden dann in das gegenwärtige Leben und die persönliche Geschichte mit fundamentaler analytischer Arbeit integriert. Die wesentlichen Momente dabei sind: Selbstbewußtheit (Emotionen und Gefühle spüren), Selbstausdruck (Gefühle zum Ausdruck bringen) und Selbstbesitzung (Integration von beidem).

Dauernde psychische Anspannung schlägt sich als Verspannung im Körper nieder. Zwischen Charakterstrukturen und Körperhaltung besteht aufgrund der Verknüpfung über Muskelspannungen eine direkte Beziehung. Wesentlich sind dabei unerfüllt gebliebene Kindheitsbedürfnisse sowie Traumen und Konflikte, die sich dauerhaft körperlich niederschlagen. Lowen (1979) unterscheidet den schizoiden Charakter, der Nähe vermeidet, den oralen, der nach infantiler Abhängigkeit strebt, den masochistischen, der Beziehung nur in der Form von Unterwürfigkeit kennt, den psychopathischen, der zwischen dem Bedürfnis nach Unabhängigkeit und der Suche nach Geborgenheit schwankt, und den rigiden, der sich ständig kontrolliert.

Über die Arbeit am Körper, die Feststellung der Verspannungen und ihre intensive Wahrnehmung sowie Berührung und Massagen wird die Lockerung der Muskelverspannungen erreicht. Es folgt die Analyse der zugrundeliegenden Konflikte und traumatischen Kindheitserinnerungen. Eine Reihe von Übungen können auf diese Arbeit vorbereiten und sie unterstützen. *Grounding* ist eine Übung, bei der der Bodenkontakt (auch im übertragenen Sinne) gefestigt wird. Es ist aber auch ein Konzept, ähnlich wie *Erlösung* (Hingabe) und *Anmut*. Grounding bedeutet Wurzeln haben, sich selbst ernähren, den Energieaustausch zwischen Körper und Erde. Hingabe bedeutet die tiefe Lockerung aller Abwehrprozesse, und Anmut meint das Pulsieren der Energie vom Kopf bis zu den Füßen. Eine besondere Rolle spielt auch die tiefe Atmung, die erhöhte Energieaufnahme und Energieabfuhr bedeutet. Beim Rückwärtslehnen über einen hohen Schemel wird die Atmung unterstützt. Gleichzeitig vom Klienten produzierte Töne können Aufschluß über Einengungen und mangelnden Energiefluß geben. Die Interpretation von Körperhaltungen dient ebenfalls dazu, Störungen im

Energiefluß ins Bewußtsein zu heben und ihre Hintergründe der Bearbeitung zugänglich zu machen.

*Beispiel:*

Th.: Stellen Sie sich hier mit beiden Beinen gespreizt fest auf den Boden. Wippen Sie einmal mit den Beinen. Sehen Sie, daß hier in der Hüfte ein Bruch ist. Sie sind unterhalb wie erstarrt, oben beweglich. Wie ist das mit der Sexualität im Augenblick?

Kl.: Seitdem meine Frau weg ist, ist da nicht mehr so viel.

Th.: Was machen Sie?

Kl.: Ich onaniere meistens.

Th.: Legen Sie sich hier über den Schemel. Atmen Sie tief durch! Ganz tief. Lassen Sie hier einmal los (hebt ihn unter der Hüfte ein wenig an). Lassen Sie die Stimme einmal heraus.

Der Klient beginnt zu jammern, erst laut, dann immer schwächer, zum Schluß fast weinerlich. Der Therapeut macht ihn darauf aufmerksam, daß das klingt wie bei einem kleinen hilflosen Kind und schließt eine Übung zur Lockerung von Muskelspannungen an, die gleichzeitig Aggressionen freimachen soll.

Auch wenn hier eine Scheidungssituation als aktueller Hintergrund auch für Verspannungen in der Hüftgegend, verbunden mit sexuellen Frustrationen, sichtbar wurde, eignen sich für Trauersituationen bioenergetische Übungen generell eher für bestimmte Übungen und nicht als vollständige Therapie, da das Gespräch dem Klienten spontan entgegenkommt und körperliche Übungen als unpassend empfunden werden. Bei einer extremen Blockade von Gefühlen können körperliche Übungen jedoch hilfreich sein, um überhaupt Bewegung und einen Energiefluß zustande zu bringen und über den Körper zu erreichen, daß Gefühle zugelassen werden können.

## Hypnose

Milton Erickson wurde 1902 in Aurum, Nevada, geboren, seit einer Polioinfektion mit 17 Jahren war er körperlich erheblich beeinträchtigt. Er studierte Medizin und wurde dann Psychiater. Nach der Arbeit in Kliniken und an Universitäten praktizierte er als Hypnosetherapeut. Er starb 1980.

Erickson hat ein eigenes Modell für das Verhalten des Hypnotiseurs entwickelt (vgl. Erickson u. Rossi 1989, aus dem auch einige unserer Beispiele entnommen sind). Ziel ist es, durch vorsichtige, nicht präzise, manchmal symbolisch allegorisch verschleierte und mehrere Möglichkeiten enthaltende Formulierungen einen möglichst geringen Widerstand und große Akzeptanz beim Klienten zu erreichen, den Wirklichkeitseindruck des Gesagten zu steigern und die Übernahme bestimmter Ansichten zu erreichen. Die therapeutische Trance ist für Erickson eine Situation, in der bisherige Denkschemata und Glaubenssysteme aufgebrochen werden können und die Bereitschaft groß ist, sich anderen zu öffnen.

Die wichtigsten Gesichtspunkte hierbei sind:

- Zunächst völlig auf das Erleben des Klienten einzugehen. Hierbei sollen nicht nur Einstellungen, sondern auch Körperhaltung, Stimmausdruck, Ausdrucksweise und bevorzugte Sinnesmodalität des Klienten übernommen werden (Pacing).
- Mit einer gezielten überraschenden Wendung (ein einzelnes Wort, eine Metapher, ein Wortspiel, ein Scherz) die Szene zu unterbrechen, was die Assoziationen des Klienten anregen soll (»Die Rose ist im Sommer voll erblüht und will sich verströmen.«).
- Die Verwendung vager Angaben, um unbewußte Phantasien anzuregen und Widerstand zu vermeiden (»Früher oder später werden Sie in Trance fallen.« »Mitunter kann man sich entspannen.«).
- Die Erlaubnis, etwas nicht zu tun, soll Ängste vor Manipulationen beruhigen (»Sie brauchen jetzt nicht zu sprechen oder sich anzustrengen.«).
- Mit Fragen die Zustimmung zu erleichtern (»Möchten Sie sich einen Punkt suchen, den Sie gerne ansehen?«).
- Die Kombination von unbezweifelbaren und angenehmen Tatsachen mit einer Suggestion (»Während sich Ihre Hand senkt, werden Sie erkennen, woran Ihr Problem liegt.«).
- Das Nebeneinanderstellen von Gegensätzen (»Während Ihre Faust immer fester wird, entspannt sich Ihr übriger Körper.«).
- Die Erzeugung von Schock und Überraschung, um bewußte

Kontrolle außer Kraft zu setzen (»Ihr Sexualleben, (Pause), nur das wenige, woran Sie jetzt denken sollten.«).

- Die Implikationen und Angebote mit nur therapeutischen Alternativen (»Während sich Ihr kleiner Finger hebt, werden Sie in Trance gelangen.« »Ihre Kopfschmerzen können jetzt oder in zwei Tagen verschwinden.«).
- Die Herbeiführung künstlicher Trennungen (Doppeldissoziationsbindung) (»Während Ihr rechtes Ohr dies gar nicht wahrnimmt, hört Ihr linkes Ohr interessiert zu.«).
- Die zweischichtige Kommunikation, bei der auf der bewußten Ebene Informationen gegeben werden, die auf der unbewußten auch als Berührung von Tabus verstanden werden können (»Ihre Hand wird stark und sie hebt sich freudig. Schon beginnt sie zu zucken, gleich wird sie explodieren.« Offiziell ist hier von der Hand die Rede, alle Äußerungen können aber auch auf die Sexualität bezogen werden).
- Die Verschiebung an eine harmlose Stelle (»Ihre Kopfschmerzen werden nachlassen, aber der kleine Finger Ihrer linken Hand wird noch eine Zeit lang schmerzen.«).
- Unterstellungen, stillschweigende Vorannahmen und Scheinalternativen (»Du möchtest . . .« »Du fühlst Dich ruhig und entspannt.« »Sollen wir darüber vor oder nach dem Heben Deines Armes reden?«).
- Metaphern und Geschichten (»So wie das Pferd auf einer Wiese glücklich ist . . .«).
- Leading als vorsichtiges Führen des Klienten an Erlebnisse und Verhaltensweisen, bei denen er sich wohl fühlt.
- Reframing als positive Umformulierung normalerweise negativ bewerteter Einstellungen und Verhaltensweisen. (Bei einer Höhenphobie: »Es ist gut, daß Du mit Deinem Leben sorgfältig umgehst.« Oder: »Du möchtest nicht auf andere herabsehen.«).

Sicherlich sind eine ganze Reihe der hier gegebenen Anregungen in üblichen trauertherapeutischen Gesprächen zu verwenden:

Kl.: »Ich habe keine Lust mehr zum Leben, ich glaube es wäre das beste, ich bringe mich um.«

Th.: »Sie lieben Ihren Mann so sehr, daß Sie sich ein Leben ohne ihn gar nicht vorstellen können« (reframing). Oder:

Th.: »Im Winter hat die Natur wenig Chancen, die Blumen ziehen sich in die Erde zurück, um Kraft zu sammeln. Sie ruhen sich aus und erholen sich unter der Schneedecke, auch wenn es draußen kalt geworden ist. Und schon bald schauen sie unter der Schneedecke hervor und überlegen, ob sie es riskieren können, sich herauszuwagen« (zweischichtige Kommunikation: statt vom Klienten zu sprechen, werden Blumen, vermutlich Schneeglöckchen, erwähnt; stillschweigende Unterstellung: die Trauer wird als Erholungsprozeß geschildert, auf den ein vorsichtiger Wiederaufbruch folgt).

Ob Hypnosetherapie als alleinige Methode der Trauertherapie geeignet ist, läßt sich kaum beantworten, zumal Versuche der direkten Umsetzung nicht publiziert sind. Nur in Kombinationen mit anderen Verfahren, etwa im Rahmen verhaltenstherapeutischer Ansätze der Trauertherapie (z. B. eye movement desensitization and reprocessing [(EMDR] von Shapiro, s. Kapitel »Spezielle Trauertherapien«) tauchen in jüngster Zeit hypnotische Ansätze auf.

## Verhaltenstherapie

Allen verhaltenstherapeutischen Ansätzen ist gemeinsam, daß sie sich auf psychologische Lerntheorien gründen, unabhängig davon handelt es sich aber um sehr heterogene therapeutische Techniken, die oft in solche der *klassischen Verhaltenstherapie* und der *kognitiven Psychotherapie* unterteilt werden.

Die systematische Desensibilisierung von Wolpe (Wolpe u. Wolpe 1988) verknüpft Angst als gelernte Reaktion auf einen Reiz mit einer positiven Situation, in der eine positive Reaktion erfolgt. Als positive Reaktion gilt die Entspannung. Der Klient mit einer klar umschriebenen Phobie (z. B. Angst vor Katzen) erstellt mit dem Therapeuten zusammen eine Liste mit zehn ihrer Intensität nach geordneten Ängsten. In unserem Beispiel könnte die stärkste Angst die sein, eine Katze auf dem Arm zu halten, die geringste, sich vorzustellen, daß in einer zehn Kilometer entfernten Stadt eine Katze auf einer Wiese sitzt. Nun wird der Klient aufgefordert, sich zu entspannen und sich dann die mildeste Angstsituation vorzustellen, solange bis bei dieser Vorstellung keine Angst mehr auftritt. Es folgt wieder eine Entspannnungsphase, bevor man zur in der Hierarchie nächststärkeren Angstvorstellung übergeht.

Die aussagekräftigste Kritik an der systematischen Desensibilisierung besagt, daß es sich dabei nicht um einen Effekt der Koppelung von Angst mit Entspannung, sondern um einen Gewöhnungseffekt handelt und bei Verwendung der Angstvorstellungen auch ohne Entspannung ein Effekt nachweisbar ist.

Eine geläufige Methode ist auch die Nutzung der *operanten Konditionierung*. Verhalten, das zufällig auftritt, wird in Zukunft mit größerer Wahrscheinlichkeit wieder auftreten, wenn eine Verstärkung (Belohnung) folgt. Fällt die Belohnung weg, sinkt die Wahrscheinlichkeit des Auftretens. Folgt auf ein Verhalten etwas Unangenehmes (negative Verstärkung oder Bestrafung), so tritt das Verhalten künftig weniger wahrscheinlich auf, entfällt die negative Verstärkung, erhöht sich die Wahrscheinlichkeit wieder. Wir sehen hier einmal von der Komplikation ab, daß negative Verstärker nicht zur Löschung von Verhalten, also einer völligen Reduktion der Verhaltensbereitschaft, sondern nur zu seiner Unterdrückung führen. Auf der genannten Basis können Verstärkerpläne erstellt werden. Intermittierende Verstärkung, bei der nicht jedes gewünschte Verhalten belohnt wird, sondern nach bestimmten Kriterien, beispielsweise jede dritte Reaktion nicht, gilt als vergleichsweise erfolgreicher, weil eine regelmäßige Verstärkung zu Bequemlichkeitsreaktionen führt. Werden Verstärker nicht von einem anderen, sondern von der betreffenden Person selbst zur Steuerung des eigenen Verhaltens eingesetzt, so spricht man von *Selbstverstärkung*. Nutzt man weiterhin – auch in Zusammenarbeit mit dem Therapeuten – die Fähigkeiten des Klienten, an der Planung und Einhaltung von Verstärkerprogrammen mitzuwirken, sich Belohnungen für das Einhalten dieser Planungen und ihre Überwachung zuzubilligen, sich an der Analyse des Verhaltens zu beteiligen sowie die erwähnte Selbstverstärkung, so spricht man von *Selbststeuerung*, *Selbstmanagement* oder *Selbstregulation*. Kanfers Modell der Selbstregulation enthält die Phasen: Selbstüberwachung, Selbtbewertung, Selbstverstärkung (zit. nach Kriz 1985).

*Biofeedback* ist die meist akustische und visuelle Rückmeldung körperlicher Funktionen wie etwa des Pulsschlags und die dadurch bewußte Beeinflussung, deren Erfolg als Verstärkung interpretiert werden kann. Nach Kriz (1985) sind in die zunächst eher euphorischen Berichte über diese Technik sehr viele artefaktische Ergebnisse eingegangen, so daß sich heute eher Skepsis breitgemacht hat.

Weitere Methoden sind etwa die *Stimuluskontrolle*, bei der mit unerwünschtem Verhalten (z. B. Trinken) verbundene angenehme Reize (z. B. nette Gesellschaft) in dieser Kombination vermieden werden, oder Hausaufgaben, die der Klient während zwei Sitzungen zu erledigen hat.

Bei der *Reizüberflutung* (flooding) wird der Klient mit seinem Einverständnis dem stärksten denkbaren Reiz intensiv und nicht nur kurzfristig ausgesetzt. So kann ein Mensch mit einer Spinnenphobie mehr als zwei Stunden mit mehreren Spinnen in einem Keller eingeschlossen werden, unter der Annahme, daß Erregungszustände nicht über längere Zeit in derselben Intensität bestehen bleiben.

Unter kognitiven Psychotherapien werden die *strukturierte Lerntherapie* (z. B. Meichenbaum 1979) und die *kognitive Verhaltenstherapie* (Beck 1992, auch Ellis 1978) zusammengefaßt. Dabei werden kognitive Elemente (z. B. Bewertungen, Verarbeitung, Interpretationen) in verhaltenstherapeutische Konzepte integriert. Das Paradigma ist nicht die klassische, sondern die sozial-kognitive Lerntheorie. Der Mensch ist nicht passives Produkt, sondern aktiver Umweltgestalter.

Störungen sind durch Kognitionen (einschließlich Ideen, Phantasien, Glaubensüberzeugungen) bedingt, die auch den Ansatz für die Therapie bilden. Störende Kognitionen sollen benannt, unter Anleitung des Therapeuten umgeformt und verändert werden.

Die Theorie des *Lernens am Modell* (Bandura et al. 1969) geht davon aus, daß Verhalten dadurch gelernt werden kann, daß es bei einem anderen gesehen wird, wobei die Beobachtung in der Realität der im Film von der Wirkung her überlegen ist. Ein positiver Kontext (z. B. in netter Gesellschaft) unterstützt das Lernen, Sympathie mit der beobachteten Person ist förderlich. Ein Modell, das allmählich das gewünschte Verhalten an den Tag legt, ist einem von vorne herein perfekten Modell hinsichtlich des Lernerfolgs überlegen. Wenn das gesehene Verhalten gleich danach selbst vom Beobachter praktiziert wird, erhöht dies den Effekt. Diese Gesichtspunkte finden etwa bei der Therapie von Ängsten Anwendung. So kann bei einer Brückenphobie der Therapeut zuerst über die Brücke gehen, dann mit dem Klienten zusammen und schließlich kann der Klient probieren, ob er es alleine schafft.

Beim *Problemlösen* (D'Zurilla u. Goldfried 1971) werden allgemeine Strategien für erfolgreiche Problemlösungen erarbeitet. Die wesentlichen Schritte sind dabei, die Einstellung zum Problem zu verbessern, das Definieren und Formulieren des Problems, die Erstellung von Alternativen und entsprechenden Entscheidungen und schließlich die Überprüfung des Ergebnisses.

Das *Selbstsicherheitstraining* (Ullrich de Muynck u. Forster 1974) enthält didaktische Momente (z. B. die Erklärung des Begriffs Selbstbehauptung), die Besprechung konkreter Lebenssituationen, Verhaltensübungen und Hausaufgaben. Zu befolgende Verhaltensregeln sind etwa ein emotionales Sprechen (spontan empfundene Emotionen äußern), ein ausdrucksvolles Sprechen, bei dem sich Empfindungen in Mimik, Gestik und Stimmklang widerspiegeln sollen), sowie der Gebrauch des persönlichen »ich« statt »man« und die Vermeidung anderer unpersönlicher Redewendungen.

Als *verdeckte Konditionierung* (Cautela 1976) wird bezeichnet, wenn Verstärkerprozesse (Bestrafung unerwünschten Verhaltens, Belohnung von erwünschtem) nur in der Phantasie durchgespielt werden.

Die *Selbstinstruktion* (Meichenbaum 1979) berücksichtigt, daß Handeln stets von einem inneren Dialog begleitet ist. An diesem inneren Dialog, der die Bewertungen der Handlungen darstellt, soll etwas geändert werden. Die Behandlung gliedert sich in die Schritte Problemstrukturierung (das Problem wird in allen Facetten mit den Begriffen des Klienten erörtert), Bewertungsanalyse (der Klient untersucht seine eigenen Gedanken und Bewertungen und erkennt sie als Ursachen des Problems), Modifikation der Selbstaussagen und neue Verhaltensweisen (der innere Dialog wird geändert).

Das *Streß-Impfungstraining* (Meichenbaum 1979) hat die Einübung von Bewältigungsstrategien auf Verhaltensniveau wie Entspannung und Atemtechnik, Korrektur einer falschen Einschätzung der Situation und der eigenen Möglichkeiten zum Ziel.

Die *kognitive Psychotherapie* von Beck (1992) stellt die »persönliche Domäne« in den Mittelpunkt. In ihrem Kern befindet sich das Selbstbild, um das herum für das Individuum wichtige Personen und Themen gruppiert sind (z. B. Angehörige, Freunde, Beruf, Besitz). Für die persönliche Domäne Förderliches löst positive Reaktionen (Zustimmung, Glücksgefühl) aus, für sie Ungünstiges negative. Trauer definiert Beck als wahrgenommenen Verlust von wichtigen Personen oder Gegenständen der Domäne, Angst als wahrgenommene Bedrohung und Aggression als wahrgenommene direkte bewußte Verletzung der Domäne. Bei depressiven Menschen konstatiert Beck eine Kombination von negativem Selbstbild, negativ interpretierten Lebenserfahrungen und einer nihilistischen Sicht der Zukunft. Die Bewertungen laufen größtenteils als automatische (nicht voll bewußte) Gedanken ab.

Emotionale Störungen beruhen auf Denkfehlern: Personalisierung (grundlose Zuschreibung von Selbstverantwortung), Polarisierung des Denkens, selektive Abstraktion (Überbewertung einzelner Aspekte), Übergeneralisierung (ungerechtfertigte Verallgemeinerung), Übertreibung (verzerrte und überdimensionale Wahrnehmung) und Katastrophierung (Ausmalen von Katastrophenszenarios). Wesentlich in der Therapie sind das Bewußtmachen und die Kontrolle der automatisch ablaufenden Gedanken und schädigenden Bewertungen und Denkfehler. Hierfür stehen als Techniken die Selbstbeobachtung, Identifizierung der inneren Selbstgespräche, schriftliches Festhalten erkannter Kognitionen, Prüfung der mit den automatischen Gedanken verbundenen Hypothesen, das Training von zu den automatischen Gedanken alternativen Kognitionen, Entwicklung und Durchführung von Strategien, die es dem Klienten ermöglichen, seine Gedanken und Überzeugungen zu verifizieren, Diskussion, Rollenspiel und Hausaufgaben zur Verfügung (Kriz 1985).

Die *rational-emotive Therapie* (Ellis 1978) besteht im wesentlichen darin, das Bewertungssystem, insbesondere irrationale Bewertungen, eines Menschen zu ändern. Während oft zwischen Ereignissen (A = activating event, z. B. dem Tod eines Menschen) und Folgen (C = consequences, z. B. das Gefühl, nicht mehr weiterleben zu wollen) eine unmittelbare Beziehung erlebt wird, ist noch ein Bewertungssystem (B = belief system) beteiligt, da die Ereignisse sonst für alle Menschen die gleichen Konsequenzen hätten, was offenkundig nicht der Fall ist. Da den Störungen in der Regel irrationale Bewertungen zugrunde liegen, ist deren Veränderung durch einen »sokratischen Dialog« (D = disputation) wesentlicher Bestandteil der Therapie und führt im günstigen Fall zu dem kognitiven und verhaltensmäßigen Effekt (E = effect) in Form einer Neuausrichtung des Bewertungssystems, des Umgangs mit Informationen und der Schlußfolgerungen. Das Problem an irrationalen Bewertungen ist nach Ellis (1978), daß sie immer verstärkt werden, da die Konsequenzen etwa in Form der eigenen Gefühle als Bestätigung dienen (daß ich Angst hatte, bestätigt nur, wie gefährlich die Situation war) oder als Grund genommen werden, das Ereignis zu meiden (z. B. da ich bei einer Prüfung immer Angst habe, gehe ich besser gar nicht erst hin).

Die besonders beim »sokratischen Dialog« zum Einsatz kommenden rational-emotiven Techniken lassen sich in emotive, behavioristische und kognitive einteilen. In Gruppen werden Klienten aufgefordert, sich ihre Emotionen völlig offen mitzuteilen und zu zeigen. Ziel ist es, die Bewertungssysteme zu ermitteln, die beim Klienten selbst und bei anderen negative Konsequenzen erzeugen. Auch Imaginationsübungen oder Übungen zur Überwindung von Scham (z. B. Fremde anzusprechen und sie um etwas zu bitten) fallen hierunter. Bei den behavioristischen Techniken finden Verstärkung, Selbstverstärkung und Hausaufgaben Einsatz (z. B. jemanden anrufen, mit dem man Streit hatte). Zu den kognitiven Techniken gehören ein harter Disput, Konfrontation, Widerlegung, Gegenindoktrination, aber auch Sammlung und Auswertung von Informationen oder die Erarbeitung von Bildern, die in kritischen Situationen vorgestellt werden können usw. All dies hat die Änderung der irrationalen Bewertungen im »belief system« zum Ziel.

*Anwendung auf Trauer:* Die systematische Densensibilisierung kann zur Erstellung einer Hierarchie besonders belastender Situationen in bezug auf die verlorene Person und zu deren allmählicher Entschärfung durch gleichzeitige Entspannung genutzt werden.

Die operante Konditionierung kann sicher nicht zu einem vollen Therapieprogramm für Trauernde ausgebaut werden, aber bestätigende Bemerkungen (Verstärkungen) können bei allen Verhaltensweisen von Trauernden Platz finden, die auf Verarbeitung, Rückkehr zu sozialen Beziehungen und zum Leben hin ausgerichtet sind.

Die Reizüberflutung findet in einer Reihe von Therapien mit Trauernden Anwendung, auf die wir im Kapitel »Spezielle Trauertherapien« noch eingehen wollen. Dabei wird immer die Erinnerung an den Toten oder an ihn erinnernde Gegenstände massiv provoziert, um anschließend ein Abklingen der Trauersymptome zu erreichen.

Eine Stimuluskontrolle findet in einigen Therapien mit Trauernden Anwendung. Die Stimuli werden so organisiert, daß möglichst trauriges Verhalten nicht animiert wird. So werden Situationen geplant und bewußt aufgesucht, in denen Trauer möglichst nicht auftritt, und Situationen vermieden, die zur Produktion und Verstärkung von Trauer beitragen. Wieweit dabei letztenendes Trauerarbeit vermieden wird und sich dies langfristig eher belastend auswirkt, ist in der Literatur umstritten. Dieser Ansatz wird in allen Fällen sinnvoll sein, in denen Umgebungsfaktoren zusätzlich belastend wirken (z. B. Bekannte, die sich am Leid Trauernder selbst aufbauen). Unter normalen Umständen sollte man die Gefahr einer psychosomatischen Kanalisierung bei Trauernden beachten.

Das Lernen am Modell findet bei allen Initiativen Anwendung, bei denen Witwen mit entsprechender Ausbildung anderen Witwen helfen und somit als Modell für den Umgang mit Trauer dienen wie etwa im Projekt »Community Contacts for the Widowed« (CCW, vgl. Rogers et al. 1980).

Problemlösetechniken und Selbstsicherheitstrainings können gut bei konkreten Alltagsproblemen eingesetzt werden. Vor allem bei sehr einseitiger Rollenverteilung in der Ehe oder symbiotischen Beziehungen kann der Tod des stärkeren Partners beträchtliche konkrete Probleme auslösen (z. B. beim Umgang mit Banken, im Geschäftsleben oder beim Autofahren). Das Durchspielen in der Phantasie und Einüben im Rollenspiel kann hier hilfreich sein.

Gute Ansatzpunkte bieten die kognitiven Psychotherapien. Vor allem Änderungen des inneren Dialogs und irrealer Bewertungen erscheinen sinnvoll. Häufige irreale Bewertungen sind etwa: »Ich werde mich nie wieder freuen können.« »So einen Mann wie meinen finde ich nie wieder.« »Jetzt muß ich für alle Zukunft allein sein.« »Die anderen mochten mich nur wegen meines Partners.« Die Arbeit an derartigen für die differenzierten Auswirkungen eines bestimmten Trauerfalls verantwortlichen intervenierenden Variablen vermag die Sicht und die Verarbeitung eines Verlusts entscheidend zu verändern.

Ein Schwarz-weiß-Denken ist besonders hinsichtlich der verlorenen Beziehung zu finden, die idealisiert und allen verbliebenen oder in der Zukunft noch möglichen Beziehungen als in ihrer Qualität unerreichbar gegenübergestellt wird. Durch sokratischen Dialog kann das Bild der vergangenen Beziehung der Realität angenähert werden und damit dessen hemmende Wirkung für befriedigendes Erleben weiterer Beziehungen reduziert werden.

Übergeneralisierungen betreffen vor allem die Angst vor einer Wiederholung der Verlusterfahrung bei jeder neu einzugehenden Beziehung. Auch hier können eine Konkretisierung der Erwartungen und ein Überprüfen an der Realität weiterhelfen.

Das schriftliche Festhalten automatisch ablaufender Gedanken, deren Ersatz durch positivere Vorstellungen, ihre Überprüfung und Einübung im Rollenspiel unterbrechen die Fortsetzung selbstanschuldigender und depressiver, ein Weiterleben ohne den verlorenen Partner negierender Lebenseinstellungen und führen zu einer Neuorientierung auf neue Beziehungen und der Möglichkeit neuer lustvoller Erlebnisse.

*Beispiel:*
Eine 74jährige Frau hat vor sieben Jahren ihren Ehemann verloren, mit dem sie 35 Jahre lang verheiratet war. Er starb an Krebs. Im Gespräch äußert sie, sie fühle sich einsam. In dem Ort, in dem sie wohnt, einem kleinen Dorf, bekomme sie keinen Kontakt, die Leute seien alle sehr sonderbar, schlössen sie aus. Mit einer Frau, die alleinstehend sei, glaubten die Dorfbewohner auch,

sich alles erlauben zu können. Eine Nachbarin hatte ihre angelieferten Kohlen einfach vor das Haus der Klientin werfen lassen, als die einen Tag weggefahren war. Als die Klientin zurückkam, war ihr ganzes Trottoir schwarz und Teile der Hauswand auch. Als sie die Nachbarin zur Rede stellte, leugnete diese. Offenbar denken alle, sie könne sich nicht wehren, weil sie alleine sei und keinen Mann habe, der sie in solchen Situationen unterstütze und für die gemeinsamen Interessen eintrete. Sie wolle eigentlich nur noch weg aus dem Ort in die 300 km entfernte Großstadt, in der ihr Mann begraben liegt, um ihm nachzufolgen. Im weiteren Gespräch stellt sich heraus, daß sie mit 18 Jahren mit einem jungen Mann verlobt war, der nach zwei Jahren tödlich mit dem Motorrad verunglückte. Es ist offensichtlich, daß ihr dieser jähe Abbruch der damaligen Beziehung auch heute noch zu schaffen macht. Sie scheint dieses Ereignis so verarbeitet zu haben, daß ihr nichts Schönes gegönnt sei.

Im Gespräch stellen sich als ihre »automatischen Gedanken« heraus, daß sie alles Negative darauf zurückführt, daß keinen Mann habe. Ferner denkt sie oft »mit mir will keiner etwas zu tun haben« und »die Leute in diesem Ort sind alle rücksichtslos, neidisch, egozentrisch und feindselig«. In der Therapie wird sie aufgefordert, sich in die Katastrophenszenarios zu begeben, sich diese intensiv vorzustellen, was ihr mühelos gelingt. Dann fordert der Therapeut sie auf, sich alternative Erklärungen für das Verhalten der anderen ihr gegenüber auszudenken. Sie kann sich vorstellen, daß sie sich zu sehr abschließt, daß sie seit dem Tod ihres Mannes nicht mehr mit anderen Kontakte pflegt, sondern sich immer zurückzieht und andere denken könnten, daß sie mit ihnen nichts zu tun haben wolle. Auch fällt ihr ein, daß dadurch, daß sie mit anderen nicht spricht, nicht verdeutlicht, was sie will und was nicht, andere ihre Wünsche oft falsch einschätzen könnten. Sie stellt sich alternativ vor, mit einem Nachbarn gegenüber, der sie immer etwas anlächelt, was sie darauf zurückführt, daß er nicht aus dem Ort gebürtig ist, ein Gespräch zu suchen und eine junge Frau, die sie schon einmal von der Busstation nach Hause gefahren hatte, zum Kaffee einzuladen. Mehr und mehr kommen ihr Gedanken, die zeigen, daß sie so isoliert, wie sie sich fühlt, nicht ist oder zumindest nicht zu sein bräuchte, weil immer wieder Angebote zum Kontakt vorhanden waren, die sie ausschlug.

Als Hausaufgabe wird verabredet, daß sie mit der einen Nachbarin ein Gespräch darüber führt, daß diese ihre Satellitenschüssel so angebracht hat, daß sie einige Zentimeter auf das Grundstück der Klientin ragt, und daß sie die junge Frau zum Kaffee einlädt.

Vorher listet sie noch alle dabei auftretenden ängstlichen Gedanken der Reihe nach auf. Dann werden zu jedem alternative positive Gedanken durchgesprochen (z. B. zu der Vorstellung, daß die junge Frau entrüstet ablehnen und denken könnte, mit jemandem in einem so hohen Alter möchte ich nichts zu tun haben). Dann werden im Rollenspiel mit dem Therapeuten verschiedene Szenarien durchgespielt.

In der nächsten Stunde berichtet sie, daß der Nachbarin nicht bewußt gewesen sei, daß die Satellitenschüssel hätte stören können und sie sich bereit erklärt habe, die Lage so zu verändern, daß ihr Grundstück nicht mehr tangiert sei. Die junge Frau hatte der Einladung zugesagt, allerdings war erst ein Termin in zwei Wochen möglich, da sie gerade mit dem Lernen für ihre Gesellenprüfung beschäftigt war.

Die Gedanken, die sich jetzt statt der bisherigen anboten, waren: Ich kann es ruhig riskieren, mich mit anderen einzulassen und Wenn ich mich zeige, wissen andere auch, was ich will.

## Gruppen- und Familientherapie

Auf die unterschiedlichen gruppen- und familientherapeutischen Ansätze soll hier weniger ausführlich eingegangen werden. Die Familientherapie kann als Sonderform der Gruppentherapie angesehen werden. Allen Familientherapieansätzen ist gemeinsam, daß sie Familie als System verstehen, die Symptome eines Familienmitglieds als Ausdruck krankmachender Prozesse in der gesamten Familie betrachtet werden und man davon ausgeht, daß der Symptomträger das Gleichgewicht in der Familie zunächst stabilisiert. Dementsprechend kann die Symptomatik des einzelnen Familienmitglieds auch nur durch Veränderungen der Beziehungen im gesamten Familiensystem behoben werden.

Ziele der Familientherapie sind eine verbesserte Kommunikation, stärkere Autonomie des Systems und einzelner, die Fähigkeit zur Konfliktlösung innerhalb der Familie sowie Änderungen der Familien- und Beziehungsstruktur.

Prinzipiell läßt sich jeder der bisher besprochenen therapeutischen Ansätze, vielleicht mit Ausnahme der Primärtherapie und der Hypnose (die als Gruppentherapien eher Einzeltherapien in der Gruppe darstellen), auch als Gruppen- oder Familientherapie durchführen. Hinzu kommen bei der systemischen Familientherapie einige speziell für Familien konzipierte Verfahrensweisen wie die strukturelle Familientherapie von Minuchin (Minuchin u. Fishman 1983) oder der erfahrungszentrierte Ansatz von Satir (1975).

In der psychoanalytischen Familientherapie sind Rollenvorschriften, die wir aus der Transaktionsanalyse als frühkindliche Botschaften kennen, ein zentrales Moment (Richter 1969). Das Kind kann seine Rollen durch Übertragung oder narzißtische Projektion von den Eltern zugewiesen bekommen. Bei der Übertragung wird es in die Rolle einer Person aus der Kindheit des betreffenden Elternteils gedrängt (Substitut), beispielsweise ein Mädchen in die Rolle der älteren Schwester des Vaters. Es können ihm aber auch Funktionen übertragen werden, die in der ehelichen Auseinandersetzung eine Rolle spielen (z. B. das Kind als Bundesgenosse eines Elternteils). Bei der narzißtischen Projektion kann das Kind als Kopie eines Elternteils, als ideales Selbst (so wie der Elternteil immer werden wollte) oder als negatives Selbst (all das verkörpernd, was ein Elternteil an sich nicht leiden kann) gesehen werden. Von der Familienstruktur her unterscheidet Richter die angstneurotische, die paranoide und die hysterische Familie. Für den Erfolg einer psychoanalytischen Familientherapie ist die Analyse der Rollen und der Übertragungen untereinander und auf den Therapeuten entscheidend.

Beim Ausfall von Bezugspersonen muß besprochen werden, für welche Rollen der Verlorene zuständig war, wer für die von ihm zu übernehmenden Rollen jetzt zuständig sein könnte oder wie sinnvoll die Rollen der einzelnen waren. Die Übertragungen auf den Therapeuten machen deutlich, welche Positionen im System vakant sind.

Die strukturelle Familientherapie von Minuchin befaßt sich mit den Subsystemen in der Familie, vor allem dem ehelichen, dem elterlichen und dem geschwisterlichen sowie deren Grenzen, Starrheit oder Flexibilität, mit Transaktionen untereinander und der Durchlässigkeit von Systemgrenzen. In Trauerfällen kann die Struktur der Familie vor und nach dem Verlust analysiert werden. Die entstandenen Veränderungen innerhalb der Subsysteme und ihre Bedeutung für die gesamte Familie können so geklärt werden.

Beim erfahrungszentrierten Ansatz (Satir 1975) stehen die bisherigen gegenseitigen Erfahrungen der Familienmitglieder miteinander, als Individuum und in der Ursprungsfamilie im Mittelpunkt. Diese Methode ist Formen der Individualtherapie sehr nahe, so daß sich auch Überlegungen zur Übertragung auf Trauersituationen erübrigen.

Eine Methode, die aus der Familientherapie stammt, aber auch einzeln oder in Gruppen eingesetzt werden kann, ist die Familienskulptur von Satir. Dabei werden die familiären Beziehungen und wechselseitigen Einstellungen pantomimisch als Skulptur festgehalten, wobei eines der Familienmitglieder für die Gestaltung zuständig ist.

Bei der paradoxen Intervention oder Symptomverschreibung wird vom Therapeuten die Verhinderung der Symptom- (oder Problem-) reduktion angeordnet. So soll sich etwa ein Stotterer mit aller Macht zwingen zu stottern, um damit das Auftreten von Symptomen zu verhindern, denen Autoritätsaspekte zugrunde liegen.

Horowitz (zit. nach Figley 1996) überträgt familientherapeutische Konzepte auch auf die Bearbeitung von Trauer durch Tod (Rochester-Modell). Walsh und McGoldrick (1991) nennen vier Aufgaben für Familien, die von einem Verlust betroffen sind:

(a) geteilte Kenntnis der Realität des Todes; (b) Teilen der Erfahrung des Verlusts, und diese in einen sinnvollen Zusammenhang für jedes Familienmitglied zu stellen; (c) Reorganisation des Familiensystems und (d) Reinvestierung von Energie in andere Lebensziele und Beziehungen.

Baker (1997) definiert die Aufgaben der Verlustbewältigung für Familien in der Therapie so: (a) Identifizierung eines früheren Verlusts in seiner Wirkung auf das gegenwärtige Funktionieren der Familie und Hilfestellung beim Verstehen des entsprechenden Einflusses; (b) Ermutigung, zwischen den Familienmitgliedern Gefühle über den Verlust auszudrücken; (c) Rekonstruktion der Familie; (d) Neudefinition von Grenzen; (e) Identifikation der Entwicklungsaufgaben für die Familie, die aufgrund des Verlusts bisher unbearbeitet geblieben sind (z. B. zuzulassen, daß Kinder und Jugendliche reifen und die Familie verlassen werden).

Für Trauernde bietet sich auch eine Gruppentherapie an. Ein erster Effekt der Sitzungen ist es bereits zu erfahren, daß andere unter ähnlichen Problemen und Ängsten leiden. Wichtig für die Therapie ist zudem, daß mehr Partner für Übertragungen zur Verfügung stehen als in der Einzeltherapie, so daß auch eine größere Anzahl von Mustern transparent werden kann, die die Beziehung zum Verstorbenen betreffen. Gleichzeitig müssen die Gruppenteilnehmer sich jedoch darüber verständigen, daß eine schnelle neue Bindung zweier Gruppenmitglieder genau darauf hin überprüft werden muß, ob nicht nur ein Ersatz für den verlorenen Partner, sondern tatsächlich ein neuer Partner gesucht wird.

## Therapie mit Kindern

Auch für die Therapie mit Kindern gilt prinzipiell, daß alle bisher besprochenen therapeutischen Ansätze im wesentlichen übertragbar sind, was aber umfassend nur mit Verhaltenstherapie, personzentrierter Gesprächspsychotherapie und Psychoanalyse geschehen ist, sieht man einmal von gestalttherapeutischen Ansätzen ab (z. B. Rahm 1997). Da die grundlegenden theoretischen Vorstellungen über die Wirkfaktoren bei Erwachsenen- und Kindertherapie ähnlich sind, beschränken wir uns auf einige grundsätzliche Merkmale der Kindertherapie:

Kindertherapie verwendet am besten das Medium Spiel. Das entscheidende Vorgehen ist aber der Arbeit mit Erwachsenen ähnlich, wie etwa in der Psychoanalyse die Arbeit mit Symbolen oder die Lockerung verdrängter Motive.

Ohne Zusammenarbeit mit den Eltern ist eine Therapie jüngerer Kinder kaum möglich. Dabei müssen die Motive, deren Blockierungen beim Kind festgestellt wurden, auch bei den Eltern gelokkert werden, da sie anderenfalls die Veränderungen beim Kind nicht ertragen könnten. Mit Interpretationen ist bei Kindern noch vorsichtiger umzugehen als bei Erwachsenen. Beispiele, Metaphern, indirekte Äußerungen sind eher angezeigt.

Selbst bei schwierigsten Eltern-Kind-Beziehungen liebt das Kind seine Eltern. Nur wenn die therapeutische Beziehung dies respektiert und dies dem Kind deutlich macht, kann es sich auf das Bündnis mit dem Therapeuten einlassen. Ein Agieren des Therapeuten gegen die Eltern wird vom Kind als existentielle Bedrohung empfunden und führt notwendigerweise dazu, daß es die Beziehung zum Therapeuten nicht vertrauensvoll aufnehmen kann. Dies gilt erst recht, wenn Trennungen von Bezugspersonen vorliegen und das Kind ohnedies durch Ängste vor dem Verlust von Bindungen verunsichert ist.

Für die Therapie muß das Spielzeug nach den verdrängten Motiven des Kindes ausgerichtet sein. Es sollte also Angebote aus dem oralen (Fläschchen, Sauger, Schmusetiere, Fell, Puppenherd), analen (Sandkasten, Fingerfarben mit -tafel, Teppichklopfer, Spielzeugtoilette, Boxhandschuhe, Gummischwerter) und ödipalen (Puppenfiguren, Kleider zum Anziehen, Sachen zum Arztspielen) Bereich enthalten. Ob der Therapeut sich direkt am Spiel mit dem Kind beteiligt oder es eher kommentierend begleitet, wird unterschiedlich gehandhabt.

Verbote sollten so sparsam wie möglich gegeben werden, wobei der Therapeut immer von seiner eigenen Toleranz ausgehen muß, um nicht mehr zuzulassen, als er verkraften kann, damit eigene Aggressionen gegen das Kind nicht auftreten.

Nach für das Kind besonders lustvollen Therapiestunden sollten auf jeden Fall wenigstens einige Worte mit den Eltern gewechselt werden, damit das Kind für die Lockerung seiner Hemmungen (wenn es etwa verschmutzt nach Hause kommt) nicht bestraft wird oder die Eltern womöglich den Sinn der Therapie nicht mehr nachvollziehen können.

*Anwendung auf Trauersituationen:* Bei Kindern geht es in der Trauertherapie nicht nur um die Bearbeitung des Verlusts, sondern sie brauchen einen realen Ersatz für ausgefallene Beziehungen.

Hier ist vom Trauertherapeuten bei Elternverlust vorübergehend, aber unmittelbar in der Therapie die Übernahme elterlicher Rollen anzubieten, mehr als dies bei anderen Therapien auch mit Kindern angezeigt ist. Darüber hinaus steht für das Kind die Katharsis als therapeutische Wirkung im Vordergrund.

Kinder mit Verlusterlebnissen tendieren im Gegensatz zum Trauerprozeß der Erwachsenen oft zur Leugnung des Todes, zu radikalem Sich-Abschirmen gegenüber Gefühlsäußerungen über den Verlust, zu auffallender Zunahme von Identifikation mit und Idealisierung der verstorbenen Person und zu Phantasien von fortdauernder Beziehung mit dem (der) Verstorbenen (Miller 1971). Deshalb soll bei ihnen das direkte Ansprechen von Gefühlen vermieden werden. Indirekt anhand des Beispiels eines anderen Kindes, dessen Geschwister gestorben war und das das Gefühl hatte, es hätte versäumt, das zu verhindern, oder symbolisch, etwa durch Spielen einer Operation mit den Puppen oder die Reparatur einer Puppe, die kaputt gegangen ist, oder durch sachliche Berichte über den Tod werden Kinder weit weniger belastet.

Puppenspiele, das Malen der Familie oder das Spielen eines Zauberers durch das Kind sind hilfreiche Möglichkeiten, den Druck zu erleichtern, aber auch seine Verarbeitungsprozesse kennenzulernen und diagnostisch zu nutzen.

*Beispiel:*

Als jungem Erziehungsberater wurde mir ein 12jähriges Mädchen wegen plötzlich aufgetretenen Leistungsversagens in der Schule vorgestellt. Der Vater hatte sich vor einem Monat in der Waschküche erhängt. Das Mädchen hatte ihn gefunden und versucht, ihn allein vom Strick zu befreien, und hatte erst die Mutter geholt, als das mißlang. In den ersten Stunden erzählte sie immer wieder von dem Erlebnis mit ihrem strangulierten Vater. Ich erkundigte mich vorsichtig nach Details, aber ohne sie nach ihren Gefühlen zu fragen. Ich vermutete, daß sie mir diese schon zeigen würde, wenn es ihr möglich wäre. Ihre Erzählungen vom Auffinden des Vaters waren wenig emotional, nicht traurig, nicht ängstlich, eher wie ein sachlicher Bericht. Nach einigen Stunden beschäftigten sie andere Themen. Sie zeigte mir ihre Stricksachen, erzählte von ihren Freundinnen, ab und zu auch aus der Schule. Öfter wollte sie Memory, Mensch-ärgere-dich-Nicht oder Halma mit mir spielen, worauf ich mich auch einließ. Ich hatte das Gefühl, daß es nach den ersten Stunden nicht direkt um therapeutische Interventionen ging, eher hatte ich das Gefühl, daß sie mich nahtlos als Ersatz akzeptiert hatte. Die Schulsituation hatte sich bald erheblich gebessert und sie schien mit dem Kontakt zu mir nach wie vor sehr zufrieden, brauchte ihn aber nicht mehr so sehr. Ich hatte das Gefühl, daß ich ihr inzwischen weniger wichtig war. Im Gegensatz zu der Ausschließlichkeit des Kontakts, den sie zunächst mit mir pflegte, erzählte sie gelegentlich, daß sie gerne käme. Sie erzählte aber auch immer öfter von einem Bruder der Mutter, der häufiger als früher zu Hause vorbeikam und mit dem sie Kontakt hatte. Ebenso klangen die Erzählungen über ihre Freundinnen nach unbeschwertem und vergnügtem Spiel.

Wie oft in der kindertherapeutischen Praxis schien es mir schwer zu beurteilen, was in diesem Fall eine Veränderung bewirkt hatte. War es die Erzählung über ihr Erlebnis, die Stabilisierung der Familiensituation oder das Auftauchen des Onkels, der häufiger als früher zur Verfügung stand. Aus meiner Sicht stand ich in einem günstigen Augenblick als Ersatzvater zur Verfügung und habe allein deshalb abseits aller therapeutischen Theorie verhindert, daß sie sich als ganz verlassen, ungeliebt und uninteressant vorkam. So konnte die Zeit überbrückt werden, bis ein realer Partner einspringen konnte, der dies mit ebenso viel Spaß, aber nicht von Berufs wegen tat.

# Spezielle Trauertherapien

Eine Reihe von Verfahren sind speziell für die Anwendung auf Verlustsituationen konzipiert worden und gehen damit weit über die besprochenen Modifikationen bestehender Verfahren für Trauersituationen hinaus.

## Kriseninterventionsprogramme

Neben reinen Trauertherapien gibt es zahlreiche Programme zur Behandlung akuter Trauer, angefangen von der Information und der Veränderung der aktuellen Umgebung bis hin zu intensiver Durcharbeitung in Gruppen oder Einzeltherapie besonders betroffener Personen (s. Pynoos u. Nader 1993, Fischer u. Riedesser 1998).

Greifen wir ein Beispiel heraus: Das »Critical Incident Stress Debriefing« (CISD) ist ein in den USA häufig eingesetztes Kriseninterventionsprogramm (Mitchell 1983). Ursprünglich für Notaufnahmestationen konzipiert, kommt es in der unmittelbaren Katastrophensituation zum Einsatz und soll helfen, späteren psychischen Störungen vorzubeugen. Das Einsatzteam besteht aus mehreren Mitgliedern, darunter ein »mental health counselor« und ein »peer counselor«. Letzterer gehört selbst zu der betroffenen Berufsgruppe (z. B. bei Unfällen in einem Betrieb). Er soll Kenntnisse bezüglich der beruflichen Aspekte zur Verfügung stellen und den Betroffenen Glaubwürdigkeit vermitteln. Er selbst ist nicht vom Unfall betroffen.

Die Intervention verläuft in sieben Stufen:

(1) Bei der Einführung werden Grundregeln aufgestellt, der Prozeß erläutert und Vertrauensprobleme besprochen.
(2) In der »fact phase« sollen die Teilnehmer beschreiben, was an Fakten passierte.
(3) In der »thought phase« werden erste Gedanken der Mitglieder während der Ereignisse erhoben.
(4) Die »reaction phase« dient dem Besprechen der Gefühle.
(5) In der »symptom phase« werden Symptome erörtert, die auftauchten,was auch an Beispielen aus anderen Ereignissen passieren kann.
(6) Die »teaching phase« hat zum Ziel, daß die Teilnehmer lernen, ihre Reaktionen als normal und vorübergehend einzustufen.
(7) In der »reentry phase« werden Copingmechanismen unterstützt und wird auf ungeeignete Bewältigungsmuster aufmerksam gemacht.

Die Einsatzdauer für das Team beträgt nicht mehr als zwei bis drei Stunden. Selbsterfahrungseinheiten und Gruppen- oder Familientherapien können sich für die Betroffenen anschließen.

Für Kinder ist bei traumatischen Todesfällen (etwa infolge von Katastrophen) zuallererst wichtig, ihnen psychisch und räumlich Sicherheit zu vermitteln. Sie müssen mit den (noch vorhandenen) Familienmitgliedern so schnell als möglich wiedervereinigt werden und andere (Kinder) müssen davon abgehalten werden, die Lage zu verschärfen, indem sie etwa »Killer« spielen. Solche Reaktionen sind angesichts der auch bei ihnen entstehenden Aufregung und Angst durchaus nicht selten. Diese Kinder sollten statt dessen die Aufgabe bekommen, sich um ihre Kameraden zu kümmern. In der weiteren Betreuung haben sich »peer support groups« besonders bewährt, da sich Kinder und Jugendliche in diesen Gruppen mit ihrem Problem nicht mehr so allein fühlen.

Wenckstern und Leenaars (1991) schildern am Beispiel des Suizids eines Schülers Interventionsprogramme, die aber auch auf andere traumatische Ereignisse im schulischen Bereich übertragbar sind. Darüber hinaus haben schulische Interventionsprogramme Ähnlichkeit mit posttraumatischen Interventionsprogrammen:

- die Maßnahme sollte so früh wie möglich nach der Tragödie beginnen;
- Widerstand sollte von einigen, aber nicht allen Überlebenden erwartet werden;
- negative Emotionen gegen das Opfer sollten zur rechten Zeit erfragt werden;
- bei der Realitätstestung sollte geholfen werden;
- wenn es nötig ist, muß der Psychologe bereit sein, sich zurückzuziehen;
- Klischees und banaler Optimismus sind unter allen Umständen zu vermeiden;
- wichtig ist es, auf erheblichen Zeitbedarf eingestellt zu sein (allgemein mehrere Monate in einer Schule);
- das Nachsorgeprogramm sollte Teil eines Gesundheitspakets sein, das Präventions- und Interventionsmaßnahmen einschließt.

## Trauertherapien im engeren Sinn

### Klärungen im Vorfeld der Therapie

Zu Beginn einer möglichen Trauerberatung oder Trauertherapie und zum eventuellen Einstieg und zur Klärung, ob Therapie oder Beratung überhaupt nötig ist und welche Ziele diese haben soll und wo Vulnerabilitäten liegen, sind einige grundsätzliche Fragen zu stellen (Raphael et al. 1993), die dem Inhalt nach so gestellt werden können:
- Können sie mir etwas über sie/ihn (die/den Verstorbenen) sagen?
- Können sie mir etwas darüber sagen, wie sie/er starb?
- Können sie mir sagen, wie andere seitdem auf sie reagiert haben, was sie gesagt und getan haben, was dies für sie bedeutete?
- Können sie mir etwas über die anderen Dinge sagen, die ihnen seitdem passiert sind oder die jetzt passieren und die für sie ebenso schwerer sind?
- Können sie mir etwas über sich selbst und ihr Leben sagen,

bevor das alles passierte? Wie es war und womit sie in der Vergangenheit konfrontiert waren?

- Können Sie mir etwas über die Familie sagen? Wie dieses Ereignis die Familie als Ganze tangiert, und was es ihrem Gefühl nach für jede Person bedeutet?

## Regrief-Therapy

Die früheste und bekannteste Entwicklung einer speziellen Trauertherapie ist die »Regrief-Therapy« von Volkan (Volkan u. Josephthal 1994). In ihr spielen sogenannte Brückenobjekte eine zentrale Rolle. Sie stellen den Kontakt zum Toten her und sind etwas, das die verlorene Person früher trug (z. B. ihre Uhr), etwas, das der Tote zur Erweiterung seiner Sinne benutzte (z. B. eine Kamera), eine symbolische oder realistische Repräsentation des Toten (z. B. eine Photographie) oder etwas, das der Trauernde gerade zur Hand hatte, als er vom Tod erfuhr oder den toten Körper sah (z. B. ein Taschentuch). Diese Funktion kann auch eine Phantasie ausfüllen, die der Trauernde sich beispielsweise während der Beerdigung immer wieder ins Bewußtsein rief und die jetzt eine Brücke darstellt.

Die Regrief-Therapy beginnt mit dem, was Volkan als »demarcation exercises« bezeichnet. Der Trauernde muß lernen, was zu ihm selbst und was zur Repräsentation der verlorenen Person gehört. Es muß geklärt werden, was von den Introjekten er behalten und welche er zurückweisen will. Der Therapeut fördert über Wochen nicht ein massives Ausleben von Gefühlen, sondern dämpft eher die Ungeduld des Klienten, indem er etwa auf Unmutsäußerungen, warum die Therapie denn so lange dauere, mit besänftigenden Bemerkungen reagiert (warum haben sie denn solche Eile, wir arbeiten doch daran). Danach beginnt die Arbeit am Brückenobjekt, das zur Therapie mitgebracht und zwischen Therapeut und Klient gelegt wird. Beim Anfassen des Objekts schildert der Klient, welche Gefühle dies bei ihm auslöst. Nach der Therapie wird der Gegenstand vom Therapeuten weggeschlossen. Diese Arbeit am Brückenobjekt kann wochenlang dauern. In den Wochen danach werden mit dem Therapeuten alle Erfahrungen und Erinnerungen durchgegangen (z. B. wann die Abspaltung begann, Begräbnis, Versuche, den Toten am Leben zu halten). Eine Art vom Patienten selbst gefundenes Ritual sei günstig, ebenso die Träume des Klienten, die er während der Therapiezeit hatte, in ihrer Reihenfolge noch einmal mit ihm durchzugehen, damit er sieht, wie die Introjekte der verlorenen Person ihn langsam in Frieden lassen und wo er jeweils im Trauerprozeß gestanden hat. Die Therapie dauert insgesamt ungefähr vier Monate mit mindestens drei Sitzungen wöchentlich. Der Therapeut muß in der Regrief-Therapy aktiv, direkt und instruierend etwa gegen Gefühle der Scham und der exzessiven Kontrolle angehen, sich als Bündnispartner anbieten. Das Vehikel, über das die Therapie funktioniert, ist die Übertragung, also die positiven Beziehungsgefühle und Erwartungen. Im Laufe der Therapie tauchen auch Übertragungen auf den Therapeuten auf, die dem Verstorbenen gelten. Das kann genutzt werden, um Konflikte durchzuarbeiten, die der Betreffende mit dem Verstorbenen hatte. Die frische Trauer anläßlich der Beendigung der Therapie kann ebenfalls genutzt werden. Die Regrief-Therapy ist eine Art psychoanalytischer Fokaltherapie.

Regrief-Therapy sei, so Volkan, nicht geeignet für Personen mit einer narzißtischen Charakterpathologie, hingegen gut geeignet für solche mit hohen Werten für Hysterie und Abhängigkeit im MMPI (Minnesota Multiphasic Personality Inventory, einem Persönlichkeitsfragebogen) sowie generell für alle, für die auch eine klassische Psychoanalyse geeignet sei.

## Rituale

Aus gestalttherapeutischer Sicht sind vor allem eine Reihe von Ritualen entwickelt worden, die konzentriert als eigene Therapie für Trauernde verwendet oder fallweise in Therapien eingebaut werden können. Dies kann beispielsweise ein in allen Einzelheiten geplanter Abschiedsbesuch an einem Ort sein, der eine gemeinsame Bedeutung hatte, bei dem alle Handlungen von Erinnerungswert bezüglich der verlorenen Partnerschaft noch einmal ausgeführt werden, etwa ein Kirchenbesuch, das Eisessen, ein Besuch im Lieblingsrestaurant. Alles soll unternommen werden im vollen Bewußtsein, daß dies das letzte Mal ist, an dem der Verlorene an diesem Ort geistig mit anwesend ist. Ebenso können rituelle Waschungen, wenn Schuldgefühle gegenüber dem verlorenen Partner eine Rolle spielen, rituelle Beerdigungen von Brückenobjekten oder symbolisch den Verstorbenen darstellenden Gegenständen, das Anzünden einer Kerze, bis zu deren Abbrennen Zeit ist, Abschied zu nehmen, das Pflanzen eines Baumes als Zeichen eines neuen Lebensabschnitts, oder ähnliches hilfreich sein. Beispiele für Rituale finden sich auch bei Canacakis (1990).

## Konfrontative Ansätze mit verhaltenstherapeutisch-gestalttherapeutischen Elementen

Als kognitiv-verhaltenstherapeutisch mit gestalttherapeutischen Elementen könnte man die Therapien von Hodgkinson (1982) sowie von Melges und DeMaso (1980) einstufen. Hodgkinson vermutet bei pathologischen Trauerverläufen, daß die Trauer als emotionaler Prozeß blockiert ist und in der Therapie hieraus wieder befreit werden muß. Die Therapie beginnt mit Konfrontationen. Die dabei entstehenden emotionalen Reaktionen werden dann mittels der gestalttherapeutischen Technik des leeren Stuhls weiterbearbeitet und geschlossen. Diese Folge wiederholt sich während des weiteren Therapieverlaufs.

Melges und DeMaso betonen das Wiedererleben der Trauer im Hier-und-Jetzt. Zunächst müssen Blockierungen der Trauer gefunden und ein kognitiver Entschluß zum erneuten Trauern gefaßt werden. Es folgen Visualisierungsübungen, die sich auf den Toten beziehen. Es sollen die Szenen neu erlebt und in der Gegenwart erzählt und betrauert werden, bevor neue Zukunftsorientierungen entworfen werden.

## Geleitete Trauerkonfrontation

Eine dem verhaltenstherapeutischen »flooding« (Reizüberflutung) angenäherte Methode ist die geleitete Trauerkonfrontation von Vogel und Peterson (1991). Der Patient muß sich in regelmäßigen Sitzungen zu Hause immer wieder Bildern und Erinnerungen an den Toten aussetzen. Die Besprechung in der Therapie dient mehr der Kontrolle der Durchführung. Das Verfahren erfordert vom Klienten sehr viel Eigenständigkeit und intrinsische Motivation. Daher wirkt es nur in Fällen, in denen die Trauernden selbst die Erinnerungen und Belastungen loswerden wollen. Der Vorteil sei jedoch, daß es gerade bei resistenten Trauerfällen, bei denen psychodynamische Techniken versagen, erfolgreich ist. Bei ambivalenten Fällen, bei denen die Trauer auch Elemente von Befriedigung (sekundärer Lustgewinn) enthält, sei die Methode hingegen eher nicht sinnvoll. Der Effekt dieser Therapie wird mit Gewöhnung oder mangelnder Verstärkung erklärt. In nicht erfolgreichen Fällen könnte das »anti-exposure paradigm« von Sireling et al. (zit. nach Vogel u. Peterson 1991) mehr Erfolg versprechen.

## Transitional Family Therapy (Familienübergangstherapie)

Eine an die Transaktionsanalyse, systemische und kognitiv-verhaltenstherapeutische Ansätze angelehnte Methode ist die Transitional Family Therapy (TFT), meist als Familientherapie praktiziert. Es ist eine integrative, interaktive Problemlösungstherapie mit durchschnittlich zehn Sitzungen. Die Familienpattern werden transgenerational, sozusagen mit Ausdehnung des transaktionsanalytischen Skriptbegriffs auf die Mehrgenerationenebene als Familienskripts exploriert (Boszormenyi-Nagy u. Spark 1973; Kerr u. Bowen 1988; Stanton 1992), unterbrochen durch eine transitionale (Übergangs-)Therapie. Multigenerationale, sich wiederholende Pattern von Schwierigkeiten und Erfolg bei Übergängen von einem Lebenszyklus zu einem anderen (Carter u. McGoldrick 1988; Landau 1982; Stanton 1992) werden erhoben. Wichtig in der

Behandlung von Trauma und Verlust ist der Landkartenprozeß (mapping process), vor allem die Erstellung von Übergangslandkarten, die gemeinsam von Therapeuten und Klienten konstruiert werden. Der Klient soll sich so weit wie möglich zurück erinnern. Epizentren von Trauma und Verlust und die Reaktionen der Familienmitglieder hierauf werden aufgespürt. Die Funktion der Landkarte hierbei ist diagnostisch, prädiktiv und interventiv.

Ist die Ätiologie der Traumen erst einmal identifiziert, hilft der Therapeut, effektiv zu trauern. Dann werden Methoden und Werkzeuge zusammengestellt, um mit solchen Traumen in Zukunft anders umzugehen. Wichtig sind die Interaktionen der Familienmitglieder und die Herstellung von Rapport, Identifizierung der Kräfte und Ressourcen, Erarbeitung von Zielen und einem besseren Umgang mit Trauer. Benutzt werden können: Skulpturen; transitionale Skulpturen; Rollenspiel; Simulation und Aufgaben in der Sitzung, die in Hausaufgaben übersetzt werden. Eine ganze Gruppe oder Familie, Untergruppen und zusätzlich für die Familie bedeutsame Personen können eingeladen werden und an der Therapie teilnehmen, die jedoch auch mit Einzelpersonen durchgeführt werden kann. Ziele der Therapie sind die Reorganisation der Familie, das Verstehen der ausgefallenen Familienmitglieder vor und nach ihrem Tod und der Versuch, ihnen zu vergeben, die Verteilung der Verantwortlichkeiten, die Reduzierung der Angst vor nicht-tradierten Lösungen und die Mobilisierung von Ressourcen. Die älteren Familienmitglieder können die jüngeren dabei unterstützen. Die üblichen Schritte des Verfahrens, die in jeder Sitzung wiederholt werden, sind (Horwitz 1997):

- sich mit den Familienmitgliedern, wenn möglich auch mit den älteren, und anderen präsenten Unterstützungspersonen der Familie zu treffen;
- Behandlungsziele festzulegen;
- die Kräfte der Familie zu identifizieren und zu mobilisieren;
- die transitionale Landkarte zu konstruieren und die wahrscheinlich traumatischsten Epizentren zu lokalisieren;
- Theorien und Techniken der verschiedensten Schulen zu nutzen, um einen bedeutungsvollen Dialog in der Sitzung und aktionsorientierte Interventionen zustande zu bringen;

- den Familienmitgliedern relevante Aufgaben zuzuweisen, die sie zwischen zwei Sitzungen erledigen sollen;
- die Therapie zu beenden.

Horwitz (1997) geht dabei von folgenden Grundannahmen des TFT aus:

(a) Reaktionen auf Traumen hängen davon ab, wie gut eine Person auf Lebensereignisse und Änderungen von Lebenszyklen vorbereitet ist.

(b) Der systemische Zugang neutralisiert die Traumaeffekte durch Unterbrechung des Zyklus von Schmerz und Symptomatologie.

(c) Die Familie muß den »Verlust verlieren« und dem dahingeschiedenen Familienmitglied eine geeignete und nützliche Anwesenheit in der gegenwärtigen Lebenserfahrung der Familie zubilligen.

(d) Wenn man eine Familie näher an ihre Trauer bringt als sie dies selbst könnte, hilft ihr dies, den Schmerz aufzugeben. Dies erfordert großes Geschick vom Therapeuten, vor allem beim Pacing, Timing und der Interventionsanwendung.

(e) Die Besprechung der Realität des Todes demystifiziert die diesbezüglichen Vorstellungen.

(f) Die Herstellung oder Wiederherstellung eines Gleichgewichts zwischen den noch lebenden Mitgliedern einer Familie und zwischen den lebenden und dem toten Mitglied reorganisiert die Hierarchie effektiv.

(g) Durch das Durcharbeiten des Schmerzes können der Verlustschmerz und die Traumaangst zwischen allen Familienmitgliedern verteilt werden.

*Beispiel:*

Eine 67jährige Frau leidet unter massiven Rückenschmerzen und Ängsten wegen des drohenden Todes ihres Mannes seit dessen Gehirnschlag vor drei Jahren, von dem er sich noch nicht ganz erholt hat.

Sie erzählt von ihren Eltern: Der Vater hat Suizid begangen, als sie 16 Jahre alt war. Er hinterließ hohe Schulden. Er war Anwalt, hatte aber nach dem Krieg keine Anstellung gefunden und dann in der Kanzlei seines Bruders mitgearbeitet. Da die beiden Brüder sehr eifersüchtig aufeinander waren, gab es ständig Reibereien. Als Unterlegener pflegte der Vater sich dann zu betrinken. Im

Krieg hatte er wohl seine glücklichste Zeit als Richter in der Sowjetunion erlebt. Von einem Besuch dort hat die Mutter dann den sieben Jahre jüngeren Bruder mitgebracht. Das war für die Mutter sehr unangenehm, weil sie schon 43 Jahre war und sich auf einen ruhigen Lebensabend ohne Kindergeschrei gefreut hatte. Sie hatte aber auch öfter überlegt, sich vom Vater zu trennen, da sie ihn für einen Versager hielt, der es nicht schaffte, ihr soviel zu bieten, wie sie von einem Sohn aus einigermaßen vermögender Familie erwartet hatte. Dies kam nun auch als mögliche Phantasie für sie nicht mehr in Frage. Der Bruder hat studiert, ist als Arzt im Krankenhaus beschäftigt, verheiratet, hat ständig Freundinnen und kommt mit Geld nicht gut aus. Offensichtlich spielt er. Von seinen beiden Söhnen ist der eine arbeitslos, ein typischer Schulversager. Der andere studiert, hat eine feste Freundin, aber offensichtlich auch des öfteren weitere Liebschaften. Die Frau des Bruders verlor ihre Mutter mit acht Jahren, hatte dann eine Stiefmutter, die nach zwei Jahren verstarb, dann eine weitere. Nach drei Jahren verstarb ihr Vater. Sie ging nach Schweden als Au-pair-Mädchen und kam erst nach fünf Jahren wieder zurück, holte dann das Abitur nach, wurde Lehrerin und heiratete. Sie ist seit 30 Jahren Nur-Hausfrau, sehr unzufrieden, trinkt und macht die Nacht zum Tag.

Die Tochter der Klientin ist jetzt 39, der Sohn 35 Jahre alt. Die Tochter wurde geboren, als die Klientin gerade anfangen wollte zu studieren. Sie mußte dann arbeiten, um zum Familienunterhalt beizutragen. Ihr Mann war damals noch im Studium, brach dieses ab und begann eine Ausbildung als Justizangestellter. Dort arbeitete er sich hoch bis zu einer leitenden Stelle, für die eigentlich ein Studium Voraussetzung gewesen wäre.

Die Tochter der Klientin hat verschiedene Ausbildungen abgebrochen, die meistens daran scheiterten, daß sie sich nichts sagen lassen wollte. Beziehungen zu Männern dauerten oft nicht lange. Sie wird als mit sehr großen Dominanzansprüchen in Beziehungen geschildert. Seit kurzem betreibt sie eine Modeboutique. Der Sohn der Klientin hat Germanistik studiert, ist derzeit arbeitslos und tendiert zu übermäßigem Alkoholkonsum. Er ist noch unverheiratet.

Der Bruder des Vaters schlug sich mit der Kanzlei so recht und schlecht durch, galt in der Familie aber immer als der große erfolgreiche Anwalt. Er war nicht verheiratet, hatte eine Freundin, mit der er zusammenlebte und noch eine, die er regelmäßig besuchte. Finanziell ging es ihm wohl nur dank eines Lotteriegewinns einigermaßen gut. Er hatte studiert und wollte Hochschullehrer für Philosophie werden. Als sein Vater starb, machte er schnell das Examen in Jura und gründete die Kanzlei. Er galt als Erbonkel, hatte immer auf sein Erbe hingewiesen, um sich in der Familie beliebt zu machen. Als er starb, stellte sich das Vermögen als weit geringer heraus als erwartet.

Zur Familie ihres Vaters gehörte noch eine Schwester, die einen Geschäftsmann geheiratet hatte. Aus dieser Ehe stammen drei Jungen und ein Mädchen. Das Mädchen ist völlig hilflos, wohl als Kind ungeklärt krank gewesen, unverheiratet und von den drei Brüdern versorgt. Die drei Brüder arbeiten im Geschäft und sind erfolgreich. Einer wird als besonders religiös und sehr sozial eingestellt geschildert. Von den Kindern dieser Brüder wird ein Mädchen als »mannstoll« dargestellt, auch ihre Mutter soll in dieser Hinsicht Probleme haben. Ein anderer Junge ist bei einem Nachtmarsch bei der Bundeswehr auf ungeklärte Weise ums Leben gekommen. Es wurde von Drogen gemunkelt. Die anderen Kinder scheinen sich in den Geschäften der Firma zu engagieren, ein Sohn ist Hochschullehrer für romanische Literatur. In der Familie des Vaters war ein weiterer Bruder, der mit 18 im Krieg fiel, eine Schwester wurde mit zwei Jahren von einer Näherin in der Firma des Vaters hochgehoben und fiel so unglücklich auf die Nähmaschine, daß sie sofort starb.

In der Familie ihrer Mutter waren außer dieser noch drei Brüder und eine ältere Schwester. Der älteste Bruder starb im Alter von 12 Jahren, als er das Treppengeländer vom dritten Stock aus herunterrutschte und abglitt. Er muß den ganzen Treppenschacht nach unten gestürzt sein. Die ältere Schwester hatte einen Freund, mit dem sie sich sehr gut verstand. Als er aus beruflichen Gründen nach Amerika ging, wollte sie nicht mitgehen und hat dies wohl Zeit ihres Lebens bereut. Sie fand dann über eine Heiratsanzeige einen Geschäftsmann, der als sehr mürrisch und unzufrieden beschrieben wird. Er litt darunter, daß sein Vater ihm verwehrt hatte, das Gymnasium zu besuchen. Aus der Ehe stammte ein Sohn, der vom Vater häufig verprügelt wurde, weil er den Wunsch des Vaters, Akademiker zu werden, nicht einlösen konnte, sondern »nur« ein sehr guter Handwerker war. Er stieg später ins Geschäft ein, war aber mehr für körperliche Arbeiten zuständig und starb mit 35 Jahren an Leukämie. Seine Mutter starb kurz darauf an Krebs, ein Jahr später auch der Vater.

Ein weiterer Bruder der Mutter war verheiratet, sofort danach wieder geschieden, als der erwartete Sohn, der Heiratsgrund, mit wenigen Monaten verstarb. Er heiratete noch einmal, hatte mit dieser Frau aber kaum eine Beziehung, sondern ständig zwei oder mehr andere nebenher. Der andere Bruder heiratete eine Frau, die gerade von einem anderen Mann schwanger war, der aber bei einem Motorradunfall ums Leben gekommen war. Dieser Sohn, den sie aus der ersten Beziehung empfing, wurde von dem Bruder stets für seinen eigenen gehalten, wobei man nicht wußte, ob er die Dinge nicht durchschaute oder nur so tat. Der Sohn reagierte auf die Verwirrung mit der Heirat einer Frau, die er nur wenige Tage kannte, weil ein Kind unterwegs war. Er starb mit 30 Jahren an einem selbst verschuldeten Autounfall, den er, nachdem er aus dem Auto geschnitten wurde, noch drei Tage überlebte. Er war als Frauenheld und für seinen hochstaplerischen Umgang mit Geld bekannt. Aus seiner Ehe stammt eine Tochter mit wieder zwei Kindern, über die nicht viel bekannt ist.

Aus der Ehe dieses Onkels ging noch eine Tochter hervor, die sich als junge Frau verliebt hatte, aber sitzen gelassen worden war und dann sehr schnell einen anderen Mann heiratete. Mit ihm hatte sie zwei Töchter, von denen eine geschieden ist und zwei Kinder hat und die andere noch unverheiratet ist. Die Mutter dieser beiden Töchter nahm sich mit 35 Jahren das Leben, nachdem sie von einer Kreuzfahrt zurückkehrte, auf der sie sich offenbar in einen anderen Mann ohne Aussicht auf eine dauerhafte Beziehung verliebt hatte. Die Frau dieses Onkels hatte immer wieder außereheliche Beziehungen, die etwas provokativ wirkten und die deutliche Absicht verrieten, den Onkel zu demütigen. Dieser reagiert in Konflikten leidend, mit ständigen Krankheiten, aber auch hypochondrisch. Er läuft immer mit einem ganzen Sortiment von Pillendosen in der Tasche herum und wird mehrfach an gutartigen Darmtumoren operiert.

Die Großmutter mütterlicherseits war uneheliches Kind, wurde von ihrem Mann oft betrogen, hatte aber wohl auch selbst zeitweise eine Beziehung zu einem der Mieter in ihrem Haus, von dem auch eines der Kinder stammen soll. Auch der Ehemann hat mindestens eine außereheliche Tochter gehabt. Über den Großvater ist sonst wenig bekannt, er muß wenig zu Hause gewesen sein.

Die Großmutter väterlicherseits war nie berufstätig, sie betrachtete das Kinderkriegen als ihre Hauptaufgabe. Die Kinder wurden dann allerdings sofort häufig wechselnden Dienstmädchen überlassen, zu denen sie eine Beziehung wie üblicherweise zur Mutter hatten. Das Wichtigste für die Großmutter war Geld, damit sie große Feste geben konnte. Der Großvater hatte ursprünglich eine Angestellte seines Vaters heiraten wollen, aber auf Intervention einer seiner drei Schwestern ließ er dies, obwohl ein Kind unterwegs war und heiratete die eher standesgemäße Großmutter, die er erst ein paar Tage vor der Heirat zu sehen bekam. Er befaßte sich viel mit philosophischen und mathematischen Themen und muß durch den Geschäftsbetrieb völlig unterfordert gewesen sein. Das Geschäft war zweimal nahe am Abgrund, einmal ließ es sich durch einen rechtzeitig erzielten Lotteriegewinn sanieren.

Der Ehemann unserer Klientin ist unehelich geboren, wurde sofort nach der Geburt zu Verwandten gegeben und sah seine Mutter erst als Erwachsener wieder. Er neigt zu Jähzorn, ist extrem ehrgeizig, wohl auch unter dem Druck unserer Klientin, und tendierte vor allem gegenüber der erstgeborenen Tochter, dem Heiratsgrund, zu wilden Prügeleien. Vor einigen Jahren erlitt er einen Gehirnschlag und ist seitdem extrem schonungsbedürftig.

Betrachten wir uns die Familie insgesamt, so fallen die überdurchschnittlich vielen Unfall- und Suizidtode sowie die instabilen heterosexuellen Beziehungsmuster auf.

Untersuchen wir nun die einzelnen Familien und die Übergänge zwischen Lebenszyklen auf generelle Tendenzen hin: In der Familie der Großmutter mütterlicherseits ist eine unglückliche Ehe mit der Tendenz zu finden, auf andere Partner auszuweichen, aber eine endgültige Trennung zu vermeiden bis hin zu außerehelichen Kindern und ungeklärter Elternschaft der Kinder in der Familie. Dies kann zumindest bei der Großmutter als unehelichem Kind aus frühkindlicher Ablehnung entstanden sein. Beim Übergang zu ihrem nächsten Lebenszyklus wiederholt sie in der Partnerwahl ihre frühkindliche Erfahrung, daß man sich nicht fest auf den Partner verlassen kann, sondern dieser vor Konflikten in andere Beziehungen (Ersatzbefriedigungen) ausweicht. Sie selbst trifft aber auch keine klare Entscheidung, sondern verharrt in der Beziehung, vielleicht auch weil sie sich auf fünf Kinder einläßt.

Die älteste Tochter heiratet einen Mann aus Enttäuschung, die sie ihrem eigenen Entschluß, nicht mit ihrem Geliebten nach Amerika zu gehen, und der Vermeidung des damit verbundenen Risikos zuzuschreiben hat. Sie verzichtet aber auch nicht endgültig, so daß sie sich ihrem neuen Mann hingeben könnte, sondern träumt ein Leben lang dieser Beziehung hinterher. Die Sehnsucht nach ihrem ersten Partner trägt, sicher nur unter anderem, dazu bei, daß ihr Mann mit der Suche nach anderen Frauen reagiert. Unzufrieden über seinen zu gering bewerteten Kaufmannsberuf ist er ohnedies. Beim Übergang zu ihrem Kind wird dieses zum Sündenbock für die Nichterfüllung der väterlichen Träume und sicher auch zum Kanal für die Wut des Vaters auf die zu wenig auf ihn konzentrierte Mutter. Dieser Sohn zieht die Konsequenz, nicht mehr leben zu wollen, als ihm seine »Hilfsarbeiterrolle« deutlich wird und stirbt an Krebs. Die Mutter stirbt kurz danach. Möglicherweise war er alles, was sie am Leben gehalten hatte.

In der Familie des einen Bruders beginnt die Ehe schon mit einer unklaren Vaterschaft. Er setzt hier etwas fort, das er in der Elternehe gelernt hat. Man kann sich auf Frauen nicht verlassen, man kann nicht einmal sicher sein, daß man der Vater seiner Kinder ist. Seine Frau demonstriert ihm dies weiterhin. Er wählt eine unklare Situation von Anfang an und reagiert mit Tablettensucht und Krankheiten, wenn er die Zustände nicht mehr verkraftet und die Realität sich nicht mehr leugnen läßt.

Der Sohn reagiert auf die Unklarheiten seiner Herkunft verwirrt. Als sich auch in seiner Ehe Unklarheiten und mangelnde Zuneigung herausstellen, bringt er sich mit einem Autounfall ums Leben. Auch hier haben wir das Muster, sich auf Beziehungen unter unklaren Umständen einzulassen, nicht gründlich zu wählen, sondern aus dem gesellschaftlichem Druck eines zu erwartenden Kindes, und dann resigniert das Leben wegzugeben. Der Übergang vom Vater zum Sohn ist hier nahtlos. Eine Kombination zwischen dem Muster der Tante, die ihrer ersten Liebe so lange nachhing und dem frühen aufgrund einer falschen Wahl Aus-dem-Leben-Scheiden zeigt seine Schwester, die sich außerhalb der Ehe unglücklich verliebt und sich dann umbringt.

Der andere Bruder zeigt offenbar eine etwas stabilere Tendenz, er flüchtet nicht in Konventionen, sondern agiert seine Bindungsunfähigkeit zu Lasten der mit ihm verbundenen Personen aus. So vermeidet er für sich Krankheit, trotz der unzweifelhaften Disposition hierzu, da sein Bindungsproblem im Hintergrund ja ebenso deutlich ist wie bei seinen Geschwistern. Was den dritten Bruder veranlaßt hat, von der Treppe zu stürzen, wissen wir nicht. Allerdings scheint es in der Familie ein vertrautes Lösungsmuster.

Betrachten wir die Mutter der Klientin selbst. Auch sie hatte ursprünglich eine andere Beziehung gewollt, sich nur unter Druck auf die Beziehung zu ihrem Mann eingelassen, geheiratet, weil unsere Klientin unterwegs war. Hier haben wir wiederum das Muster, sich auf wenig überlegte Situationen einzulassen und dann die Konsequenzen ein Leben lang zu tragen.

Betrachten wir den Großvater väterlicherseits, so finden wir auch hier Entscheidungen unter dem Druck anderer, wenngleich die uneheliche Mutter hier nicht geheiratet wird, sondern die von der Schwester bestimmte Frau. Doch hier wäre die gefühlsmäßige Entscheidung ja die für die uneheliche Mutter gewesen. Er reagiert auf seine Situation mit Spielen, wenngleich offenbar eher erfolgreich. Die Großmutter scheint ihm das Gefühl zu vermitteln, daß es seine Hauptaufgabe ist, Geld heranzuschaffen, um ihr gesellschaftliche Reputation zu ermöglichen. Eine gefühlsmäßige Beziehung scheint sie weder zu ihm noch zu den Kindern zu haben. Sein Muster ist, daß man eine Frau heiratet, die einen nicht um seiner selbst, sondern nur wegen des Geldes mag. Das Muster der Großmutter ist, daß man von Männern ganz und gar abhängt, sie aber auch aussaugt, daß man in erster Linie für die Sexualität und das Kinderkriegen da ist, daß für diese Rolle aber auch etwas, auf jeden Fall genügend Geld, geboten werden muß. Geborgenheit und emotionale Beziehung haben in diesem Muster wenig Platz.

Der Vater unserer Klientin empfindet Frauen als kalt. Er hat die Vorstellung, daß man ohne Geld nichts wert ist. Da er nur Schulden hat, fühlt er sich auf dieser Welt und für seine Frau überflüssig, die ihm ein tieferes Gefühl auf ihrer Basis auch nicht vermitteln kann und nimmt sich das Leben. Der andere Bruder löst seine Probleme eher zu Lasten oder über Demütigung von Frauen.

Bleibt der Bruder unserer Klientin, der offenbar auch von der Vorstellung beseelt ist, daß Geld für die Anerkennung und Liebe einer Frau das Wichtigste ist. Er kann so viel, wie er zu brauchen glaubt, nicht mit Arbeit erreichen und spielt. Seine Frau wiederum hat so viele Beziehungsbrüche erlitten, daß er schon von daher keine Bindung und Hingabe, keine Beziehung erwarten kann, weil sie davor zuviel Angst hat. Seine Vorstellung, dies mit Geld wettmachen zu können, und seine Unfähigkeit, ihre Gefühle zu erkennen, ist aus dem Schema seiner väterlichen Familie geboren, aber wohl zum Scheitern verurteilt.

Beim Übergang zu ihrer eigenen Familie wiederholt unsere Klientin nicht mehr das Muster ihrer Mutter und ihrer Tante mütterlicherseits, daß man einen anderen Mann heiratet als den, den man liebt, und dann ein Leben lang leidet. Sie läßt sich jedoch zu einem Zeitpunkt auf ihre Beziehung fest ein, der ihre ganze Lebensplanung (Studium) ebenso wie die ihres Mannes stört. Daß man heiratet, weil ein Kind unterwegs ist, hat sie noch nachvollzogen, daß man sein Leben mit einem Mann verbringt, den man nicht liebt, nicht mehr. Daß Geld und beruflicher Erfolg dennoch enorm wichtige Ziele sind, stammt aus ihrer väterlichen Familie. Damit, daß sie diesen Ehrgeiz nicht selbst auslebt, kopiert sie die Großmutter väterlicherseits. Sie drängt jedoch ihren Mann zu Leistungen, die am oberen Rand seiner tatsächlichen Möglichkeiten liegen und eher nur in Ausnahmefällen zu erreichen sind, worunter er zusammenzubrechen scheint. Es sieht so aus, als ob er, um sie zufrieden zu stellen, sich völlig übernehmen müßte. Daß er aufgrund seiner Geschichte sehr zu Abhängigkeit von seiner Frau neigen dürfte, erleichtert ihr den Umgang mit ihm.

*Fazit:* Unsere Klientin ist zum Teil dabei, die Schemata ihrer Familie in eine günstige Richtung zu verlassen. Mütterlicherseits erwartet sie vom Leben, daß man den Mann, den man wirklich liebt, nicht bekommt. Die einzige Möglichkeit, damit umzugehen, ist die, aus der Familie in andere Beziehungen auszuweichen und die Spannungen mit dem unnatürlichen Tod eines der Partner irgendwann zu beenden. Diese Linie hat sie erfolgreich durchbrochen. Väterlicherseits erwartet sie, daß Frauen nur zum Vergnügen der Männer da sind, die sich dafür bis zum Ruin um Geld bemühen müssen, auf alle Fälle mehr, als man mit normaler Arbeit verdienen kann. Diese können hierauf ebenfalls mit frühem und unnatürlichem Tod reagieren. Diese Tendenz hat sie übernommen, lebt sie zu Lasten ihres Mannes und seiner Gesundheit aus. Besonders ihre Großmutter väterlicherseits hat sie hier beeinflußt. Sie wird überprüfen müssen, ob sie nicht unabhängig von Geld einen Wert besitzt, ob sie nicht mit dem Erreichten zufrieden sein kann. Sonst riskiert sie das Leben ihres Mannes. Sie setzt hier ein Muster fort, das nicht ihr eigenes ist. Den Bruch mit der Tradition ihrer Mutter und Großmutter väterlicherseits, den sie in der Partnerwahl schon begonnen hat, sollte sie nun auch zu einer Überprüfung der Muster ausbauen, die sie in der Ehe noch befolgt. Da sie den Mann liebte, den sie geheiratet hat, könnte sie auch, anders als die Großmutter, nicht zum Ausgleich ständig Geld von ihm erwarten. Sie könnte auch, anders als die Mutter, mit ihm zufrieden sein, bevor er sich zu Tode arbeitet. Ihre Rückenschmerzen könnten ihr verdeutlichen, wie sehr der Druck von Mutter und Großmutter ihr »auf dem Rücken lastet«, wie anstrengend es für sie selbst sein muß, ständig die Antreiberin spielen zu müssen. Ihr Mann andererseits müßte lernen, sich zur Wehr zu setzen, sich nicht körperlich ruinieren zu lassen für Ziele, die nicht seine sind. Er muß lernen, nicht fortgesetzt etwas bieten zu müssen, so als ob er alleine nicht genüge und sonst weggegeben werden könnte, wie er vielleicht seine Situation als Kind interpretiert hat. In einer familientherapeutischen Situation wäre es erforderlich, daß die Kinder der Klientin ebenfalls darüber nachdenken, was sie an Familientraditionen übernommen haben und wo sie dies bei Übergängen von einem System zum anderen wirksam werden lassen oder wie sie dies abstellen können. Im Verfahren der Transitional Family Therapy ginge es nun darum, die genannten Erörterungen geographisch in einer Landkarte zu veranschaulichen.

## Visual/Kinesthetic Dissociation (V/KD)

Dem Neurolinguistischen Programmieren (NLP) verwandt ist das Verfahren Visual/Kinesthetic Dissociation (V/KD; Figley 1996). Ersteres ist, sehr verkürzt gesagt, eine Therapie, bei der es Aufgabe des Therapeuten ist, sich möglichst umfassend auf den Klienten einzustellen, bis hin zur Nutzung seiner bevorzugten Wahrnehmungskanäle, um ihn dann allmählich in Richtung auf ein größeres Wohlbefinden zu führen, ähnlich wie wir dies bei der Anwendung der Hypnose durch Erickson schon kennengelernt haben. Beim V/KD soll der Klient aus seiner Position herausgehen und die des Streßverursachers einnehmen, die Szene durch dessen Augen sehen, also etwa den Blickwinkel eines attackierender Hais, eines zu schnell fahrender Zuges, eines Feindes, eines herabrutschenden Berges einnehmen. Als Nächstes soll er die Position eines neutralen Beobachters einnehmen. Schließlich soll er der Person auf dem Video, das von ihm zu Beginn der Therapie aufgenommen wurde, alles erzählen, was er gelernt hat.

## Traumatic Incident Reduction (TIR)

Auf Rogers führt Gerbode (1992) sein Verfahren Traumatic Incident Reduction (TIR) zurück. Dabei soll der Klient seine Geschichte immer wieder erzählen, bis er einen Endpunkt findet. Der Therapeut ist nur Zeuge und vermeidet, unnötige Kommentare oder Interpretationen zu geben. Dann soll der Klient noch einmal die Situation von Anfang bis Ende durchdenken und sie noch einmal erzählen. Der Therapeut soll dabei interessiert sein, aber nicht interessant. Die Methode hat sich als effektiv bei Folteropfern und Personen mit Verlusten durch Mord erwiesen (Agger, zit. nach Figley 1996).

## Eye Movement Desensitization and Reprocessing (EMDR)

Das EMDR von Shapiro (s. Figley 1996; Solomon u. Shapiro 1997) ist eine kognitiv-verhaltenstherapeutische Technik zur Trauerbearbeitung. Es handelt sich um eine lösungsorientierte strategische Therapie, die innerhalb eines ausgefeilten Therapieplans verwendet werden kann. Die Methode soll sehr effektiv bei der Reduktion von Ängsten, Alpträumen, unangenehmen Gedanken (Zwangsgedanken) und ständigen Rückblenden (flashbacks) sein (Silver et al. 1995; Wilson et al. 1995; Renfrey u. Spates 1994). Sie besteht in einer Desensibilisierung der emotionalen Effekte des Traumas und der folgenden kognitiven Restrukturierung der Sicht des Klienten von sich selbst und seiner Teilnahme am Ereignis. Die Behandlung durchläuft die folgenden acht Phasen:

(1) Die Feststellung der Behandlungsfähigkeit (z. B. die emotionalen Erschütterungen auszuhalten): Das klinische Bild wird erhoben, dysfunktionales Verhalten und Symptome werden festgestellt. Ferner werden die Ziele, die neu entwickelt werden sollen, festgelegt, ebenso werden die Ereignisse, die die Pathologie auslösten, die Trigger für dysfunktionales Verhalten und die positiven Verhaltensweisen und Einstellungen, die für künftiges Anpassungsverhalten nötig sind, bestimmt.

(2) Die Vorbereitung des Klienten: Die EMDR-Prozesse und ihr Effekt werden erklärt und Entspannungstechniken gelernt. Die Möglichkeit wird besprochen, daß durch das Verfahren intensive Emotionen mobilisiert werden können.

(3) Komponenten des zu behandelnden Ziels werden identifiziert und Grundmaße (baselines) erhoben: Bilder der traumatischen Erinnerung und Gefühle, die die eigene Beteiligung wiedergeben, werden festgestellt (z. B. Gefühle der Scham bei einer Vergewaltigungsszene). Es wird eine positive Kognition ermittelt, die dann in Phase 5 die negative Kognition ersetzen soll. Als Maßstab für die spätere Erfolgsbeurteilung wird festgestellt, wo die positive Kognition auf einer 7-Punkte Skala gesehen wird. Auch Emotionen und physische Sensationen werden ermittelt und auf einer 10-Punkte-Skala (subjektive Störungseinheiten) festgelegt. Auch dies dient der Festlegung von Veränderungen während des Prozesses. Dann sollen Augenbewegungen, Tippen auf die Handflächen des Klienten oder Schnipsen des Therapeuten mit den Fingern al-

ternierend links und rechts vom Kopf des Klienten die Informationsentwicklung anregen.

(4) Desensibilisierung: Der Focus liegt jetzt auf den negativen Affekten, die auf der Skala gemessen werden. Während der Klient die negative Kognition und die damit verbundenen Bilder vergegenwärtigt, wird die Therapeut-Klient-Interaktion mit den genannten Stimulationen genutzt, um Veränderungen zu entwickeln, bis das subjektive Störungsmaß mit 0 oder 1 angegeben wird. An strategischen Punkten (abzulesen an den emotionalen Reaktionen des Klienten) macht der Therapeut eine Pause, damit die aufgetauchten Informationen verarbeitet werden können.

(5) Die vorher identifizierte positive Kognition (oder eine spontan auftauchende passendere) wird verstärkt und als Ersatz für die negative Kognition installiert. Dies ist gelungen, wenn die positive Kognition mit 7 eingestuft wird.

(6) Körperprüfung: Zielereignis und positive Kognition sollen im Gedächtnis behalten und die Restspannung im Körper geprüft werden.

(7) Schließung: das emotionale Gleichgewicht soll hergestellt werden. Es folgen nötigenfalls Entspannungsübungen. Bis zur nächsten Stunde soll ein Tagebuch geführt werden, über dessen Inhalt dann diskutiert werden kann.

(8) Reevaluation: Die Therapieergebnisse werden überprüft, es wird untersucht, inwieweit die Ergebnisse der Neuentwicklung Bestand haben.

In der nächsten Stunde werden die ursprünglichen Ziele wieder angegangen, um Veränderungen festzuhalten und notwendige Neufestlegungen vorzunehmen. Zentrale Themen der Therapie sind: (a) die Verantwortlichkeit für das Ereignis, da Klienten oft Verantwortung für etwas übernehmen, für das sie nichts können; (b) die Vulnerabilität der Klienten, die extrem unsicher und verletzbar sind; (c) Gefühle mangelnder Kontrolle aufgrund der Vorstellung, alles könne über einen hereinbrechen und (d) die Einschätzung geringer eigener Wirksamkeit, nichts ausrichten zu können (vgl. Solomon u. Shapiro 1997).

## Thought Field Therapy (TFT)

Auch die Thought Field Therapy ist eine aus dem Umfeld der kognitiven Verhaltenstherapie stammende Methode (Figley 1996). Sie ist gut mit anderen Therapien kombinierbar.

Die zentralen Begriffe, die dabei eine Rolle spielen, sind nach Callahan und Callahan (1997): Thought Field (begrenztes Betrachtungsfeld), Focus, Verwirrung (perturbation) und psychological reversal. Letzteres ist ein Zustand, der eine erfolgreiche Behandlung blockiert. Mit der TFT wird gearbeitet, wenn sonst überhaupt keine Verbesserung berichtet wird, vor allem bei sogenannten Spitzen-Problemen. Gemeint ist damit, daß es jemandem beispielsweise offensichtlich gut geht, er aber bei näherer Befragung immer Gründe findet, dies abzuwerten. Es geht um den Umgang mit neuem, unvertrautem und unerwartetem Material.

Der Klient soll sich der Zielemotion nähern, sich zunächst dem störendsten Teil seiner Trauer zuwenden und ihn auf einer Skala von 1 bis 10 einstufen (baseline). Der Klient soll bestimmte Punkte an seinem Körper berühren, während er die auftauchenden Emotionen bemerkt und erlebt (Callahan u. Callahan 1997). Nach Figley (1996) beginnt nicht der Klient, sondern der Therapeut durch Betasten des oberen Torsos verschiedene Akupressurpunkte und neurologische Zentren zu identifizieren, die den Weg blockieren, auf dem der Körper auf aktive Erinnerung reagiert. Die Berührungen werden ausgeführt, während gleichzeitig Aktivitäten wie gerichtete Augenbewegungen, Summen und Zählen ausgeführt werden. So soll der Klient beispielsweise während des Antippens der Handinnenfläche mit dem Finger sagen: »Ich akzeptiere und vergebe ihnen für das, was sie taten.« Oder »Ich akzeptiere mich, auch wenn da noch etwas von diesem Ärger ist« (reversal). Anschließend wird überprüft, ob er immer noch beispielsweise Ärger mit 5 auf der Skala einstufen würde. Es folgen weitere automatische Tätigkeiten: Augen auf, Augen zu, linker Arm unten angetippt, rechter unten angetippt, summen, zählen, summen. Daraufhin wird erneut gefragt: »Wo ist der Ärger jetzt?« Wenn Alpträume auftauchen, wird die Prozedur wiederholt. Nach einer erfolgreichen Sitzung wird der Klient belohnt, indem er mit den Augen vom Boden zur Decke rollen darf, was offenbar als besonders angenehm und entspannend erlebt wird. Der Effekt der Therapie wird mit der kognitiven Verbindung zu Akupunktur-Meridianen und Energiefeldern erklärt. Alternative Erklärungen sind, so Figley (1996), daß die Klienten vergessen, daß sie etwas quälte (Ablenkungshypothese, »distraction hypothesis«), sie ihr Trauma für weniger wichtig halten (»unimportance hypothesis«) oder sie sich frei von Streß fühlen (Heilungshypothese, »cure hypothesis«).

# Empirische Evaluationen von Trauertherapie

Eine Reihe von Arbeiten befassen sich mit der Wirkung von Selbsthilfegruppen. Des weiteren liegen auch einige Arbeiten zur individuellen Trauertherapie und mehrere zum Vergleich unterschiedlicher Therapieansätze oder bei bestimmten Klientenmerkmalen vor.

Vachon et al. (1980) griffen das Widow-to-Widow-Selbsthilfeprogramm auf, das bereits von Silverman (1969) konzipiert wurde, bei dem schon länger verwitwete Frauen erst seit kurzem verwitwete betreuen. Die Autoren teilten die Versuchsteilnehmerinnen zufällig auf die betreute Gruppe und die Kontrollgruppe ohne Intervention auf, die einen Monat nach dem Tod des Ehemannes aufgesucht wurden. Zur Erfolgsmessung wurde ein Gesundheitsfragebogen (General Health Questionnaire mit 30 Items) verwendet. Offensichtlich wurde der Anpassungsprozeß durch die Intervention erleichtert und bewirkte bei den Witwen mit hohem Risiko, psychiatrisch zu erkranken, eine Veränderung in die Richtung der Witwen mit geringem Risiko, während bei der nicht behandelten Gruppe mit hohem Risiko nach 24 Monaten häufiger eine deutliche psychiatrische Störung vorlag. Neue Aktivitäten und ein besseres Selbstgefühl ergaben sich schneller bei der Interventionsgruppe.

Lieberman und Videka-Sherman (1986) untersuchten ebenfalls den Effekt einer Selbsthilfegruppe an 502 Verwitweten (394 in der Experimental-, 108 in der Kontrollgruppe; 466 Frauen, 36 Männer). Die Verwitwung lag durchschnittlich 43 Monate zurück. Symptomlisten wurden zu Beginn der Maßnahme und ein Jahr später erstellt. Bei der Selbsthilfegruppe zeigte sich eine signifikante Abnahme der Depression und des Gebrauchs von psychotropischen Medikamenten. Hoch in die Gruppenarbeit involvierte Mitglieder zeigten weniger Angst, ein höheres Wohlbefinden, eine höhere Selbsteinschätzung und deutliche Verbesserungen bei Zielproblemen.

Balk et al. (1998) verglichen 46 Teilnehmer einer Unterstützungsgruppe, 34 Kontrollgruppenpersonen ebenfalls mit Personenverlusten und 61 Personen ohne Verluste hinsichtlich ihrer Reaktion auf ausgewählte TAT-Bilder (Thematischer Apperzeptions-Test) in drei verschiedenen Situationen. Alle Teilnehmer waren Studenten. Es zeigten sich signifikante Gruppendifferenzen beim Auftauchen der Themen Tod und Trauer und eine Interaktion zwischen Gruppenzugehörigkeit und Zeit insofern, als die Teilnehmer der Unterstützungsgruppe eher die Fähigkeit aufwiesen, sich trotz der Krise ein Gefühl von Selbstwirksamkeit zu bewahren.

Constantino (1988) verglich eine aktive Behandlungsgruppe und eine Gruppe mit sozialer Aktivität sowohl miteinander als mit einer Kontrollgruppe. Die 117 Teilnehmer hatten ein mittleres Alter von 58 Jahren, waren durch eine Zeitungsanzeige gefunden und zufällig den drei Gruppen zugeordnet worden. Die Zeitdauer seit der Verwitwung variierte von weniger als einem bis zu 20 Jahren. Fragebogen- und Selbstreportdaten wurden vor und drei, neun und 12 Monate nach der Intervention erhoben. Die Teilnehmer der aktiven Behandlungsgruppe wiesen niedrigere Depressionswerte und höhere in sozialer Anpassung auf, wobei die größte Veränderung drei Monate nach Behandlungsende gefunden wurde.

Marmar et al. (1988) überprüften individuelle Psychotherapien im Vergleich zu 12 wöchentlichen Gruppensitzungen unter fachlicher Leitung. Die 61 Versuchspersonen wurden durch öffentliche Ankündigungen gesucht und zufällig den beiden Gruppen zugeordnet. Sie waren im Schnitt seit 54 Wochen verwitwet. Erhebungsinstrumente waren ein Selbstreport, klinische Ratings und Testbatterien. Die Erhebung erfolgte vier Monate und ein Jahr nach Ende der Interventionen. Es zeigten sich keine Behandlungseffekte. Beide Gruppen verbesserten sich. Die Symptomreduktionen waren allerdings bei der Kurztherapiegruppe ausgeprägter, nach einem Jahr sogar signifikant. Nach Marmar et al. spräche dies dafür, der wesentlich ökonomischeren Gruppentherapie in der Behandlung Verwitweter mehr Aufmerksamkeit zu schenken.

Black und Urbanowicz (1987) evaluierten je sechs familientherapeutische Sitzungen mit 21 Familien, in denen ein Elternteil gestorben war, und verglichen sie mit einer Kontrollgruppe. Nach einem Jahr waren der hinterbliebene Elternteil bei der Familientherapiegruppe weniger deprimiert und die Kinder weniger unruhig als in der Vergleichsgruppe. Dieser Effekt war selbst nach zwei Jahren noch vorhanden, allerdings nicht mehr signifikant nachweisbar.

Ramsays (1979) verhaltenstherapeutisches Konfrontationsmodell, das sich bei phobischen pathologischen Trauerreaktionen als wirksam erwiesen hat, wurde von Mawson et al. (1981) in Form gelenkten Trauerns überprüft. Die Sitzungen fanden zwei Wochen lang dreimal wöchentlich für eine bis eineinhalb Stunden statt. Die Nachuntersuchung erfolgte nach 28 Wochen. Alle Versuchspersonen hatten mehr als ein Jahr lang wegen Trauer unter Streß gelitten. Die Experimentalgruppe mit sechs Personen (wie auch die Kontrollgruppe) wurde mit den Techniken Konfrontieren, Hausaufgaben (Schreiben über Trauer) und Verhinderung der Vermeidung quälender Erinnerungen behandelt. Die Kontrollgruppe sollte Trauer vermeiden und sich mit der verlorenen Beziehung beschäftigen. Signifikante Verbesserungen waren für drei Maße und ein Trend zur Verbesserung bei vier weiteren Maßen nachzuweisen. Die Methode sei empfehlenswert bei chronischer Trauer. Sireling et al. (1988) bestätigten diese Resultate.

Jerneizig und Langenmayr (1992) haben 27 in der Essener Trauerberatungsstelle mit klientenzentrierter Therapie durchgeführte und vollständig dokumentierte Trauertherapien evaluiert. Der Zeitpunkt seit dem Trauerfall variierte von wenigen Wochen bis zu etwa einem Jahr. Die Untersuchung fand ohne Kontrollgruppe statt, was ihre Aussagekraft einschränkt. Gleichwohl ließ sich für den Zeitraum zwischen Trauerfall und erster Therapiesitzung mit keinem Symptom die zu erwartende negativ signifikante Korrelation nachweisen, was ausschließt, daß gerade angesichts in der Regel nur weniger Therapiestunden die festgestellten deutlichen Veränderungen allein auf einen normalen therapieunbeeinflußten Trauerprozeß zurückzuführen wären.

Im einzelnen hatte die Untersuchung folgende Ergebnisse: Nahezu alle erfaßten Symptome zeigten bei Ratings vor und nach der Therapie durch die drei Therapeuten signifikante oder sehr signifikante Verbesserungen. Das gilt für Magen-Darmstörungen, Schlafstörungen, Appetitstörungen, Herz-Kreislaufstörungen, Kopfschmerzen, Nervosität, Hilflosigkeit, Depressionen, Konzentrationsstörungen, Schuldgefühle, Fremdaggressionen, Selbstaggressionen, Alkoholabusus, Medikamentenabusus und Suizidabsichten.

Annähernd signifikant gebessert waren: Infektionen und Atembeschwerden; nicht signifikant gebessert wurden Veränderungen der Rückenschmerzen, Sinnesstörungen und Agitiertheit.

Vor allem typische Depressionssymptome hatten sich verbessert wie etwa Appetitlosigkeit, Schlafstörungen und Energieverlust. Insgesamt ergab sich für die Klienten eine wieder positivere Lebensperspektive.

Eine clusteranalytische Auswertung der Symptomveränderungen zeigte eine Reihe von Zusammenhängen zwischen einzelnen Symptomverbesserungen, was eine Wirkung der klientenzentrierten Trauertherapie auf den Gesamtzustand des Trauernden und nicht so sehr auf einzelne Symptome untermauert. Als besonders zentral im Therapieprozeß erweisen sich Verbesserungen bei Nervosität, Depression und Konzentrationsstörungen, was zeigt, daß die Therapie vor allem auf die depressiven Gefühle der Trauer wirkt.

Raphael (Raphael et al. 1993) teilte eine operational definierte Gruppe von Witwen mit hohem Risiko (z. B. ambivalente oder abhängige Beziehung, fehlende Unterstützung des sozialen Netzwerks, plötzlicher Tod) zufällig einer Interventions- und Kontrollgruppe zu. Hinzu kam eine dritte Gruppe mit niedrigem Risiko (gematcht nach Alter und soziodemographischen Daten). Die Intervention fand drei bis 12 Wochen nach dem Tod des Ehemannes mit sechs bis acht Sitzungen (je eineinhalb bis zwei Stunden) statt. Sie bestand darin, den Trauerausdruck zu erleichtern, die traumatischen Umstände zu bearbeiten und unterstützende Interaktionen des sozialen Netzwerks zu fördern. 13 Monate später fand Raphael bei der Interventionsgruppe ein reduziertes Risiko für die allgemeine und psychische Gesundheit, das dem Niveau der Gruppe mit dem niedrigen Risiko angepaßt war. Bei ambivalenten Beziehungen waren der Umfang und die Schwere der Depression reduziert, bei Nichtunterstützung durch das soziale Netzwerk die Nutzung des Gesundheitssystems verringert. Die Effektivität der Therapie verhielt sich proportional zum Umfang des erreichten Trauerausdrucks und der Trauerbearbeitung. Die Ergebnisse zeigen, daß ein nicht unwesentlicher Effekt der Trauertherapie darin bestand, den Einfluß der bekannten Risikofaktoren zu mindern. Zu ähnlichen Ergebnissen mit einer vergleichbaren Versuchsanordnung war auch Parkes (1979) gekommen.

Geschlechtsspezifisch unterschiedliche Bedürfnisse in bezug auf eine Trauertherapie stellten Schut et al. (1997) fest: Je 23 Witwen und Witwer unter 65 Jahren wurden elf Monate nach dem Verlust des Partners wahlweise einer emotionsfokussierenden und einer problemfokussierenden Intervention unterzogen. Der Vergleich erfolgte mit 59 unbehandelten Kontrollpersonen. Die Witwer profitierten mehr von der Emotionsfokussierung, die Witwen von der Problemfokussierung, also jeweils von dem Ansatz mit der Tendenz, die geschlechtsspezifisch jeweils weniger ausgeprägt ist.

Stroebe und Stroebe (1991) stellen die Notwendigkeit von Trauerarbeit für die Anpassung an den Verlust zwar generell eher in Frage, fanden aber auch hier geschlechtsspezifische Unterschiede: In einer prospektiven Studie mit je 30 Witwen und Witwern fanden sie, daß Witwen, die eine Konfrontation mit ihrem Verlust vermieden, sich über eine Periode von 18 Monaten nicht von solchen unterschieden, die ihre Trauer durcharbeiteten. Hingegen zeigten Witwer bei Trauerarbeit bessere Anpassung im Beobachtungszeitraum.

Horowitz (1984) untersuchte die Auswirkung von dynamischer Psychotherapie zur Herstellung einer Vertrauensbeziehung auf 52 Versuchspersonen mit Anpassungsstörungen oder einer posttraumatischen Streßstörung infolge des Todes des Ehemannes oder eines Elternteils. Es fanden 12 Sitzungen statt. Meßinstrumente waren eine Vortherapieuntersuchung, Therapieprotokolle sowie Testbatterien zur Diagnostik streßspezifischer psychiatrischer Symptome sowie die Beurteilung der Arbeitssituation und interpersoneller Probleme. Es wurden eine Vielzahl von Interaktionen zwischen Dispositions-, Prozeß- und Outcomevariablen gefunden. Die Symptome waren wesentlich verbessert, das Funktionieren im Arbeits- und im interpersonellen Bereich weniger gut. Hier hatten die Personen mit stabilerem und reiferem Selbstkonzept vor der Therapie positivere Werte. Unterstützende Interaktionen waren hilfreicher bei interpersonellen Problemen und bei weniger motivierten Patienten. Exploratorische Interpretationen (einschließlich negativer Bereiche) waren bei hoch motivierten und stabileren Persönlichkeiten wirkungsvoller. Dies zeigte sich besonders im Umgang mit der Beendigung der Therapie.

Kleber und Brom (1987) untersuchten 83 Versuchspersonen mit Verlusterlebnissen in den letzten fünf Jahren, die erhebliche Beschwerden aufwiesen. Drei therapeutische Vorgehensweisen wurden praktiziert: Traumadesensibilisierung (graduelle Auseinandersetzung mit dem Verlust, Entspannung), Hypnosetherapie und psychodynamische Therapie (Durcharbeiten). Zum Vergleich diente eine Warteliste-Kontrollgruppe. Alle therapeutischen Wege waren erfolgreich. Haupteffekte zeigten sich auf Streßsyndrome (z. B. Leugnung, Distanzlosigkeit) und wesentlich weniger auf symptomatische somatische und psychoneurotische Beschwerden. Die psychodynamische Therapie schnitt tendenziell insgesamt, unabhängig vom Alter, etwas besser ab. Verhaltenstherapeutische Methoden waren hingegen wirksamer bei jüngeren Personen mit niedrigerem Einkommen. Diejenigen mit Tendenz zur inneren Kontrolle (internal locus of control) schnitten besser ab, mißtrauische und ärgerliche Personen weniger gut. Es zeigt sich hier also ein sehr vielschichtiges Bild hinsichtlich einer differentiellen Indikation für verschiedene Arten der Trauertherapie.

Um der vielfach geübten Praxis zu begegnen, bei psychischen Problemen Medikamente zu geben, was auch bei Trauerproblemen gelegentlich empfohlen wird, sei die empirische Überprüfung durch Maddison und Viola (1968) erwähnt. Trauernde, die über längere Zeit medikamentös behandelt worden waren, wurden mit solchen verglichen, denen keine Medikamente verabreicht worden waren. Nach einem Jahr lagen in der nicht pharmakologisch behandelten Gruppe geringere manifeste Trauerreaktionen vor. Ihr

Gesundheitszustand war zudem signifikant besser. Dieses Ergebnis deutet auf Trauerverdrängungen bei Medikamentengabe zu Lasten der physischen Gesundheit hin.

# Fortbildung in Trauerberatung und Trauertherapie

Um unsere Erfahrungen mit der Trauerberatung und Trauertherapie weiterzugeben, gründeten einige meiner Mitarbeiter und ich in Welschbillig, einem kleinen Ort in der Südeifel, unweit von Trier, das Institut für Angewandte Psychologie mit dem Schwerpunkt Fortbildung in Trauerberatung und Trauertherapie. Ziel des Instituts ist die Vermittlung von Kenntnissen und Inhalten der bisher hier behandelten Themenbereiche. Ziel ist ferner eine intensive Selbsterfahrung, die sich von der Wissensvermittlung unseres Erachtens nicht trennen läßt, da die Beschäftigung mit Trauerprozessen von Anfang der Ausbildung an intensive eigene Gefühle auslöst, die zunächst regelmäßig aufgearbeitet werden und gegen Mitte der Ausbildung in festgefügte Selbsterfahrungsblöcke münden. Wie in dieser Intensität in kaum einem anderen Psychotherapiebereich ist das Ergebnis der Trauertherapie von der Person des Therapeuten und seinem Umgang mit eigener Trauer abhängig.

Wir haben unsere Ausbildung in 12 Blöcke à jeweils zwei Tage (Samstag und Sonntag oder Freitag und Samstag, mit Rücksicht auf teilnehmende Pfarrer) organisiert. Es geht dabei um folgende Themen in loser Reihenfolge, die nicht starr vorgegeben ist:

- Block 1: Kennenlernen; allgemeine Klärungen; Einführung in die Trauerproblematik I: Theorie der Trauer;
- Block 2: Einführung in die Trauerproblematik II: empirische Ergebnisse zur Trauer;
- Block 3: Einführung in die Therapiemethoden I: Psychoanalyse und tiefenpsychologische Verfahren; Katathymes Bilderleben; Transaktionsanalyse; personzentrierte Gesprächspsychotherapie; jeweilige Anwendung in Trauerfällen;

- Block 4: Einführung in die Therapiemethoden II: Gestalttherapie; Psychodrama; Primärtherapie; Bioenergetik; Hypnose; jeweilige Anwendung in Trauerfällen;
- Block 5: Einführung in die Therapiemethoden III: klassische Verhaltenstherapie; kognitive Therapieverfahren; Familien- und Gruppentherapie; Kindertherapie; jeweilige Anwendung in Trauerfällen;
- Block 6: Einführung in spezielle trauertherapeutische Verfahren;
- Block 7: Selbsterfahrungsgruppe;
- Blöcke 8, 9, 10: Umgang mit speziellen Trauersituationen, allgemeine und speziell auf Trauer bezogene Psychopathologie, Rollenspiel und andere Übungen;
- Block 11: Selbsterfahrungsgruppe;
- Block 12: Supervision (Besprechung von Trauerbetreuungen der Teilnehmer).

Die Teilnehmer müssen zwei Einzelgespräche und mindestens fünf Betreuungsstunden einer längeren Trauerbegleitung darstellen. Die Ausbildung wird zertifiziert. Angesprochen sind: Psychologen, Sozialarbeiter, im kirchlichen Bereich tätige Personen (Pfarrer, Diakone und Gemeindehelfer), Altenpfleger, Bestatter und andere verwandte Berufsgruppen. Die einzelnen Sitzungen sind mit Übungen, kleineren Selbsterfahrungsanteilen, Klärungen, auch Beziehungsklärungen innerhalb der Gruppe, aufgelockert.

Die Besprechung der einzelnen Therapieansätze beinhaltet auch, daß sich immer zwei Teilnehmer zusammenfinden, sich eine gestellte oder tatsächliche Trauersituation ausdenken und dann vor der Gruppe unter Berücksichtigung der wesentlichen Elemente der jeweiligen Therapie eine Sitzung durchführen, wobei der eine Therapeut, der andere Klient ist. Anschließend erfolgt eine Diskussion aller Gruppenmitglieder zusammen mit den beiden Akteuren, um technische Aspekte, aber auch die während des Beratungsgesprächs entstandenen Gefühle, Konflikte und Gedanken zu klären. Die Beratungen werden auf Video aufgenommen und können anschließend nochmals studiert werden.

Dieser Teil wird ergänzt durch Aufnahmen von Therapien bedeutender Therapeuten, etwa aus der Reihe »Wege zum Menschen«.

Wir betonen von Anfang an, daß nicht für jeden Teilnehmer dieselbe Art des Vorgehens in der Trauertherapie oder Trauerberatung gleich adäquat ist, weil von seinem Naturell her zu jedem eine andere Therapiemethode besonders gut paßt. Der Erfolg in der Beratung oder Therapie ist aber maßgeblich davon abhängig, wie authentisch sich der Therapeut oder Berater verhält, wie sehr und wie glaubhaft er sich mit dem praktizierten Verfahren und der damit verbundenen Weltanschauung identifiziert. Zu einem eher aktiven Therapeuten passen die Gestalttherapie oder das Psychodrama besser als die geduldig abwartende Haltung des personzentrierten Gesprächstherapeuten oder des Psychoanalytikers. Somit sehen wir unsere Aufgabe darin, die Teilnehmer mit den wesentlichen Verfahren vertraut zu machen, nicht damit sie alles gleichzeitig praktizieren können sollten, sondern um sich nach genügendem spielerischem Umgang für das oder die Verfahren zu entscheiden, die zur eigenen Persönlichkeit und Lebensgeschichte am besten passen.

Ich stelle beispielhaft kurz einige der *Übungen* dar, mit denen wir wesentliche Elemente der Ausbildung verdeutlichen und auf die Person des Teilnehmers beziehen. Anschließend schildere ich einige Sequenzen aus Therapierollenspielen und versuche, kurz zu verdeutlichen, was die Teilnehmer dabei erfahren können.

(1) *Übung zu Gegenübertragungsphänomenen:* Es sollen vorurteilshafte Einstellungen gegenüber unterschiedlichen Todesfällen demonstriert werden. Die Teilnehmer sollen kurz ihre spontane Reaktion und ihre Gefühle notieren und ihre Sympathie mit den Hinterbliebenen auf einer Skala von 1 bis 7 bei den folgenden Todesfällen festlegen: Der 18jährige Sohn von Sabine W., Christian, starb

(a) nach zweijährigem Kampf an Leukämie,
(b) tötete sich nach kurzer, heftiger Depression selbst,
(c) starb bei einem Autounfall, den er betrunken selbst verursachte,
(d) starb bei einem Autounfall, den der betrunkene Fahrer der Gegenseite verursachte,
(e) wurde von einem Fremden ausgeraubt und ermordet,
(f) wurde von seinem homosexuellen Freund ermordet.

(2) Die Teilnehmer sollen alle eigenen Trauererlebnisse mit den Konsequenzen aufschreiben, die dies damals für sie hatte und die sie heute noch für wahrscheinlich halten.
(3) Was ist ihre früheste Erinnerung an den Tod?
(4) Welche Aussagen zum Thema Tod und Sterben sind ihnen von ihrer Mutter, ihrem Vater, ihren Geschwistern oder weiteren in der Kindheit wichtigen Bezugspersonen in Erinnerung?
(5) Welche Märchen sind ihnen geläufig, in denen das Thema Tod und Sterben eine Rolle spielt. Welches davon ist ihnen am meisten sympathisch und warum?
(6) Ein Teilnehmer benennt die Mitglieder seiner Ursprungsfamilie und schreibt jeder Person einen für sie charakteristischen Satz, ein Motto zu. Dann benennt er Personen aus der Teilnehmergruppe, die diese Personen repräsentieren sollen und postiert sie im Raum, so wie es nach seinem Empfinden angemessen ist. Nun fangen auf Kommando des Gruppenleiters die einzelnen an, ihr Motto erst ganz leise zu murmeln, dann immer lauter zu sagen und schließlich laut zu schreien. Die Reaktionen des Betroffenen und der Akteure werden anschließend erörtert.

*Beispiel:*

Zur Familie einer jungen Frau gehören Vater, Mutter und ihr Bruder. Sie ist schon von zu Hause ausgezogen und lebt in einer Wohngemeinschaft. Die Familienmitglieder werden von ihr so aufgestellt, daß der Bruder in der offenen Tür postiert wird, mit einem Bein auf der Türschwelle stehend, mit dem anderen außerhalb des Zimmers, so als ob er nur einen flüchtigen Blick hereinwirft. Sein Satz lautet: »Ich will Geld.« Der Vater steht in einer Ecke des Zimmers, halb zur Wand gewandt, die Mutter in der anderen mit Blick in die Richtung zwischen Gruppe und Fenster. Das Motto des Vaters ist: »Ich habe keine Zeit, ich muß arbeiten«, das Motto der Mutter: »Ich habe meine eigenen Freunde.« Die Situation wurde von den Gruppenteilnehmern als zerrissen empfunden, so als ob da »niemand seinen richtigen Platz hätte«. Die junge Frau, um deren Familie es ging, empfand die Situation als verwirrend und beziehungslos.

(7) Ähnlich läßt sich die Familienskulptur von Satir verwenden: Sie beschränkt sich auf die räumliche Darstellung der Familie, deren einzelne Mitglieder im Raum aufgestellt werden. Besonderer Wert wird auf deren Stellung zueinander und im Raum gelegt.

*Beispiel:*

Eine 27jährige Studentin stellt den Vater mitten im Zimmer auf, mit der ausgestreckten Hand nach der links von ihm stehenden Mutter und in deren Richtung geneigt. Die Mutter ist leicht abgewandt von ihm, hat die Hände vor das Gesicht geschlagen, in gekrümmter Haltung den Kopf zum Boden gesenkt. Die zwei Jungen und das Mädchen kauern auf dem Boden zwischen den Eltern, umfassen sich wie ein einziges lebendes Knäuel. Im Hintergrund des Vaters steht dessen Mutter, aufrecht, mit hoch gerichtetem Kopf, zusammengepreßten Lippen und nach hinten gedrückten Schultern.

Die Szene drückt die Anlehnungsbedürftigkeit des Vaters an die Mutter mit der ausgestreckten Hand und der Körperhaltung aus. Diese wendet sich aber, offenbar sorgenvoll, von ihm ab, ist in sich selbst gekehrt. Das Anlehnungsbedürfnis des Vaters könnte mit seiner herrisch im Hintergrund fast wie ein Bewacher postierten Mutter zusammenhängen. Die Kinder klammern sich aneinander fest. Sie stehen zwischen Vater und Mutter, was bedeuten könnte, daß der Vater sie als hinderlich auf dem Weg zu seiner Frau empfindet, vielleicht sich auch ersatzweise mit seinen Zärtlichkeitsbedürfnissen an die Kinder hält.

(8) In Anlehnung an die Transaktionsanalyse kann jeder Teilnehmer das notieren, was ihm Vater, Mutter, Geschwister und weitere wichtige Bezugspersonen als Botschaften mit auf den Weg gegeben haben, was Standardsätze von ihnen waren, mimische, gestische oder verbale Äußerungen, an die der Betreffende sich besonders erinnert, wenn er an die Person denkt.

(9) Die Beziehung zu verlorenen Personen kann deutlich und gefühlsmäßig noch einmal ins Leben gerufen werden, indem ein Teilnehmer bestimmt wird, die verlorene Person zu spielen, sich in ein Nachbarzimmer bei offener Tür stellt und dort anfängt erst leise, dann immer eindringlicher nach dem Teilnehmer zu rufen oder Sätze zu rufen, die vorher vereinbart wurden. Zum Schutz des Teilnehmers wird ein anderer in der Gruppe bestimmt, der nah bei ihm ist, an den er sich notfalls klammern und um Hilfe wenden kann. Der Teilnehmer reagiert zuerst nicht direkt, sondern über seinen »Beschützer«.

*Beispiel:*

Der an Suizid verstorbene Vater eines Teilnehmers beginnt nach ihm zu rufen. Der Teilnehmer sagt seinem Beschützer, er habe das Gefühl, sein Vater sei nicht einverstanden, daß er (der Teilnehmer) noch lebe. Der Teilnehmer ruft: »Das ist doch deine Sache, wenn du nicht mehr leben willst. Ich mache das nicht so wie du.« Der Vater läßt sich nicht abwimmeln. Der Beschützer: »Hau ab, wir haben keine Lust, uns mit dir abzugeben. Wir wollen leben, leben.« Die Szene wird etwas heftiger. Der Teilnehmer, der sich zunächst etwas an seinen Beschützer gedrückt hatte, greift selbst ein und wird ziemlich lautstark und energisch: »Ich will mit dir nichts mehr zu tun haben. Du bist tot und du bleibst tot.«

Nach der Szene fühlt der Teilnehmer sich erschöpft und erleichtert. Er berichtet, daß der Vater tatsächlich versucht hatte, die Mutter zu überreden, sich mit ihm zusammen umzubringen und den betroffenen Teilnehmer als damals zehnjähriges Kind mit in den Tod zu nehmen. Der wiederum hat jetzt gemerkt, wieviel Kraft zum Leben und zur Abwehr des väterlichen Ansinnens doch in ihm steckt.

(10) Träume: Oft erzählen Teilnehmer, wenn sie morgens wieder zusammenkommen, wovon sie geträumt haben. Meist ist nach den Gesprächen des vorangegangenen Tages ziemlich deutlich, worauf sich der Inhalt beziehen könnte. Eine Teilnehmerin hatte tags zuvor erzählt, daß sie an zunehmender Niereninsuffizienz leide, es aber ablehnt, eine Niere transplantiert zu bekommen, obwohl sie schon einmal die Möglichkeit dazu hatte. Sie empfinde es als natürlichen Ablauf ihres Lebens, das nicht zu tun. Eine andere Teilnehmerin hatte gerade eine neue, aber stark renovierungsbedürftige Wohnung gemietet und der Umzug stand bevor. Die zweite Teilnehmerin träumte, im Krankenhaus sei eine Nierenoperation durchgeführt worden, jedoch nicht wie üblich, sondern mit viel Silikon. Die Niere war über und über mit weißem Silikon verschmiert und verbunden.

Sicher ist es sehr problematisch, in Fortbildungsseminaren auf unbewußte Trauminhalte zu sprechen zu kommen. Wir sind in dieser Hinsicht extrem zurückhaltend und überlassen das Gespräch eher den Teilnehmern. Auch in diesem Fall sagte die Träumerin spontan, »Na da habe ich wohl noch an deine Erzählung von gestern gedacht, aber unseren Umzug habe ich wohl gleich mit dazugepackt. Das hat mich wohl belastet gestern.«

Sicher hätte man daran denken können, daß die Träumerin der anderen Teilnehmerin etwas Gutes tun wollte, daß sie nicht verkraftet hatte, daß jemand sich gegen eine hilfreiche medizinische Maßnahme wehrt. Daß die Niere nun aber so mit Silikon verschmiert war und die Operation offenbar eher wie eine bauhandwerkliche Arbeit aussah, muß nicht nur mit ihren Renovierungsarbeiten zu tun haben, sondern könnte auch eine Verärgerung über das ihr nicht verständliche Verhalten der anderen Teilnehmerin andeuten, vielleicht auch eine gespannte Beziehung zu dieser überhaupt. Dies jedoch anhand zufällig aufgetauchter Träume zu besprechen, würde zu schnell und zu stark unbewußtes Material zu Tage fördern, das im Fortschreiten des Seminars irgendwann unproblematischer sichtbar werden würde. Durch zu schnelle Förderung unbewußten Materials könnten entsprechende Deutungen Ängste und Aggressionen erzeugen, die in einem Zusammenhang, in dem die Teilnehmer ja nicht Klienten mit Symptomen sind, die sie loswerden wollen, zu noch schwer zu kontrollierenden Prozessen führen könnten.

(11) Um die Teilnehmer vorsichtig mit ihrer eigenen Einstellung zu Tod und Trauer zu konfrontieren, bitten wir sie, sich eine Viertelstunde mit dem Gedanken an ihren eigenen Tod zu beschäftigen: Wie sie sich diesen wünschen? Wie sie beerdigt werden wollen? Wer anwesend sein soll? Welche Gründe sie jeweils dazu haben (z. B. für den Wunsch nach einer Feuerbestattung oder Erdbestattung)? Dabei wird oft nicht nur die Einstellung zum Tod sichtbar, sondern auch die Motivation für die Teilnahme am Seminar. Eine Teilnehmerin erzählte etwa, sie sei vor einigen Jahren lebensgefährlich an einer ungeklärten Allergie erkrankt. Vorausgegangen war der Tod ihres Vaters, an dem sie sehr hing. In der Situation war es ihr das Wichtigste, daß ihre drei kleinen Kinder versorgt wären. Das wäre ihr auch heute noch das Wichtigste, weshalb sie sich auf jeden Fall keinen plötzlichen Tod wünsche, sondern so sterben wolle, daß sie alle ihre Kinder betreffenden Dinge vorher noch regeln könne. Als sie wieder genesen war, hatte sie das Gefühl, daß der Tod ihres Vaters etwas mit ihrer Krankheit zu tun gehabt hatte. Als sie dann die Ankündigung des Seminars gelesen habe, habe sie be-

schlossen, die Möglichkeit zu nutzen, diese Thematik aufzuarbeiten.

(12) Teilnehmer können auch aufgefordert werden, eine Trauerrede an ihrem eigenen Grab zu halten, was ihre Einstellung zu sich selbst, vor allem zu ihrem idealen Selbst, gut verdeutlicht.

(13) Wenn Teilnehmer eine Trauerrede am Grab eines anderen halten, zeigt sich, welche Konventionen und gesellschaftlichen Zwänge zur Leugnung ambivalenter Einstellungen in dieser Situation gegeben sind, wie sie empfunden werden und welche psychischen Schwierigkeiten damit verbunden sind.

(14) Übungen zu Verlassen (werden) und Trennungen können von den Teilnehmern in der Weise durchgeführt werden, daß je zwei sich zusammentun, wobei der eine festhalten und der andere verlassen will. Dies kann so aussehen, daß der eine den anderen am Arm festhält, während der andere sich ebenso körperlich wehrt und beide dazu ihre Gefühle und Wünsche lautstark schreien. Nach einiger Zeit können die Rollen getauscht werden. Anschließend werden die dabei bei den Teilnehmern aufgetauchten Gefühle besprochen.

(15) Es können auch aus der Gestalttherapie stammende Rituale mit den Teilnehmern durchgeführt werden. Eine Möglichkeit ist, die Namen von verlorenen Personen, von denen man endgültig Abschied nehmen will, ganz groß auf einen Zettel zu schreiben, diesen eine letzte Nacht unter das Kopfkissen zu legen und am nächsten Tag in der Erde zu vergraben, in einem Bach zu versenken oder feierlich mit einer Kerze zu verbrennen. Ebenso kann eine Kerze angezündet werden mit der Intention, bei deren Erlöschen die Beziehung endgültig erlöschen zu lassen.

Teilnehmer können auch alles, was ihnen unangenehm ist und wovon sie sich lösen wollen, in einer Liste aufschreiben, alles, was ihnen sehr wichtig ist und was sie unbedingt behalten wollen, in einer anderen. Dann können sie die erste Liste verbrennen, die zweite aber stets am Herzen tragen.

(16) Für die Stabilisierung der Gruppe bietet es sich an, gelegentlich sich ganz offen zu sagen, was man voneinander hält, je-

der jedem, einschließlich des Gruppenleiters. Dies kann von Zeit zu Zeit wiederholt werden, um Veränderungen festzustellen.

(17) Die Teilnehmer können sich auch jeweils allen als Tier, Pflanze oder Auto vorstellen und dies begründen. Auch hierbei werden die Einstellungen zueinander sichtbar. Dasselbe kann auch mit eigenen Familienmitgliedern einschließlich verstorbener Personen gemacht werden.

(18) Zu schwierigen Beratungsfällen können Rollenspiele durchgeführt werden. Ein Teilnehmer hatte ein älteres Ehepaar in Betreuung, das den einzigen Sohn verloren hatte und sich seitdem offensichtlich nur noch auf den Tod vorbereitete, allerdings ohne suizidale Absichten. Unseren Teilnehmer ärgerte, daß er es einfach nicht schaffte, diese trostlose Situation etwas aufzuhellen. Zwei Teilnehmer spielten das Ehepaar, er den Berater. Man merkte, wie der Berater im Gespräch immer drängender und ärgerlicher wurde. Dann tauschten sie die Rollen. Die vorherige Ehefrau war nun seine Beraterin. In dieser Situation fiel ihm auf, wie unangenehm er sich bedrängt fühlte und wie sehr er das Bedürfnis hatte, daß seine gegenwärtige psychische Situation respektiert würde. Er sagte das der Beraterin deutlich und merkte nun plötzlich, wie er danach anfing, sich wohler zu fühlen. Offensichtlich hatte der Berater durch eigenen Erfolgsdruck und Drängen eine Situation herbeigeführt, in der er das Ehepaar, weil es sich gegen seine Bevormundung wehren wollte, genau in der Situation festhielt, aus der er ihm eigentlich heraushelfen wollte.

(19) Einen zentralen Punkt unserer Fortbildung stellen neben der konzentrierten Selbsterfahrung an zwei Wochenenden die Übungen zu einzelnen Therapieverfahren dar, wobei immer ein Teilnehmer Berater, der andere Klient ist. In der Regel denken die Teilnehmer sich eigene Verlustsituationen aus oder versetzen sich in die von Bekannten. Dabei kann an den eigenen Haltungen während der Beratung gearbeitet werden. Im anschließenden Gespräch oder beim nochmaligen Anschauen der Videoaufnahmen sind Einsichten in psychologi-

sche Zusammenhänge möglich, die vorher oft erörtert wurden, aber nie nacherlebt werden konnten.

*Beispiel:*

Eine Studentin befand sich mit mir im (psychoanalytisch orientierten) Beratungsgespräch. Ich war Berater. Es ging um ihre geschiedenen Eltern. Das Gespräch verlief für uns beide angenehm, wenngleich sie einräumte, daß sie doch etwas aufgewühlt wurde, aber nicht soviel, wie sie ursprünglich befürchtet hatte. Ich fragte sie zum Abschluß, ob sie auch einmal Wut auf mich verspürt habe wegen meiner Nachfragen. Nein, nur auf ihren Vater. Im nächsten Beratungsgespräch war die »Klientin« eine Studentin, die sich in die Rolle einer Freundin versetzte, die den Vater mit vier Jahren verloren hatte und offensichtlich immer von Männern, mit denen sie einige Zeit zusammen war, unter ihr unverständlichen Umständen verlassen wurde. Beraterin war gleichfalls eine Studentin. Das Gespräch ging sehr in die Tiefe der zuletzt abgebrochenen Beziehung und zeigte, daß die Klientin offensichtlich durch extreme Anpassung von Anfang an versucht hatte, ein Verlassenwerden zu verhindern. Die Beraterin machte ihr ihre Erwartungen und auch deren Problematik deutlich und fragte intensiv auch nach weiteren vergangenen Beziehungen und versuchte, Zusammenhänge zum verlorenen Vater und der Beziehung zu diesem herzustellen.

Im nachfolgenden Gespräch fragte ein Teilnehmer die »Klientin«, ob sie das Gespräch belastet habe. Offensichtlich: »Ich war so sauer, als die einfach nicht aufhörte zu fragen, ich wollte da einfach nicht ran, und die hörte einfach nicht auf zu bohren. Ich hätte sie erwürgen können, als die immer weiter gefragt hat.« Daraufhin wurden nun der Klientin aus dem ersten Gespräch plötzlich Zusammenhänge klar (zu mir gewandt): »Jetzt versteh' ich erst, was Du immer meinst, wenn Du von Aggressionen sprichst. Das habe ich bisher einfach nicht verstanden, worauf man da sauer sein soll und wo die Aggression herkommen soll. Die wollte in Ruhe gelassen werden, ihre Schmerzen nicht spüren und Angelika (Beraterin des zweiten Gesprächs) hat sie das einfach nicht gelassen.«

Diese Form der Übung ist eine Kombination aus Selbsterfahrungsanteilen, Erwerb von Techniken und grundsätzlicher Überprüfung von Einstellungen, die in der Beratungssituation, in der Gruppe und außerhalb der Gruppe relevant sind.

*Beispiel:*

Christiane erzählt von der Scheidung ihrer Eltern, vom Gefühl, vom Vater vernachlässigt worden zu sein, der unbedingt bei Gericht durchgesetzt hatte, daß die Kinder zu ihm kamen. Er hat die Kinder immer an Freundinnen abgeschoben. Frage des Beraters, ob das heute noch Auswirkungen auf sie habe? »Nein, eigentlich nicht«, das fand sie alles nur lustig. Der Berater lächelt ein wenig, worauf sie sofort versteht, warum.

Sie hatte am Vortag einen heftigen Disput mit Michael, einem anderen Teilnehmer, dem aufgefallen war, daß Christiane immer, wenn ihr etwas zu nahe ging, in Witze, oberflächliche Bemerkungen oder dahin auswich, daß sie etwas lustig finde. »Ja, Du meinst die Sache mit Michael. Ja, das ist mir auch eingefallen.« »Vielleicht ist das so Deine Methode, mit Belastungen umzugehen.« »Daß ich mich da emotional rausziehe.« »Kann das sein?« »Ja, auch mit meinem Freund, wenn mir das zu eng wird, bin ich einfach weg. Das ärgert mich auch an Michael, der ist da wie mein Vater. Schon wie der dasitzt, immer den Arm um irgend jemand rum, das ganze Gehabe und auch dieser etwas lässige Pullover.« »Was bedeutet das für Dich?« »Na so, hier bin ich, so paschamäßig, so besitzergreifend, so gewollt locker und eigentlich gar nicht, so gefühllos. Ich will dem Michael ja nichts unterstellen, aber dieser Pullover . . .« »Der erinnert Dich an etwas, womit Du schlechte Erfahrungen gemacht hast und die willst Du nicht noch einmal machen. Solches Verhalten kannst Du nicht haben?« »Nein, wenn er sich schon sonst nicht um uns gekümmert hat (meint den Vater), dann braucht er sich auch nicht so aufspielen. Vielleicht habe ich einfach Angst, mich auf Gefühle einzulassen.«

Bei simulierten Beratungsgesprächen können typische Blokkierungen und ihre Ursachen aufgedeckt werden:

Am Beratungsgespräch, das transaktionsanalytisch ausgerichtet sein sollte, nehmen Conny als Beraterin und Monika als Klientin teil. Monika stellt die Situation einer nahen Verwandten dar.

Sie erzählt, daß sie von Männern ständig verlassen wird, daß ihr das vor wenigen Wochen wieder passierte, daß sie ohne Vater aufgewachsen ist, er kurz nach ihrer Geburt an Krebs starb, ihre Mutter mit dem Vater eine so harmonische Ehe geführt hatte, daß sie sich nie mehr an jemand anderen binden wollte.

Nachdem das Beratungsgespräch soweit problemlos verlaufen ist und die »Therapeutin« einfühlsam auf die Schilderungen eingegangen war, kommt das Gespräch ins Stocken. Die Klientin setzt noch ein paar Mal wieder an, aber von Conny kommt nichts mehr. Nach einigen Minuten sagt sie: »Ich habe einen Blackout, ich weiß auch nicht, was los ist.« Der Leiter schaltet sich ein: »Was ist mit Dir?«

Conny: »Ich habe das Gefühl, daß sich das so wie ein roter Faden durch ihr Leben zieht und daß auch die Mutter da eine Rolle spielt.« Leiter: »Dann sag' ihr das doch.« Conny (zu Monika gewandt): »Männer haben Dich immer wieder verlassen, so daß Du zu dem Schluß gekommen bist, daß Männer, denen Du nahestehst, Dich generell verlassen.« Monika: »Verletzt und allein gelassen und jetzt will ich einfach keine neue Beziehung mehr.« Das Gespräch läuft normal weiter.

Im Nachgespräch stellt sich heraus, daß Conny, eine sehr vorsichtige und überlegte junge Frau, an der Stelle Angst hatte, der Hinweis auf eine Art Skript könne zu drastisch und verletzend sein. Sie schwankte zwischen den Alternativen, ihren Eindruck klar wiederzugeben und sich nicht zu äußern und so kam die bemerkte Verzögerung zustande. Die Gruppe fand, daß die von ihr gemachten Äußerungen durchaus angemessen und nicht verletzend waren und Monika bestätigte, daß sie damit etwas anfangen konnte. Spekulativ könnte man auch unterstellen, daß Conny an der Stelle vielleicht ein ähnliches Problem hat wie die Klientin und eigene Gefühle und Erinnerungen zu einer Blockierung führten. Sie hatte sich als junges Mädchen von einem Freund getrennt, der sich danach das Leben nahm. Es wäre also denkbar, daß die Äußerung von Monika, sich nie wieder an jemand binden zu wollen, in ihr Ängste um Monika in diese Richtung ausgelöst hat oder ihr ihre eigenen Gefühle von damals in Erinnerung kamen, als ihre eigene Beziehung so tragisch endete und sie auch gedacht haben könnte, es sei besser, sich überhaupt nie wieder zu binden. Da die Gruppe sich zu dem Zeitpunkt erst am Beginn der gemeinsamen Arbeit befand, schien es dem Leiter sinnvoll, es bei den genannten Erörterungen zu belassen, in der Annahme, daß für den einzelnen wichtige Punkte in der Ausbildung sowieso wiederkehren werden.

(20) Besonders relevant in der Supervision ist die Aufdeckung von Bereichen, bei denen von der Persönlichkeitsentwicklung des Beraters her Teile der Wirklichkeit ausgeblendet werden. Ebenso sind Reaktionen von Beratern von Interesse, bei denen eine die Wirklichkeit des Klienten verzerrende Sicht (z. B. durch Projektion, Identifikation, Übertragung) die Therapeut-Klient-Interaktion beeinträchtigt und ungünstige Verhaltensweisen beim Klienten hervorruft oder zumindest verstärkt.

Barbara, 24 Jahre, Studentin der Pädagogik, bespricht in der Supervision ein Beratungsgespräch mit einer 56 Jahre alten Frau, die gerade einen guten Bekannten verloren hatte. Die Klientin schien ein typisch traditionelles Rollenbild zu verwirklichen. Als sie in den Ort zog, wo ihr Mann wohnte, um ihn zu heiraten, gab sie alle bisherigen Bekannten auf, obwohl diese nicht weit weg wohnten, und widmete sich nur noch dem Bekanntenkreis ihres Mannes, obwohl ihr dieser sehr unsympathisch war. Die Eifersucht ihres Mannes mag auch dazu beigetragen haben. Nur der gerade Verstorbene, auch ein Bekannter ihres Mannes, war sehr herzlich zu ihr. Seit der Heirat war sie Hausfrau trotz Kinderlosigkeit. Die Ehe wird als zerrüttet geschildert, seit Jahren hätten die Partner keinen sexuellen Kontakt mehr zusammen. Barbara schildert das gelaufene Beratungsgespräch als für sie äußerst unzufriedenstellend. Die Frau sei »so oberflächlich«. Obwohl der Bekannte verstorben war, zeigte sie keine Gefühle, wich eher auf Allgemeinplätze über seine Toleranz und Freundlichkeit und die Bewunderung, die er allgemein genoß, aus. Barbara hat den Eindruck, er wird idealisiert, aber eine persönliche gefühlsmäßige Beziehung schimmert nicht durch.

Einer der anderen Ausbildungsteilnehmer bemerkt, die Klientin könnte, ohne sich das einzugestehen, in den Verstorbenen verliebt gewesen sein und, um dies zu verbergen, sich in oberflächlichen Äußerungen ergehen. Eine andere Teilnehmerin hält es für möglich, die beiden könnten eine engere Beziehung zusammen gehabt haben, als es der Umwelt bekannt ist. Barbara fällt es wie Schuppen von den Augen. Sie ist verblüfft, daß sie auf diese Ideen nicht gekommen war, kann sich damit den Gesprächsverlauf gut erklären. Im Gespräch zeigt sich, daß Betrug des Partners für Barbara trotz umfangreicher Beratungserfahrung und ihrer ansonsten angestrebten Offenheit schwer vorstellbar ist. »Wenn ich jemand anderen mag, dann sage ich das doch, dann mache ich das doch nicht heimlich, dann ziehe ich daraus doch Konsequenzen.« Am meisten stört sie an derartigen Beziehungsmustern die »Verlogenheit«. Ohne daß diese Interpretation in diesem Beratungsfall richtig sein muß, ist doch auffällig, daß Barbara von ihrer eigenen Einstellung her einen Bereich der Wirklichkeit ausgeklammert hat, der durchaus plausibel hätte berücksichtigt werden können.

Brigitte, Diplompsychologin, 29 Jahre, stellt mit einer anderen Kursteilnehmerin ein Beratungsgespräch nach. Die Ausgangsbasis: Die Klientin hat einen langjährigen intimen Freund durch Suizid verloren, nachdem sie die Beziehung unmittelbar zuvor abgebrochen hatte. Nach Schilderung der Beziehung und der Gründe für den Abbruch wird die Klientin bei der Darstellung ihrer Schuldgefühle sehr heftig. Brigitte versucht mehrfach im personzentrierten Ansatz, ihr die Gefühle widerzuspiegeln. Die Klientin greift die Beraterin direkt an: »Würden Sie sich nicht schuldig fühlen?« Sichtlich beunruhigt schwenkt Brigitte auf direkte Richtungsvorgaben um: »Sie müssen sich nicht schuldig fühlen.« Sie wiederholt das mehrfach, und die anderen Teilnehmer merken, daß Brigitte völlig die Kontrolle über den Gesprächsverlauf verliert. Die Klientin beharrt auf ihren Schuldgefühlen und deren Berechtigung. Brigitte wendet sich hilfesuchend an die Teilnehmergruppe: »Nein, das wird mir jetzt zu heiß.« Sie macht dennoch weiter. Die Klientin äußert: »Jetzt kann ich ihm nur noch nachfolgen.« Brigitte erstarrt, wird kreidebleich und wehrt mit den Händen heftig ab. Sie bricht das Gespräch ab.

Als sie sich beruhigt hat, schildert sie ihre emotionalen Hintergründe: Ihr Vater hat während ihrer ganzen Kindheit immer wieder mit Suizid gedroht. Sie hatte immer die Aufgabe empfunden, ihm über solche Phasen hinwegzuhelfen und ihn aufzuheitern. Sie durfte nie sie selbst sein, sondern mußte immer Erwartungen entsprechen, um eine Katastrophe zu verhindern. Sie ahnte, daß während des gerade geführten Gesprächs eine solche Drohung wieder im Raum stand, und sah nur noch die Möglichkeit abzubrechen. Die andere Teilnehmerin, die die Klientin gespielt hatte, legte dann dar, daß sie die Äußerung, sie würde »ihm nachfolgen«, zunächst eher sehr allgemein und nicht spezifisch für Suizid gemeint hatte. Sie hätte sich darunter auch eine Erkrankung oder ein sehr viel späteres Nachfolgen und Enthaltsamkeit von weiteren Beziehungen vorstellen können. Brigitte hatte hier also eine eindeutige Interpretation der ursprünglich mehrdeutigen Äußerung vorgenommen. Die Klientin schilderte dann, wie sie im Verlauf des Gesprächs aufgrund der Reaktionen von Brigitte zunehmend Neigung verspürte, sich in die Schuldgefühle hineinzusteigern. Von den anderen gefragt, welche Gefühle die aufgeregten und besorgten Reaktionen von Brigitte bei ihr ausgelöst hätten, meinte sie: »Ich habe mich so umhüllt, so gewärmt gefühlt.« Brigitte hatte hier also eine zumindest verstärkende Wirkung.

# Literatur


Ader, R.; Cohen, N. (1981): Conditioned immunopharmacologic responses. In: Ader, R. (Hg.), Psychoneuroimmunology. New York, S. 281–320.

Adler, A. (1959): Individualpsychologie. In: Frankl, V. E. (Hg.), Handbuch der Neurosenlehre und Psychotherapie, Bd. 3. München, S. 221–266.

Allen, B. G.; Calhoun, L. D.; Cann, A.; Tedeschi, R. G. (1993/94): The effect of cause of death on responses to the bereaved: Suicide compared to accident and natural causes. Omega 28 (1): 39–48.

Ariès, P. (1974): Western attitudes toward death: From the Middle Ages to the present. Baltimore.

Ariès, P. (1984): Bilder zur Geschichte des Todes. München.

Baker, J. E. (1997): Minimizing the impact of parental grief on children: Parent and family interventions. In: Figley, Ch. R.; Bride, B. E.; Mazza, N. (Hg.), Death and trauma: The traumatology of grieving. Washington, S. 139–157.

Balk, D. E.; Lampe, S.; Sharpe, B.; Schwinn, Sh.; Holen, K.; Cook, L.; Dubois, R. III (1998): TAT results in a longitudinal study of bereaved college students. Death Studies 22 (1): 3–21.

Balk, D. (1996): Attachment and the reactions of bereaved college students: A longitudinal study. In: Klass, D.; Silverman, P. R.; Nickman, St. L. (Hg.), Continuing bonds: New understandings of grief. Series in death education, aging, and health care. Washington, DC, S. 311–321.

Bandura, A.; Blanchard, E. B.; Ritter, B. (1969): Relative efficacy of desensitization and modeling approaches for inducing behavioral, affective and attitudinal changes. Journal of Personality and Social Psychology 13 (3): 173–199.

Barraclough, B. (1987): Suicide: Clinical and epidemiological studies. London.

Bartrop, R. W.; Luckhurst, E.; Lazarus, L.; Kiloh, L. G.; Penny, R. (1977): Depressed lymphocyte function after bereavement. Lancet 97: 834–836.

Bartrop, R. W.; Lazarus, L.; Luckhurst, E.; Kiloh. L. G.; Penny, R. (1985): Depressed lymphocyte function after bereavement. In: Locke, St.;

Ader,R.; Basedovsky, H.; Hall, N.; Solomon, G.; Spector, H. N.; Strom, T: Foundations of Psychoneuroimmunology. New York, S. 337–340.

Bebbington, P. (1987): Marital status and depression: A study of English national admission statistics. Acta Psychiatrica Scandinavica 75: 640–650.

Beck, A. T. (1992[3]): Kognitive Therapie der Depression. Weinheim.

Bendann, E. (1996): Death customs. An analytical study of burial rites. London.

Berne, E. (1973): Was sagen Sie, nachdem Sie »guten Tag« gesagt haben? München.

Berne, E. (1967): Spiele der Erwachsenen. Reinbek bei Hamburg.

Beutel, M. (1991): Zur Psychobiologie von Trauer und Verlustverarbeitung – neuere immunologische und endokrinologische Zugangswege und Befunde. Psychotherapie, Psychosomatik, Medizinische Psychologie 41: 267–277.

Beutel, M.; Arenz, St.; Weiner, H. (1997): Verarbeitung des plötzlichen Kindstods in Partnerschaft, Familie und Selbsthilfegruppe. Monatsschrift Kinderheilkunde 145: 626–632.

Beutel, M.; Deckardt, R.; Schaudig, K.; Franke, S.; Zauner, R. (1992): Trauer, Depressivität und Angst nach einem Spontanabort – Eine Studie über systematische Erfassung und Einflußfaktoren. Psychotherapie, Psychosomatik, Medizinische Psychologie 42: 158–166.

Beutel, M.; Deckardt, R.; Schaudig, K; Rolvering, M. (1993): Chronische Trauer nach einem Spontanabort: Ergebnisse einer Längsschnittstudie nach 13 Monaten. Psychotherapie, Psychosomatik, Medizinische Psychologie 43: 411–419.

Beutel, M.; Will, H.; Völkl, K.; von Rad, M; Weiner, H. (1995): Erfassung von Trauer am Beispiel des Verlustes einer Schwangerschaft: Entwicklung und erste Ergebnisse zur Validität der Münchner Trauerskala. Psychotherapie, Psychosomatik, Medizinische Psychologie 45: 295–302.

Birtchnell, J. (1975): Psychiatric break down following recent parent death. British Journal of Medical Psychology 48: 379–390.

Black, St.; Humphrey, J. H.; Niven, J. S. F. (1985): Inhibition of Mantoux reaction by direct suggestion under hypnosis. In: Locke, St.; Ader, R.; Basedovsky, H.; Hall, N.; Solomon, G.; Spector, H. N; Strom, T: Foundations of Psychoneuroimmunology. New York, S. 319–324.

Black, D; Urbanowicz, M. A. (1987): Family intervention with bereaved children. Journal of Child Psychology and Psychiatry 28: 467–476.

Bojanovsky, J. (1980): Wann droht der Selbstmord bei Verwitweten? Schweizer Archiv für Neurologie, Neurochirurgie und Psychiatrie 127: 99–103.

Boszormenyi-Nagy, I; Spark, G. M. (1973): Loyalty. In: Boszormenyi-Nagy, I; Spark, G. M. (Hg.), Invisible loyalties. New York, S. 37–52.

Bowlby, J. (1969): Attachment. New York.
Bowlby, J. (1973): Attachment and loss. Vol. 2. Separation: Anxiety and anger. New York.
Bowling, A. (1988): Who dies after widow(er)hood? A discriminant analysis. Omega 19: 135–153.
Bron, B. (1991): Trauer und Suizidalität nach Verlust einer nahestehenden Person bei endogenen und neurotisch-reaktiven Depressionen im höheren Lebensalter. Schweizer Archiv für Neurologie und Psychiatrie 142 (3): 219–233.
Bunch, J. (1972): Recent bereavement in relation to suicide. Journal of Psychosomatic Research 16: 361–366.
Bunch, J.; Barraclough, B.; Nelson, B; Sainsbury, P. (1971): Suicide following bereavement of parents. Social Psychiatry 6 (4): 193–199.
Calhoun, L. G.; Selby, J. W; Faulstich, M. E. (1980): Reactions to the parents of child suicide: A study of social impressions. Journal of Consulting and Clinical Psychology 48 (4): 535–536.
Calhoun, L. G.; Selby, J. W.; Walton, P. B. (1985/86): Suicidal death of a spouse: The social perception of the survivor. Omega 16 (4): 283–288.
Callahan, R. J.; Callahan, J. (1997): Thought field therapy: Aiding the bereavement process. In: Figley, Ch. R.; Bride, B. E.; Mazza, N. (Hg.), Death and trauma: The traumatology of grieving. Washington, S. 249–267.
Canacakis, J. (1990): Ich begleite dich durch deine Trauer. Stuttgart.
Caplan, G. (1964): Principles of preventive psychiatry. New York.
Carter, B.; McGoldrick, M. (1988): The family life cycle and family therapy: An overview. In: Cater, B.; McGoldrick, M. (Hg.), The family life cycle: A framework for family therapy. New York, S. 3–20.
Cautela, J. R. (1976): The present status of covert modeling. Journal of Behavior Therapy and Experimental Psychiatry 7: 323–326.
Clyman, R. I.; Green, C.; Rowe, J.; Mikkelsen, C.; Ataide, L. (1980): Issues concerning parents after the death of their newborn. Critical Care Medicine 8: 215–218.
Condon, J. T. (1986): Management of established pathological grief reaction after stillbirth. American Journal for Psychiatry 143: 987–992.
Constantino, R. E. (1988): Comparison of two group interventions for the bereaved. Image 20 (2): 83–87.
Cronkite, R. C.; Moss, R. H. (1984): The role of predisposing and moderating factors in the stress-illness relationship. Journal of Health and Social Behaviour 25: 372–393.
Deckardt, R.; Beutel, M.; Schaudig, K. (1994): Psychische Langzeitfolgen nach Spontanabort: Helfen medizinische Betreuung, neuerliche Schwangerschaft und Entbindung wirklich bei der Trauerverarbeitung? Geburtshilfe und Frauenheilkunde 54: 347–354.
DeMaso, D. R.; Meyer, E. C.; Beasley, P. J. (1997): What do I say to my

surviving children? Journal of the American Academy of Child and Adolescent Psychiatry 36 (9): 1299–1302.
Dienstbier, R. A. (1992): Mutual impacts of toughening on crises and losses. In: Montada, L.; Filipp, S.-H.; Lerner, M. J.: Life crises and experiences of loss in adulthood. Hillsdale, New Jersey, S. 367–384.
D' Zurilla, T. J.; Goldfried, M. R. (1971): Problem solving and behavior modification. Journal of Abnormal Psychology 78: 107–126.
Ellis, A. ($1978^2$): Die rational-emotive Therapie. München.
Erickson, M. H.; Rossi, E. L. ($1989^2$): Hypnotherapie. München.
Figley, Ch. R. (1996): Traumatic death: Treatment implications. In: Doka, K. J. (Hg.), Living with grief after sudden loss. Hospice Foundation of America. Washington, DC, S. 91–102.
Fischer, G.; Riedesser, P. (1998): Lehrbuch der Psychotraumatologie. Berlin.
Fischer, H. K. (1961): Hypertension and the psyche. In: Brest, N.; Moyer, J. H. (Hg.), Hypertension – Recent advances. Philadelphia, S. 110–117.
Fischer, H. K. (1962): Emotional problems associated with gynecologic surgery. Clinics in Obstetrics and Gynecology 5: 597–614.
Fischer, H. K.; Dlin, B. M. (1972): Psychogenic determination of time of illness or death by anniversary reactions and emotional deadlines. Psychosomatics 13 (8): 170–173.
Fischer, H. K.; Dlin, B. M.; Winters, W. C. Jr. et al. (1964): Emotional factors in coronary occlusion. II. Time patterns and factors related to onset. Psychosomatics 5: 280–291.
Fleming, J; Altschul, S. (1994): Activation of mourning and growth. In: Frankiel, R. V. (Hg.), Essential papers on object loss. New York, S. 273–296.
Freud, S. (1926): Hemmung, Symptom und Angst. G.W. XIV.
Friedman, T; Gath, D. (1989): The psychiatric consequences of spontaneous abortion. British Journal of Psychiatry 155: 810–813.
Gallagher-Thompson, D.; Futterman, A.; Farberow, N.; Thompson, L; Peterson, J. (1993): The impact of spousal bereavement on older widows and widowers. In: Stroebe, M.; Stroebe, W; Hansson, R. O. (Hg.), Handbook of bereavement: Theory, research and intervention. New York, S. 227–239.
Gerbode, F. (1992): Beyond psychology: An introduction to metapsychology. Palo Alto.
Glick, I. O.; Weiss, R. S.; Parkes, C. M. (1974): The first year of bereavement. New York.
Gottlieb, L. N.; Lang, A.; Amsel, Rh. (1996): The long-term effects of grief on marital intimacy following an infant's death. Omega 33 (1): 1–19.
Hall, R. C. W.; Beresford, T. P.; Quinones, J. E. (1987): Grief following

spontaneous abortion. Psychiatric Clinics of North America 10: 405–419.
Helsing, K. J.; Szklo, M.; Comstock, G. W. (1981): Factors associated with mortality after widowhood. American Journal of Public Health 71: 802–809.
Hemminger, H. (1982): Kindheit als Schicksal? Reinbek b. Hamburg.
Hickson, J. (1985): Psychological research on empathy: In search of an elusive phenomenon. Psychological Reports 57 (1): 91–94.
Hilgard, J. R. (1953): Anniversary reactions in parents precipitated by children. Psychiatry 16: 73–80.
Hinton, J. M. (1979): Comparison of places and policies for terminal care. The Lancet 8106: 29–32.
Hodgkinson, P. E. (1982): Abnormal grief – the problem of therapy. British Journal of Medical Psychology 55: 29–34.
Horowitz, M. J.; Marmar, C.; Weiss, D. S.; DeWitt, K; Rosenbaum, R. (1984): Brief psychotherapy of bereavement reactions. Archives of General Psychiatry 41: 438–448.
Horowitz, M. J.; Wilner, N.; Marmar, C; Krupnick, J. (1980): Pathological grief and the activation of latent self-images. American Journal of Psychiatry 137 (10): 1157–1162.
Horwitz, S. H. (1977): Treating families with traumatic loss: Transitional family therapy. In: Figley, Ch. R.; Bride, B. E.; Mazza, N. (Hg.), Death and trauma: The traumatology of grieving. Washington, 211–230.
Irwin, M.; Daniels, S.; Risch, C.; Bloom, E.; Weiner, H. (1988): Plasma cortisol and natural killer cell activity during bereavement. Biological Psychiatry 24: 173–178.
Janov, A. (1974): Der Urschrei: Ein neuer Weg der Psychotherapie. Frankfurt a. M..
Jerneizig, R.; Langenmayr, A. (1992): Empirische Evaluation Klientenzentrierter Trauertherapie. Göttingen.
Jerneizig, R.; Langenmayr, A.; Schubert, U. (1994²): Leitfaden zur Trauerberatung und Trauertherapie. Göttingen.
Jones, D. R.; Goldblatt, P. O. (1987): Cause of death in widow(er)s and spouses. Journal of Biosocial Science 19: 107–121.
Jones, D. R.; Goldblatt, P. O.; Leon, D. A. (1984): Bereavement and cancer: Some results using data of deaths of spouses from the Longitudinal Study of Office of Population Censuses and Surveys. British Medical Journal 298: 461–464.
Kalish, R. A. (1985²): Death, grief and caring relationships. Monterey, California.
Kaprio, J.; Koskenvuo, M.; Rita, H. (1987): Mortality after bereavement: A prospective study of 95,647 widowed persons. American Journal of Public Health 77: 283–287.
Kerr, M.; Bowen, M. (1988): Family evaluation. New York.

Kiecolt-Glaser, J. K.; Fisher, L. D.; Ogrocki, P.; Stout, J. C.; Speicher, C. E.; Glaser. R. (1987): Marital quality, marital disruption, and immune function. Psychosomatic Medicine 49: 13–34.
Kiecolt-Glaser, J. K.; Kennedy, S.; Malkoff, S.; Fisher, L.; Speicher, G. R.; Glaser, R. (1988): Marital discord and immunity in males. Psychosomatic Medicine 50: 213–229.
Kim, K; Jacobs, S. (1993): Neuroendocrine changes following bereavement. In: Stroebe, M.; Stroebe, W; Hansson, R. O.: Handbook of bereavement. Theory, research, and intervention. Cambridge, S. 143–159.
Klasen, H. (1993): »Ist die Seele verbraucht, stirbt der Körper.« Sterben und Tod auf der Insel Nias/Indonesien. Psychotherapie, Psychosomatik, Medizinische Psychologie 43: 381–386.
Klass, D.; Silverman, P. R.; Nickman, St. L. (Hg.) (1996): Continuing bonds: New understandings of grief. Series in death education, aging, and health care. Washington, DC.
Kleber,R. J.; Brom, D. (1987): Psychotherapy and pathological grief: Controlled outcome study. Israeli Journal of Psychiatry and Related Sciences 24: 99–109.
Kobrin, F. E.; Hendershot, G. E. (1977): Do family ties reduce mortality? Journal of Marriage and the Family 39: 737–745.
Kriz, J. (1985): Grundkonzepte der Psychotherapie. Eine Einführung. München.
Kübler-Ross, E. (1969): On death and dying. New York.
Kuse-Isingschulte, M. W.; Beutel, M.; Hahlweg, B. C.; Stauber, M.; Schneider, K. (1996): Die psychische Verarbeitung einer Totgeburt. Geburtshilfe und Frauenheilkunde 56: 380–389.
Landau, J. (1982): Therapy with families in cultural transition. In: McGoldrick, M.; Pearce, J. (Hg.), Ethnicity and family therapy. New York.
Langenmayr, A. (1975a): Familiäre Umweltfaktoren und neurotische Struktur. Göttingen.
Langenmayr, A. (1975b): Personenverluste als Determinanten der Partnerwahl. Praxis der Kinderpsychologie und Kinderpsychiatrie 24 (3): 81–84.
Langenmayr, A. (1980): Krankheit als psychosoziales Phänomen. Göttingen.
Langenmayr, A.; Kardas, J. (1996): Familien in Trennung und Scheidung. Ausgewählte psychologische Aspekte des Erlebens und Verhaltens von Scheidungskindern. Stuttgart.
Langenmayr, A.; Prümel, U. (1985): Analyse biographischer Daten von Multiple Sklerose-Kranken. Göttingen.
Langenmayr, A.; Schubert, U. (1987): Lebenslaufanalyse. Göttingen.
Laudenslager, M. L.; Boccia, M. L.; Reite, M. L. (1993): Behavioral con-

sequences of loss in nonhuman primates: Individual differences. In: Stroebe, M.; Stroebe, W; Hansson, R. O.: Handbook of bereavement: Theory, research, and intervention. Cambridge, S. 129–142.
Lauer, M.; Mulhern, R. K.; Wallskog, J. M.; Camitta, B. M. (1983): A comparison study of parental adaption – following a child's death at home or in the hospital. Pediatrics 71 (1): 107–111.
Lauer, M.; Mulhern, R. K.; Schell, M. J.; Camitta, B. M. (1989): Long-term follow up of parental adjustment following a child's death at home or in hospital. Cancer 63: 988–994.
Lazare, A. (1979): Bereavement and unresolved grief. In: Lazare, A. (Hg.), Outpatient psychiatry: Diagnosis and treatment. Baltimore, S. 381–397.
Lehmkuhl, G.; Lehmkuhl, U.(1998[2]): Praxis der Individualpsychologie. In: Hörmann, G.; Textor, M. R. (Hg.), Praxis der Psychotherapie: 5 Therapien – 5 Fallbeispiele. Eschborn b. Frankfurt a. M., S. 69–106.
Leppert, P. C.; Pahlka, B. S. (1984): Grieving characteristics after spontaneous abortion: A management approach. Obstetrics and Gynecology 64: 119–122.
Leuner, H. (1990[3]): Katathymes Bilderleben. Bern.
Levav, I.; Friedlander, Y.; Kark, J.; Peritz, E. (1988): An epidemiologic study of mortality among bereaved parents. New England Journal of Medicine 319: 457–461.
Lieberman, M. A.; Videka-Sherman, L. (1986): The impact of self-groups on the mental health of widows and widowers. American Journal of Orthopsychiatry 56: 435–449.
Littlewood, J. (1992): Aspects of grief. Bereavement in adult life. London.
Littlewood, J.; Cramer, D.; Hoekstra-Weebers, J. E. W. M.; Humphrey, G. B. (1991): Parental coping with their child's death. Counseling Psychology Quarterly 4 (2/3): 135–141.
Littlewood, J.; Hoekstra-Weebers, J. E. W. M.; Humphrey, G. B. (1990): Child death and parental bereavement. Groningen.
Locke, St.; Ader, R.; Basedovsky, H.; Hall, N.; Solomon, G.; Spector, H. N.; Strom, T. (1985): Foundations of Psychoneuroimmunology. New York.
Lord, J. H. (1996): America's number one killer: Vehicular crashes. In: Doka, K. J. (Hg.), Living with grief after sudden loss. Hospice Foundation of America. Washington, DC, S. 15–39.
Lowen, A. (1979): Bioenergetik. Reinbek bei Hamburg.
Maddison, D. C.; Viola, A. (1968): The health of widows in the year following bereavement. Journal of Psychosomatic Research 12: 297–306.
Mandell, F.; McAnulty, E.; Reece, R. M. (1980): Observations of paternal response to sudden unanticipated infant death. Pediatrics 65: 221–225.
Marmar, C. R.; Horowitz, M. J.; Weiss, D. S.; Wilner, N. R.; Kaltreider, N. B. (1988): A controlled trial of brief psychotherapy and mutual-help

group treatment of conjugal bereavement. American Journal of Psychiatry 145 (2): 203–212.
Martikainen, P.; Valkonen, T. (1996): Mortality after death of spouse in relation to duration of bereavement in Finland. Journal of Epidemiology and Community Health 50: 264–268.
Mawson, D.; Marks, I. M.; Ramm, L.; Stern, R. S. (1981): Guided mourning for morbid grief: A controlled study. British Journal of Psychiatry 138: 185–193.
McIntosh, J. L. (1993): Control group studies of suicide survivers: A review and critique. Suicide and Life-Threatening Behavior 23 (2): 146–161.
McMahon, B; Pugh, Th. F. (1965): Suicide in the widowed. American Journal of Epidemiology 81: 23–31.
Meichenbaum, D. W. (1979): Cognivtive behavior modification. The need for a fairer assessment. Cognitive Therapy and Research 2: 127–132.
Melges, F. T.; DeMaso, D. R. (1980): Grief-resolution therapy: Reliving, revising and revisiting. American Journal of Psychotherapy 34: 51–61.
Mellström, D.; Nilsson, A.; Oden, A.; Rundgren, A.; Svanborg, A. (1982): Mortality among the widowed in Sweden. Scandinavian Journal of Social Medicine 10: 33–41.
Meyer, R. J.; Haggerty. R. J. (1985): Streptococcal infections in families. Factors altering individual susceptibility. In: Locke, St.; Ader, R.; Basedovsky, H.; Hall, N.; Solomon, G.; Spector, H. N.; Strom, T.: Foundations of Psychoneuroimmunology. New York, S. 307–318.
Miller, J. B. (1971): Children's reactions to the death of a parent: A review of the psychoanalytic literature. Journal of the American Psychoanalytic Association 19 (4): 697–719.
Minuchin, S.; Fishman, H. (1983): Praxis der strukturellen Familientherapie. Freiburg.
Mitchell, J. T. (1983): When disaster strikes: The critical incident stress debriefing process. Journal of Emergency Medical Services 8: 36–39.
Moreno, J. L. (1993$^4$): Gruppenpsychotherapie und Psychodrama. Stuttgart.
Parkes, C. M. (1978): Home or hospital. Terminal care as seen by surviving spouses. Journal of the Royal College of General Practioners 28: 19–30.
Parkes, C. M. (1979): Evaluation of a bereavement service. In: DeVries, A.; Carmichael, A. (Hg.), The dying human. Ramat Gan, Israel, S. 389–402.
Parkes, C. M.; Laungani, P.; Young, B. Introduction. In: Parkes, C. M.; Laungani, P.; Young, B. (Hg.), Death and bereavement across cultures. London, S. 3–9.
Parkes, C. M.; Weiss, R. S. (1983): Recovery from bereavement. New York.

Pennebaker, J. W.; Mayne, T. J.; Francis, M. E. (1997): Linguistic predictors of adaptive bereavement. Journal of Personality and Social Psychology 72 (4): 863–871.

Perls, F. S. (1996[8]): Gestalttherapie in Aktion. Stuttgart.

Phillips, D. P. (1972): Deathday and birthday: An unexpected connection. In: Tanur, J. M.; Mosteller, F.; Kruskal, W. H.; Link, R. F.; Pieters, R. S; Rising, G. R.: Statistics: A guide to the unknown. San Francisco, California, S. 52–65.

Phillips, D. P. (1977): Motor vehicle fatalities increase just after publicized suicide stories. Science 196: 1464–1465.

Pynoos, R. S.; Nader, K. (1993): Issues in the treatment of posttraumatic stress in children and adolescents. In: Wilson, J. P.; Raphael, B. (Hg.), International handbook of traumatic stress syndromes. New York, S. 535–549.

Rådestad, I.; Steineck, G.; Nordin, C.; Sjögren, B. (1996): Psychic and social consequences of women in relation to memories of a stillborn child: A pilot study. Gynecologic and Obstetric Investigation 41: 194–198.

Rahm, D. (1997): Integrative Gruppentherapie mit Kindern: Göttingen.

Ramsay, R. N. (1979): Bereavement: A behavioural treatment of pathological grief. In: Sjodan, P. O.; Bales, S; Dochens, W. S. (Hg.), Trends in behavior therapy. New York, S. 217–248.

Rando, Th. A. (1997): Foreword. In: Figley, Ch. R.; Bride, B. E.; Mazza, N. (Hg.), Death and trauma: The traumatology of grieving. Washington, S. XV–XIX.

Raphael, B. (1984): The anatomy of bereavement: A handbook for caring professions. London.

Raphael, B.; Middleton, W.; Martinek, N; Misso, V. (1993): Counseling and therapy of the bereaved. In: Stroebe, M.; Stroebe, W.; Hansson, R. O.: Handbook of bereavement: Theory, research and intervention. New York, S. 427–453.

Redmond, L. M. (1996): Sudden violent death. In: Doka, K. J. (Hg.), Living with grief after sudden loss. Washington, DC, S. 53–71.

Renfrey, G.; Spates, C. R. (1994): Eye movement desensitization and reprocessing: A partial dismantling procedure. Journal of Behavior Therapy and Experimental Psychiatry 25: 231–239.

Reynolds, F. (1996): Laying mother to rest: Working with grief-related nightmares through exposure therapy and imagery. Counseling Psychology Quarterly 9 (3): 229–233.

Richter, H. E. (1969[2]): Eltern, Kind, Neurose. Reinbek bei Hamburg.

Rogers, C. R. (1996[11]): Therapeut und Klient. Frankfurt a. M.

Rogers, J.; Vachon, M. S.; Lyall, W. A.; Sheldon, A; Freeman, J. J. (1980): A self-help program for widows as an independent community service. Hospital and Community Psychiatry 31: 844–846.

Rosenblatt, P. C.; Walsh, R. P.; Jackson, D. A. (1976): Grief and mourning in cross-cultural perspective. Human Relations Area Files.

Rosenblatt, P. C. (1997): Grief in small-scale societies. In: Parkes, C. M.; Laungani, P.; Young, B. (Hg.), Death and bereavement across cultures. London, S. 27–51.

Rosenthal, R.; Jacobson, L. (1971): Pygmalion im Unterricht. Lehrererwartungen und Intelligenzentwicklung der Schüler. Weinheim.

Roskin, M. (1984): A look at bereaved parents. Bereavement Care 3: 26–29.

Satir, V. (1975): Selbstwert und Kommunikation. München.

Saunders, J. M. (1981): A process of bereavement resolution: Uncoupled identity. Western Journal of Nursing Research 3: 319–332.

Schlegel, L. (1988[3]): Die transaktionale Analyse. Tübingen.

Schmidbauer, W. (1997): Der neue Psychotherapieführer. München.

Schultz-Hencke, H. (1947): Der gehemmte Mensch. Stuttgart.

Schut, H. A. W.; Stroebe, M. S.; van den Bout, J. (1997): Intervention for the bereaved: Gender differences in the efficacy of two counseling programmes. British Journal of Clinical Psychology 36 (1): 63–72.

Schwarzer, R.; Leppin, A. (1992): Possible impact of social ties and support on morbidity and mortality. In: Veiel, H. O. F.; Baumann, U. (Hg.), The meaning and measurement of social support. New York, S. 65–83.

Seligman, M. E. P. 1995[5]): Erlernte Hilflosigkeit. Weinheim.

Silver, S. M.; Brooks, A.; Obenchain, J. (1995): Eye movement desensitization and reprocessing treatment of Vietnam war veterans with PTSD: Comparative effects with biofeedback and relaxation training. Journal of Traumatic Stress 8: 337–342.

Silverman, P. R. (1969): The widow-to-widow program: An experiment in preventive intervention. Mental Hygiene 53: 333–337.

Simpson, M. A. (1979): The facts of death. Englewood Cliffs, New York.

Simpson, M. A. Traumatic bereavements and death-related PTSD. In: Figley, Ch. R.; Bride, B. E.; Mazza, N. (Hg.), Death and trauma. The traumatology of grieving. Washington, DC, S. 3–16.

Sireling, L.; Cohen, D.; Marks, I. (1988): Guided mourning for morbid grief: A replication. Behaviour Therapy 29: 121–132.

Smith, P. G.; Kinlen, L. J.; White, G. C.; Adelstein, A. M.; Fox, A. J. (1980): Mortality of wives of men dying of cancer of the penis. British Journal of Cancer 41: 422–428.

Solomon, R. M.; Shapiro, F. (1997): Eye movement desensitization and reprocessing: A therapeutic tool for trauma and grief. In: Figley, Ch. R.; Bride, B. E.; Mazza, N. (Hg.), Death and trauma: The traumatology of grieving. Washington, S. 231–247.

Sormanti, M.; August, J. (1997): Parental bereavement. Spiritual connections with deceased children. American Journal of Orthopsychiatry 67 (3): 460–469.

Speckhard, A. (1997): Traumatic death in pregnancy: The significance of meaning and attachment. In: Figley, Ch. R.; Bride, B. E.; Mazza, N. (Hg.), Death and trauma: The traumatology of grieving. Washington, S. 67–100.
Spitz, R. (1973[3]): Die Enstehung der ersten Objektbeziehungen. Stuttgart.
Stanton, M. D. (1992): The time line and the »Why now?« question: A technique and a rationale for therapy, training, organizational consultation and research. Journal of Marital and Family Therapy, 18: 331–343.
Stillion, J. M. (1996): Survivers of suicide. In: Doka, K. J. (Hg.), Living with grief after sudden loss. Hospice Foundation of America. Washington, DC, S. 41–51.
Stroebe, M. (1992): Coping with bereavement: A review of the grief work hypothesis. Omega 26: 19–42.
Stroebe, M. S. (1994): The broken heart phenomenon: An examination of the mortality of bereavement. Journal of Community and Applied Social Psychology 4 (1): 47–61.
Stroebe, M.; Stroebe, W. (1983): Who suffers more? Sex differences in health risks of widowed. Psychological Bulletin 93: 297–301.
Stroebe, M. S.; Stroebe, W. (1989): Who participates in bereavement research? A review and empirical study. Omega: Journal of Death and Dying 20 (1): 1–29.
Stroebe, M.; Stroebe, W. (1991): Does »grief work« work? Journal of Consulting and Clinical Psychology 59 (3): 479–482.
Stroebe, M.; Stroebe, W. (1993): The mortality of bereavement: A review. In: Stroebe, M.; Stroebe, W.; Hansson, R. O. (Hg.), Handbook of bereavement: Theory, research and intervention. New York, S. 175–195.
Stroebe, W. (1980): Der Kummer-Effekt. Vortrag auf dem 32. Kongreß der Deutschen Gesellschaft für Psychologie in Zürich.
Stroebe, W.; Stroebe, M.; Aboukim, G.; Schut, H. (1996): The role of loneliness and social support in adjustment to loss: A test of attachment versus stress theory. Journal of Personality and Social Psychology 70 (6): 1241–1249.
Toman, W. (1965): Familienkonstellationen: Ihr Einfluß auf den Menschen und seine Handlungen. München.
Toman, W. (1970[2]): Dynamik der Motive: Eine Einführung in die Klinische Psychologie. Darmstadt.
Uhlig, H. (1976): Die Sumerer. Volk am Anfang der Geschichte. München.
Ullrich, H. (1991): Totenriten und Bestattung im Paläolithikum. In: Horst, F.; Keiling, H. (Hg.), Bestattungswesen und Totenkult in ur- und frühgeschichtlicher Zeit. Berlin, S. 23–34.
Ullrich de Muynck, R.; Forster, T. (1974): Selbstsicherheitstraining. In: Kraiker, Ch. (Hg.), Handbuch der Verhaltenstherapie. München, S. 351–368.

Vachon, M. L.; Lyall, W. A.; Rogers, J.; Freedman-Letofsky, K.; Freeman, S. J. (1980): A controlled study of self-help intervention for widows. American Journal of Psychiatry 137: 1380–1384.
Vogel, W.; Peterson, L. E. (1991): A variant of guided exposure to mourning for use with treatment resistant patients. Journal of Behavior Therapy and Experimental Psychiatry 22 (3): 217–219.
Volkan, V. D.; Josephthal, D. (1994): The treatment of established pathological mourners. In: Frankiel, R. V. (Hg.), Essential papers on object loss. New York, S. 299–323.
Wallerstein, J.; Corbin, S. B.; Lewis, J. M. (1988): Children of divorce: A 10-year study. In: Hetherington, E. M.; Arasteh, J. (Hg.), Impact of divorce, single-parenting and stepparenting on children. Hillsdale, S. 198–214.
Walsh, F.; McGoldrick, M. (1991): Loss and the family: A systemic perspective. In: Walsh, F.; McGoldrick, M. (Hg.), Living beyond loss: Death in the family. New York, S. 1–29
Weiss, E.; Dlin, B. M.; Rollin, H. R. et al. (1957): Emotional factors in coronary occlusion. 1. Introduction and general summary. Archives of Internal Medicine 99: 628–641.
Wenckstern, S.; Leenaars, A. A. (1991): Suicide postvention: A case illustration in a secondary school. In: Leenaars, A. A.; Wenckstern, S. (Hg.), Suicide prevention in schools. New York, S. 181–195.
Wieck, H. H. (1977[2]): Lehrbuch der Psychiatrie. Stuttgart.
Wilson, S. A.; Becker, L. A.; Tinker, R. H. (1995): Eye movement desensitization and reprocessing (EMDR) treatment for psychologically traumatized individuals. Journal of Counseling and Clinical Psychology 63: 928–937.
Wolpe, J.; Wolpe, D. (1988): Life without fear: Anxiety and its cure. Oakland, California.
Worden, J. W. (1987): Beratung und Therapie in Trauerfällen: Ein Handbuch. Bern.
Worden, J. W. (1996): Children and grief. When a parent dies. New York.
Young, M.; Benjamin, B.; Wallis, C. (1963): The mortality of widowers. The Lancet 2: 454–456.

# Anlaufstellen und Übersichtsliteratur zum Thema

Institut für Psychotraumatologie
Springen 26
53804 Much
Tel.02245/919411

Institut für Angewandte Psychologie
Abt. Fortbildung in Trauerberatung
Helenenbergerstr.27
54298 Welschbillig
Tel. 06506/1409

Tabu Essen
Tabu e.V.
Tiegelstr.23
45141 Essen
Tel. 0201/328777

Akademie für menschliche Begleitung
Goldammerweg 19
45134 Essen
Tel. O201/442469

Selbsthilfegruppe Verwaiste Eltern Hannover
Scheelenkamp 3
30827 Garbsen
Tel. 05131/6256

## Übersichtswerke zu Tod, Trauer und Trauertherapie

Figley, Ch. R.; Bride, B. E.; Mazza, N. (Hg.) (1997): Death and trauma: The traumatology of grieving. Washington.

Fischer, G.; Riedesser, P. (1998): Lehrbuch der Psychotraumatologie. Berlin.

Jerneizig, R.; Langenmayr, A; Schubert, U. (1994²): Leitfaden zur Trauerberatung und Trauertherapie. Göttingen.

Littlewood, J. (1992): Aspects of grief. Bereavement in adult life. London.

Parkes, C. M. (1996³): Bereavement. Studies of grief in adult life. London.

Stroebe, M.; Stroebe, W.; Hansson, R. O. (1993): Handbook of bereavement: Theory, research and intervention. New York.

Volkan, V. D.; Josephthal, D. (1994): The treatment of established pathological mourners. In: Frankiel, R. V. (Hg.), Essential papers on object loss. New York, S. 299–323.

Worden, J. W. (1996): Children and grief. When a parent dies. New York.

## Zeitschriften zu Tod, Trauer und Trauertherapie

Bereavement Care
Death Studies
Mortality
Omega

## Übersichtswerke zu Psychotherapien

Bastine, R. (1992): Klinische Psychodiagnostik, Prävention, Gesundheitspsychologie, Psychotherapie, psychosoziale Intervention. Stuttgart.

Kraiker, Ch. (1983): Psychotherapieführer. München.

Kriz, J. (1985): Grundkonzepte der Psychotherapie. Eine Einführung. München.

Schmidbauer, W. (1997): Der neue Psychotherapieführer. München.

*Wenn Sie weiterlesen möchten ...*

Ralf Jerneizig / Arnold Langenmayr / Ulrich Schubert
**Leitfaden zur Trauertherapie und Trauerberatung**

Das medizinische Personal wird täglich mit dem Bedürfnis nach professioneller Hilfe konfrontiert, nach Beratung und oft auch nach Trauertherapie, aber es ist in seiner Ausbildung nicht darauf vorbereitet.
Dieser Leitfaden ist eine Einführung in die Arbeit mit Trauernden. Er stellt das Konzept der Essener Trauertherapie vor. Der Schwerpunkt liegt auf der praxisnahen Darstellung erprobter Interventionen, die eigens für die besonderen Bedürfnisse und Probleme Trauernder entwickelt wurden.

Karin Wilkening
**Wir leben endlich**
Zum Umgang mit Sterben, Tod und Trauer

Der Tod, das gewisseste Ereignis in unserem Leben, wird mit aller Macht aus den Gedanken und Gefühlen ausgeblendet. Darum wissen wir so wenig über das Sterben, der nahende Tod macht uns ratlos. Wir haben nichts dafür gelernt. Fast immer sind es allein die Sterbenden selbst, die sich zu verhalten wissen.
Karin Wilkening – seit vielen Jahren in der Sterbe- und Trauerbegleitung tätig – beschreibt das Umfeld des Sterbens und seine geschichtliche Veränderung bis in unsere Zeit. Sie erläutert die Bedürfnisse Sterbender und gibt konkrete Hinweise zu einer einfühlsamen Begleitung bis zum Ende. Sie geht auf konstruktive Wege im Umgang mit der Trauer von Hinterbliebenen ein und auf die besondere Situation von Kindern.
Ergänzt wird das Buch durch ein Glossar praktisch bedeutsamer Begriffe und wichtige Kontaktadressen. Ein Leitfaden für aufgeschlossene Interessierte wie auch für beruflich in der Medizin, der Pflege, Beratung und Seelsorge Tätige.

Arno Gruen
## Ein früher Abschied
Objektbeziehungen und psychosomatische Hintergründe beim Plötzlichen Kindstod

Der Psychoanalytiker Arno Gruen hat einen neuen Ansatz zur Erkundung des Plötzlichen Kindstods gewagt und durch eine empirische Untersuchung untermauert. Seine Erkenntnisse zeigen, daß unsere gesellschaftlichen Lebensbedingungen – es gibt Kulturkreise, in denen der Plötzliche Kindstod nicht auftritt – wesentliche Bedingung für dieses Phänomen sind. Unsere idealisierenden Vorstellungen von der richtigen Mutter- und Vaterrolle spalten uns von unseren tatsächlich erlebten Gefühlen ab. Wir verleugnen ganz natürliche und berechtigte aggressive Gefühlsanteile, um die gesellschaftlichen Rollenerwartungen zu erfüllen. Die ins Unbewußte gedrängten Gefühle der Eltern verhindern bei den Säuglingen die Herausbildung jener adäquaten Objektbeziehungen, die gegen Hilflosigkeit und Apathie schützen. So können psychosomatische Prozesse einsetzen, die ein Kind direkt mit dem Tod bedrohen. Wenn die seelische Isolation, in die sich vornehmlich Mütter durch die Anforderungen eines unerfüllbaren Rollenklischees gedrängt fühlen, durch gezielte Kontakte aufgebrochen wird, kann der tödlichen Gefahr vorgebeugt werden.
„Eine der beeindruckendsten Studien über die Eltern-Kind-Beziehung.“ *Gerhard Amendt*

Martin Janssen
## Laßt mich weinen
Ein Vater trauert um seine Tochter

Der Umgang mit den Problemen verwaister Eltern ist häufig durch mangelnde Sensibilität gekennzeichnet. Das Buch hilft, den Kampf der Trauernden um Rückgewinnung ihres Selbstverständnisses zu verstehen und den Umgang mit verwaisten Eltern zu erleichtern. Es wendet sich damit nicht nur an Menschen in vergleichbaren Lebenssituationen, sondern auch an alle ihnen Nahestehende sowie in der Trauerberatung oder Trauerbegleitung Tätige.

Thomas Giernalczyk / Regula Freytag (Hg.)
**Qualitätsmanagement von Krisenintervention und Suizidprävention**

Mitarbeiterinnen und Mitarbeiter psychosozialer und medizinischer Einrichtungen setzen sich immer mehr mit den Fragen auseinander, wie effektiv ihre Arbeit ist und ob ihre Arbeit wirklich die angestrebten Ziele erreicht. Das Buch führt dazu anschaulich in die Grundbegriffe von Qualitätsmanagement und seinen gesellschaftlichen Rahmenbedingungen ein. Es werden erprobte Ansätze aus dem klinischen Bereich vorgestellt und neue Methoden für die psychosoziale ambulante Versorgung aufgezeigt. In einer breiten Diskussion wird verdeutlicht, wie wichtig Leitlinien für Qualitätsmanagement sind und welche Rolle sie für die Weiterentwicklung der Arbeit von Einrichtungen spielen.
Im Anhang des Buches finden sich die kompletten Leitlinien der Deutschen Gesellschaft für Suizidprävention (DGS) zur Organisation von Krisenintervention mit ihren vielfältigen Anregungen für die Praxis.

Jürgen Kind
**Suizidal**
Die Psychoökonomie einer Suche

Äußerungen von Selbsttötungstendenzen sollen nicht als Zeichen eines Zusammenbruchs verstanden werden, sie sind vielmehr äußerste psychische Leistungen. Zwei wesentliche Funktionen hat Suizidalität: Objektsicherung und Objektänderung. Der Autor hat jahrelange Erfahrung in der Psychotherapie Suizidaler. Außergewöhnlich einfühlsam – und plastisch illustriert durch zahlreiche Beispiele – gibt er Aufschluß über die entwicklungspsychologisch fundierten Formen von Suizidalität und ihre eigene Logik.
Das Buch erschließt grundlegende Regeln für Anamnese und Diagnostik und für die therapeutische Haltung. Die zentralen Probleme der Therapie werden systematisch dargestellt mit unmittelbaren Ableitungen für die Praxis: die Psychostruktur des Therapeuten, Gegenübertragungskonstellationen, der Suizidpakt, typische Teamreaktionen.

# Umgang mit Trauer und Tod

Regula Freytag / Michael Witte (Hg.)
**Wohin in der Krise?**
Orte der Suizidprävention
1997. 233 Seiten mit zahlreichen Abbildungen und Tabellen, kartoniert. ISBN 3-525-45795-2

Barney G. Glaser / Anselm L. Strauss
**Betreuung von Sterbenden**
Eine Orientierung für Ärzte, Pflegepersonal, Seelsorger und Angehörige
Aus dem Amerikanischen von G. Bischof-Elten. 2., überarbeitete Auflage 1995. 255 Seiten, kartoniert. ISBN 3-525-45790-1

Israel Orbach
**Kinder, die nicht leben wollen**
Aus dem Amerikanischen von Ute Boldt. Sammlung Vandenhoeck. 2. Auflage 1997. 243 Seiten, Paperback. ISBN 3-525-01413-9

Alice Bernhard-Hegglin
**Die therapeutische Begegnung**
Verinnerlichung von Ich und Du
Mit einem Vorwort von Gaetano Benedetti. 1999. 174 Seiten, kartoniert. ISBN 3-525-45830-4

Esther Goshen-Gottstein
**Als der Tod uns trennte**
Das Weiterleben als Witwe
Transparent 38. 127 Seiten mit 2 Photographien, kartoniert ISBN 3-525-01726-X

Gerda Ratsak / Bettina Schiebel-Piest
**Psychoonkologie für Krankenpflegeberufe**
Ein Lernprogramm
1992. 153 Seiten mit 2 Abbildungen, kartoniert. ISBN 3-525-45741-3

Waltraut u. Kai v. Klitzing
**Psychische Belastungen in der Krankenpflege**
1995. 212 Seiten mit 1 Abbildung, kartoniert. ISBN 3-525-45778-2

Fuat Oduncu
**Hirntod und Organtransplantation**
Medizinische, juristische und ethische Fragen
Mit einem Vorwort von Heinz Angstwurm. 1998. 219 Seiten mit 22 Abbildungen und 5 Tabellen, kartoniert. ISBN 3-525-45822-3